高职经管类精品教材
普通高等学校"十三五"省级规划教材

市场营销学

第3版

主　编　　王学平　张　杰
副主编　　丁　伟　张　欣　洪俊国　赵中见
编　委　　（以姓氏笔画为序）
　　　　　丁　伟　王红玫　王学平　李　浩
　　　　　李莹莹　陈学敏　张　杰　张　欣
　　　　　赵中见　洪俊国

中国科学技术大学出版社

内 容 简 介

本书分为理论篇和实务篇。理论篇包括:市场营销学概述、市场营销环境、市场营销调研、市场分析、目标市场营销;实务篇包括:产品策略、定价策略、分销策略、促销策略、市场营销管理。共10章,每一章都设有知识目标、技能目标、导入案例、实训操练等内容,既为课堂教学改革提供了必要的素材,有利于教师教学,又将理论和实务相结合,让学生学有所悟。本书可供高职高专经济类专业的学生使用,也可作为非经济类专业的学生的选修教材。

图书在版编目(CIP)数据

市场营销学/王学平,张杰主编. —3版. —合肥:中国科学技术大学出版社,2021.8(2025.4重印)
安徽省高等学校"十三五"省级规划教材
ISBN 978-7-312-04990-3

Ⅰ.市… Ⅱ.①王…②张… Ⅲ.市场营销学 Ⅳ.F713.50

中国版本图书馆CIP数据核字(2021)第144867号

市场营销学
SHICHANG YINGXIAO XUE

出版	中国科学技术大学出版社 安徽省合肥市金寨路96号,230026 http://press.ustc.edu.cn http://zgkxjsdxcbs.tmall.com
印刷	安徽国文彩印有限公司
发行	中国科学技术大学出版社
经销	全国新华书店
开本	787 mm×1092 mm 1/16
印张	18
字数	381千
版次	2007年8月第1版 2021年8月第3版
印次	2025年4月第13次印刷
定价	46.00元

前　言

在习近平新时代中国特色社会主义思想的指引下，通过贯彻"创新、协调、绿色、开放、共享"五大发展理念，全面推进"五位一体"总体布局和"四个全面"战略布局，中国经济以推进供给侧结构性改革为突破口开始进入新时代，构建具有中国特色的现代经济体系。

中国进入新时代，作为世界第二大经济体的地位在不断强化。在"百年未有之大变局"下的国际贸易战中，虽然以美国为代表的西方国家主导的单边主义、贸易保护主义和突然爆发的"新冠"疫情在全世界流行等，导致对国际政治和经济形势发生影响的不确定性因素增多，但是在构建人类命运共同体理念的指引下，通过"一带一路"倡议和"加快形成以国内大循环为主体、国内国际双循环相互促进的新发展格局"的稳步推进。中国经济长期向好的趋势不会改变，中国的崛起势不可挡。中国会大踏步地走向世界舞台中央，从经济全球化的受益者、贡献者的角色演变成为经济全球化的倡导者、多边贸易体制和自由贸易的坚定维护者。中国开放的大门越开越大，对于企业而言，都会面对国内国外两个市场的激烈竞争。新时代要有新理念。中国新时代营销观念的提出，是对市场营销观念的创新。作为新时代的企业和经营者，必须在新的理念引领下，自觉转变、自我革新、自主提升，才能创造良好的生存环境和可持续发展的空间。企业必须把对市场营销新理念的培养作为发展战略中最重要的组成部分。

市场营销学来自于实践，又用于指导实践，是建立在不断地创新和发展的基础上的。在宏观环境发生深刻变化的大背景下，适时对本书原内容进行修订是必需的；对教材内容进行新一轮的更新和整合势在必行；对现行的市场营销学教材是否适应市场对新时代人才培养的需要，必须做出新的回应。为此，我们组织淮北职业技术学院、宿州职业技术学院、芜湖职业技术学院等3所院校中长期从事市场营销教学的9位优秀教师，对已经连续使用十多年的《市场营销学》进行修订，出版第3版。在教材修订过程中，对教材的原有内容做了较大幅度的调整，重点突出以下四点：

（1）首次引入中国新时代营销观念

以习近平新时代中国特色社会主义经济思想为指导，以满足人们不断发展的对美好生活的需要为导向，首次把市场营销观念分为传统营销观、现代营销观和中国新时代营销观念。在五大发展理念下提出中国新时代营销观念，努力编写成符合新时代要求，具有中国新时代特色的新教材。

(2) 把第四次工业革命写进教材

把第四次工业革命和"中国制造2025"融入教材内容,让学生和读者了解更多的最新世界产业发展趋势和中国产业发展的布局。

(3) 精选新案例

新精选了5年来国内外经典案例近百个,重点推荐新时代中国企业的案例,让学生和读者能熟悉更多的新商业业态。

(4) 对内容进行了科学整合

全书共两篇:理论篇和实务篇。理论篇包括:市场营销学概述、市场营销环境、市场营销调研、市场分析、目标市场营销;实务篇包括:产品策略、定价策略、分销策略、促销策略、市场营销管理。全书共10章,每一章都包含知识目标、技能目标、导入案例、本章小结和实训操练等教学内容。其中,实训操练包括知识测试、课堂实训、案例分析等教学实践环节,既为教学提供了实训和进行营销策划的范例,又为课堂教学改革提供了必要的素材和师生发挥的空间,在理论和实务的有机结合上提出了新的方案和思路。

全书由王学平、张杰主编,其中,第一章"市场营销学概述"由王学平编写;第二章"市场营销环境"由王红玫编写;第三章"市场营销调研"由丁伟编写;第四章"市场分析"由张欣编写;第五章"目标市场营销"由洪俊国编写;第六章"产品策略"由张杰编写;第七章"定价策略"由李莹莹编写;第八章"分销策略"由赵中见编写;第九章"促销策略"由李浩编写;第十章"市场营销管理"由丁伟编写。全书由王学平、丁伟统稿。

编者在编写中引入了大量的案例和众多专家、学者的观点,也参阅和引用了有关的著作、教材和网络信息等内容,在此,对所有相关的作者表示衷心的感谢。由于我们编写水平有限,难免有疏漏之处,敬请专家、教师和广大的读者提出批评、指正。

编　者

2021年5月

目　录

前言 ···（ i ）

上篇　理　论　篇

第一章　市场营销学概述 ··（ 2 ）
　　第一节　市场、市场营销与市场营销组合 ··（ 3 ）
　　第二节　市场营销观念的形成与发展 ··（ 11 ）
　　第三节　市场营销理论的形成与发展 ··（ 22 ）
　　第四节　顾客让渡价值理论 ··（ 28 ）

第二章　市场营销环境 ··（ 34 ）
　　第一节　市场营销环境 ···（ 35 ）
　　第二节　宏观营销环境 ···（ 37 ）
　　第三节　微观营销环境 ···（ 48 ）

第三章　市场营销调研 ··（ 55 ）
　　第一节　市场调研概述 ···（ 56 ）
　　第二节　市场调查 ···（ 57 ）
　　第三节　市场预测 ···（ 70 ）

第四章　市场分析 ··（ 81 ）
　　第一节　消费者市场分析 ···（ 82 ）
　　第二节　组织市场分析 ···（ 89 ）
　　第三节　竞争者分析 ···（ 96 ）
　　第四节　市场营销竞争战略选择 ··（105）
　　第五节　分析工具 ···（108）

第五章　目标市场营销 ··（118）
　　第一节　市场细分 ···（119）
　　第二节　目标市场选择 ···（128）
　　第三节　市场定位 ···（136）

下篇 实 务 篇

第六章 产品策略 ·············(148)
- 第一节 产品与产品组合 ·············(149)
- 第二节 产品的生命周期策略 ·············(157)
- 第三节 产品的品牌策略 ·············(162)
- 第四节 产品的包装策略 ·············(167)

第七章 定价策略 ·············(174)
- 第一节 影响企业定价的因素 ·············(175)
- 第二节 定价的基本方法 ·············(179)
- 第三节 定价策略 ·············(183)

第八章 分销策略 ·············(193)
- 第一节 分销渠道概述 ·············(195)
- 第二节 分销渠道环节 ·············(201)
- 第三节 分销渠道策略 ·············(208)

第九章 促销策略 ·············(220)
- 第一节 促销策略概述 ·············(221)
- 第二节 人员推销 ·············(224)
- 第三节 广告 ·············(229)
- 第四节 营业推广 ·············(235)
- 第五节 公共关系 ·············(239)

第十章 市场营销管理 ·············(254)
- 第一节 市场营销管理概述 ·············(255)
- 第二节 市场营销计划与执行 ·············(258)
- 第三节 市场营销组织 ·············(264)
- 第四节 市场营销控制与实施 ·············(270)

参考文献 ·············(279)

上篇
理论篇

第一章 市场营销学概述

(1)理解市场营销的基本概念及核心概念。
(2)掌握市场营销观念的演变过程及各阶段的特点。
(3)理解顾客让渡价值理论。

(1)通过案例,学会分析一个企业的市场营销观念。
(2)能够用顾客让渡价值理论认识和分析顾客价值。

案例1-1

供给侧改革下的市场营销

自2015年11月以来,"供给侧改革"成为我国高层讲话中的高频词,引起了社会各界的广泛关注。从结果上看,"供给侧改革"体现了需要解决需求不足、产能过剩的问题;而追根溯源,供方对于市场需求的把握不准导致的供需错配是呼唤供给侧改革的一大原因。无论是宏观层面的国家经济结构和行业结构调整,还是微观层面的供方企业的产品和服务的营销,实现供给和需求的匹配都是关键的一环。一场从上到下的"供给侧改革"已经拉开了帷幕。

实现供需的匹配有赖于营销。对于处于供给侧的企业而言,理想状况下希望实现:一是能做到把自己的现有产品投放给真正有需要的市场,充分释放现有库存;二是能够预测客户的需求,从而合理规划未来产能两个方面。无论是哪一种,都需要企业有充分的数据作为决策支持。

在中国的商业文化中,并没有大数据的土壤。原因有:一是获取数据说易行难;二是"差不多""大概齐""拍脑袋"是传统营销方式的主要特点。现在,一日千里的互联网技术可以帮助企业收集数据,并能充分利用数据优化资源。

中国是制造业大国,但我们国人出国旅游狂买马桶盖、净化器、奶粉等,对国产奶粉的安全性存在质疑。还有国内生产的粗钢每千克价格与白菜相差无几,产能过剩成了重大包袱,但精钢特钢需大量进口。我们以往都是用数量和价格取胜,忽视了质量。

这些情况说明,我们的消费水平是有的,我们对生活质量的要求也在不断提高。而目前是我们的相关产品难以满足客户的这种需求。所以供给侧改革就是用改革的办法推进结构调整,减少无效和低端供给,扩大有效和中高端供给,增强供给结构对需求变化的适应性和灵活性,提高全要素生产率,使供给体系更好适应需求结构变化。

其实供给侧改革的核心是将资源进行有效调配,激发活力,更好地满足人民群众日益增加的物质文化需求;强调更好满足客户需求,更加强调创新;不再是以量取胜,而是以质取胜。

所以,企业在从事市场营销的过程中要当好客户的顾问,而不是祈求客户来购买产品。多去了解客户,多去体验客户的生活,多去考虑客户的需求,将客户的需求与我们的产品和服务更好地结合,多用客户的语言去介绍产品,这样才能更好地赢得市场,赢得客户的信赖。

资料来源:中国政府网.供给侧结构改革:高层"剧透"了什么?[EB/OL].(2015-12-23).http://www.gov.cn/zhuanti/2015-12/23/content_5026992.htm.

市场营销是一门研究企业市场营销活动及其规律性的应用学科。它是商品经济高度发展的产物。市场营销活动受营销观念的影响,并在一定营销观念指导下进行,因此,准确把握与市场营销有关的概念,正确认识市场营销的实质与任务,树立正确的市场营销观念,对提高企业的市场竞争力具有重要的战略意义。

中国已经成为全球第二大经济体,既是经济全球化的受益者,又是贡献者。随着全面建成小康社会的到来,国内外市场环境发生了根本性的变化,中国对外开放的大门越来越大,国际竞争日趋国内化,国内市场同质化现象日趋严重,大量国外品牌涌入中国市场,这就迫使中国企业转型升级,市场从中低端转为中高端,产品从中国制造迈向中国"智"造。企业走出国门,同时开拓国内、国外两个市场。企业想要生存下去,实现可持续发展,就要转变发展观念。树立新的营销理念,要从以市场需求为导向转为以满足人们不断增长的对美好生活的需要为导向,把握消费需求的变化,敏锐地寻找尚未满足的潜在需要,积极引导消费,创造新需求。

第一节　市场、市场营销与市场营销组合

案例1-2

剃须刀等个护类小家电出现爆发式增长

受益于我国经济发展水平的提升与居民对美好生活的追求,电动剃须刀、电吹风、

美容仪等个人护理与美容健康类小家电的销售快速增长,特别是电动牙刷等新兴品类的销售更是出现了爆发式增长。2017年,我国电动剃须刀、美发护理电器和电动牙刷三类产品市场零售量同比增幅达到24%,零售额同比增幅高达40%。其中,电动剃须刀零售额同比增长21%;美发护理小家电零售额同比增长49%;电动牙刷的表现更加抢眼,零售额同比增长高达92%。在线上市场,由于体积小、机身轻便的特点,美容健康(个护)电器的销售呈现井喷式增长。京东家电数据显示,京东平台个护电器销售连续三年保持高速增长,年平均增长率达70%,美容电器2017年销售额相较2015年增长超过10倍。在主流功能需求产品高速增长的同时,针对消费者不同功能需求的细分类产品如雨后春笋般兴起。

资料来源:搜狐网.剃须刀等个护类小家电[EB/OL].(2018-07-02)http://www.sohu.com/a/238810423_161623.

市场和市场营销是市场营销学的两个基本概念,它们既有联系又有区别。

一、市场

市场是商品经济发展的产物。从经济学的角度看,现代意义的市场有狭义和广义之分。狭义的市场是从交换的空间场所来定义的,指的是商品交换的场所,即购买者和出售者在一定时间聚集在一起进行商品交换的场所,如小商品批发市场、服装市场、农贸市场等。我国《易经》所述的"日中为市,致天下之民,聚天下之货,交易而退,各得其所",就是对这种原始市场及其活动的具体而生动的描述。广义的市场不仅仅是具体的交易场所,而是指所有买者和卖者实现商品让渡的交换关系的总和,是各种复杂交换关系的集合。从这个意义上看,要形成一个现实市场,必须具备三个条件:一是市场主体,即参与交换的买者和卖者;二是市场客体,即可供交换的商品或劳务;三是交换媒介,即交易价格和交易条件。市场营销学主要是研究企业的市场营销活动,即卖方的市场营销活动,这样,作为供应方的卖方就构成了企业或行业,而买方就构成了需求市场。本书以广义的市场概念为基础进行论述。

从市场学的角度,市场就是指具有特定的需要、欲望和需求,而且愿意和能够通过交换来满足这种欲望和需求的所有现实顾客和潜在顾客之和。由此可见,市场的大小取决于那些具有满足某种需要,并拥有使别人感兴趣的资源,同时愿意以这种资源来交换其需要的产品的群体。对于既定商品来说,要形成一个现实市场,必须具备三个基本要素:有某种需要的人、为满足这种需要的购买能力和购买欲望,即

市场=人口+购买力+购买欲望

人口因素是构成市场的基本要素,人口越多,现实的和潜在的消费需求就越大;购买力因素是指人们支付货币购买商品或劳务的能力,购买力水平的高低是决定市场容量大小的重要指标;购买欲望是指导致消费者产生购买行为的驱动力、愿望和要求,它是消费者将潜在购买力变为现实购买行为的重要条件。例如,一个国家(或地区)虽然人口众多,但收入水平很低,购买力有限,则市场狭窄;反之,尽管一个国家或地区居民

收入水平很高,但人口很少,市场规模同样十分有限。只有人口众多,又有一定的收入水平的国家和地区,才能形成一个规模和容量都很大的市场。中国是一个人口众多的国家,改革开放以来,人民生活水平逐年得到大幅度提高,因此形成了一个庞大的市场。但如果商品货不对路,不能引起消费者的购买欲望,购买力不能转化为购买行为,则对卖方而言仍不能形成现实的市场。因此,对市场来说,人口、购买力和购买欲望这三要素是互相制约、缺一不可的。只有将这三者有机地结合起来才能构成现实的市场,并共同决定着市场的规模和容量。

二、市场营销

(一)市场营销的涵义

关于市场营销,国内外有过许多不同的表述。

美国市场学家菲利普·科特勒认为:市场营销是个人和集体通过创造,并同别人交换产品和价值以获得其所欲之物的一种社会过程。

美国市场营销协会(American Marketing Association,AMA)于1985年对市场营销下了一个较为完整和全面的定义:市场营销是关于构思、产品及劳务的设计、定价、促销和分销的规划与实施过程,目的是创造能实现个人和组织目标的交换。在交换双方中,如果一方比另一方更主动、更积极地寻求交换,则前者称为市场营销者,后者称为潜在顾客。如果买卖双方都在积极寻求交换,那么,我们就把双方都称为市场营销者,并把这种情况称为相互市场营销。这一定义的完整与全面在于:第一,产品概念扩大了,它不仅包括产品和服务,还包括思想;第二,市场营销范围扩大了,市场营销活动不仅包括盈利性的经营活动,还包括非盈利性的组织活动;第三,强调了交换的过程,其过程包括对一个产品、一项服务或一种思想的开发制作与促销和流通等活动;第四,突出了市场营销计划的制订与实施;第五,指出了市场营销是一种企业有目的、有意识的活动;第六,揭示了满足和引导消费者的需求是市场营销活动的出发点和中心。

大家接受的定义是"市场营销是与市场有关的人类活动,它以满足人类各种需要和欲望为目的,通过市场变潜在交换为现实交换的活动"。

由此可见,所谓市场营销,是指在变化的市场环境中,企业以满足人类的各种需要和欲望为中心,通过采取整体性的营销手段,变潜在交换为现实交换,满足市场需要实现企业经营目标所进行的一系列与市场有关的企业经营活动。

要正确理解市场营销的定义,应从以下三个方面入手:

1. 市场营销的中心是"满足需求"

满足顾客需求,是现代企业市场营销的中心任务,在复杂多变的市场环境及消费者需求日益变化的情况下,企业不但应当了解顾客的现实需求,还必须努力挖掘顾客的潜在需求。通过向市场及时提供新的产品和服务,变潜在需求为现实需求,使消费者的需求和欲望得到满足,从而为企业带来长期的市场经营利润。

2. 市场营销的核心是"交换"

市场营销活动是在动态的市场环境中通过市场调研、产品创新、分销、促销、定价、服务等措施和手段,方便和加速市场中的交换关系,从而实现商品交换和商品价值,满足顾客、企业和社会的需要。

3. 市场营销创设的是便利的"交易环境"

在复杂变化的市场环境中,交换过程能否顺利进行,取决于营销者创造的产品和价值满足顾客需求的程度和对交换过程的管理水平。

市场营销的实质是在环境分析市场调研与预测的基础上,以消费者需求为中心,在适当的时间,适当的地点,以适当的价格,适当的方式,把适合消费者需求的产品和服务提供给消费者。

(二)市场营销的核心概念

市场营销的定义是建立在一系列的核心概念之上的,为了理解上述市场营销的定义,有必要对下列核心概念作简单的阐述。

1. 需要、欲望与需求

这一组概念是既是市场营销学研究的基本概念,又是市场营销活动的立足点和出发点。

(1) 需要

需要(need)是对人类而言的,它是指人没有得到某些基本满足时的一种感受状态。它是市场营销学研究的出发点和基础。任何有生命的物体都会有需要。需要是人类行为的起点。马斯洛通过研究,把人类的需要分为五个层次:生理需要、安全需要、社会需要、尊重需要和自我实现需要。

(2) 欲望

欲望(want)是指对基本需要具体满足物的祈求,是由于个人文化背景和生活环境的陶冶而表现出来的需要。如为满足"吃"的需要,中国人欲望大米饭、馒头或面条,而西方人则欲望面包或汉堡包等。可见尽管人们的需要有限,但欲望有很多。人的欲望要受许多因素的影响,如职业、团体、家庭、宗教等,而且会随着社会条件的变化而变化。

(3) 需求

需求(demand)是指人们有能力并愿意购买某种产品的欲望。可见,消费者的欲望在有购买力做后盾时就变为需求,即当一个人有支付能力且愿意购买他所期望的产品时,欲望就变成了需求。

需要是市场营销活动的起点,市场营销者虽然不能创造人类的基本需要,却可以采用各种营销手段和措施来激发人们的欲望,并通过开发、生产和销售特定的产品或服务来创造需求,满足需求,然而由于人的欲望的无限性特点,会使得未被满足的需求产生新的需要,形成需求环,这就为市场营销活动提供了无限的发展空间。

2. 产品

市场营销学中所讲的产品(product)是广义的产品,是指能够提供的任何可以满足人们需要和欲望的各种有用的实物或感受。产品除了有实体和虚拟形态外,还包括人物、地方、组织、事件、活动及观念等。当人们感到烦闷、疲劳时,可以到歌舞厅欣赏歌星唱歌(人),可以到美丽的黄山去旅游(地),可以参加俱乐部活动(组织)或者接受某种新的意识(观念)。一种产品,一定要与顾客的欲望相符合。一个厂家的产品越是与消费者的需求相吻合,其在市场中就能赢得更多顾客的青睐,从而获得竞争优势。美国通用电器公司在20世纪60年代将其在欧美非常畅销的家用面包烤箱推向日本市场,并大做促销广告,但日本消费者对此反应非常冷淡,这是因为虽然日本人与美国人一样饥饿了需要吃东西,可日本人饥饿时的欲望是吃米饭而不是面包,而面包烤箱是不能烤大米的。如果企业生产的产品忽视了顾客需求,就会患"市场营销近视症"。

3. 效用、价值和满足

消费者通常都面临很多能满足某一需要的产品,消费者在对这些不同产品进行选择时,往往根据自己的价值观来评估各种产品的效用和价值,然后选择一个能极大满足(satisfaction)自己需要的产品。

效用(utility)是消费者对产品或服务获得的实际满足程度,是其对消费者需要的整体能力的评价。

价值(value)是指消费者对产品或服务获得的感受满足程度,是人们在满足欲望时的主观印象和评价。价值最大化是消费者的普遍追求。

因此,消费者通常根据这种对产品的实际效用和价值的主观评价以及要支付的费用来做出购买决定。例如,某消费者要选择去某地的交通工具,可以是自行车、摩托车、汽车、高铁、飞机等,这些可供选择的产品构成了产品选择组合;又假如该消费者要求从速度、安全、舒适和节约成本等方面满足自己不同的需求,这就构成了其需求组合。这样,每种产品有不同能力来满足其不同的需求,如自行车成本低,但速度慢,耗费体力;飞机速度快,较舒适,但成本高。消费者要决定选择一件能更好地满足其需求的产品。为此,消费者应将最能满足其需求到最不能满足其需求的产品进行排列,从中选择出最接近理想产品的产品,它对消费者的价值和效用最大。例如,某消费者出行所选择的交通工具的标准是安全、快捷,那么高铁或飞机会是个不错的选择。

4. 交换、交易与关系

(1) 交换

交换(exchange)是指相关群体双方(或多方)为满足各自的需要而进行的互换行为过程,是以提供某些产品作为回报而从他人处换取所需之物的行为。

人们有需要和欲望,企业将产品生产出来,还不能解释为市场营销,只有当人们通过交换获得产品并满足其欲望和需要时,才产生了市场营销。

(2) 交易

交易(transaction)是实现价值交换的具体表现形式。交换的双方都要经历一个寻找合适的产品、服务、洽谈价格及其他交换条件以达成交换协议的过程。如果双方达成协议,交易便会发生,交易是交换的基本组成单位,交易是双方价值的交换,它是以货币为媒介的,而交换不一定以货为媒介,也可以是物与物的交换。交易涉及以下三个方面:① 两件有价值的物品;② 双方同意的条件、时间、地点;③ 维护和促使交易双方执行承诺的法律制度。

(3) 关系

关系(relationship)是指在进行价值交换过程和交易后的状态。关系营销的目的在于与企业的重要伙伴,如顾客、供应商、分销商等,建立长期信任和互利的关系,以赢得或保持他们的长期偏好与业务。而这些关系要靠承诺为对方提供高质量产品、良好服务及公平价格来实现,靠双方加强经济、技术及社会联系来实现。关系营销可以节约交易的时间和成本,使市场营销宗旨从追求每一笔交易利润最大化转向追求各方利益关系最大化。

(三) 市场营销的功能

1. 交换的功能

交换的功能指购、销两个方面的功能,是市场的基本功能,通过交换实现商品所有权的转移。在商品所有权转移中,必须区分商品销售与购买两种功能。商品销售的目的是设法创造其商品需求并寻找购买者,按照买者所期望的价格将商品出售。商品购买的目的是为了取得购买者所需要的商品种类、品质及数量,并在适当的时间、空间以适当的价格等做出最优选择,直到完成商品所有权的转移。购买功能包括:① 选择商品的来源,即决定购买哪些卖主的商品、商品的种类、数量、质量、规格、花色;② 商讨交易方式、价格、交易日期。销售功能包括:① 创造或唤起需求;② 寻找卖主或为商品找到市场;③ 对销售方式等做出选择。

2. 供应功能

供应功能主要指运输和储存,是实现交换功能的必要条件。运输是产品实体借助于运力在空间上的转移,使产品从生产场所转移到销售场所;储存是指产品离开生产领域但还没有进入消费领域,而在流通领域内的停滞。由于商品的生产与需求在时间与空间上存在分离,这就需要现代物流的发展,特别是商品运输和储存功能的强化。运输功能要求按照商品的合理流向,及时将商品送达供应市场。商品的储存功能是将商品通过储存设施加以保管留存,调节供求在消费地点、消费时间上的差异,寻求最佳销售时机。

3. 便利功能(服务功能)

便利功能包括资金融通、风险负担、市场情报与商品标准化和分级等。借助资金融通,可以控制或改变商品与劳务的流转方向,实行信用交易,能给市场交易过程中各个环节的买卖双方带来方便。风险负担是商品或劳务交易中必然包含的一部分因素。在供求关系的变动中,在运输和储存的过程中,企业均可能因商品损坏、腐烂、短缺、浪费等,以及货物在一定时期内滞销要承担财务损失的风险。市场情报的收集、分析与传送是一种通讯职能,对消费者、生产者和营销机构来说,十分重要。商品的标准化和分级,是衡量商品质量的基本尺度或标准,产品只有达到一定的标准或质量优秀,才便于交易。

4. 信息反馈功能

在商品交换中必然存在信息的流动,提高信息的传递与反馈速度,可以有效地为企业生产提供明确的市场信息。

（四）市场营销的作用

市场营销活动范围非常广泛,涉及产品产、供、销的各个方面,企业可以通过开展整体性的营销活动来实现其营销功能,发挥它在市场经济中的重要作用。

1. 解决生产与消费的矛盾,满足生活消费和生产消费的需要

在商品经济条件下,社会的生产与消费之间存在着众多矛盾,主要表现在:

① 空间上的分离。
② 时间上的分离。
③ 产品品种,如花色、规格、型号等方面的矛盾。
④ 产品价格上的矛盾,如生产者按生产成本估价,而消费者按商品的认知价值、效用和自己的支付能力来估价。
⑤ 产品供应和市场需求在数量上的矛盾。
⑥ 信息上的分离。即生产者不了解谁需要什么产品,在何地、何时需要、在什么价格水平上愿意购买,而消费者则不知道谁能提供自己需要的产品,在何地、何时提供、在什么价格水平上提供。
⑦ 产品占有权的分离与对立。

随着科学技术水平的进步,社会化大生产和商品经济的发展,以及人们生活水平的提高和消费者需求由低层次向高层次递进、由简单稳定向复杂多变转变,这些矛盾的广度和深度也在发展,并趋于更加复杂。所有这些矛盾对于企业来说都是非解决不可的,但又不是直接在生产过程中就能解决的,必须通过整体市场营销活动来解决。

因此,市场营销的根本任务就是通过努力解决生产与消费的各种分离、差异和矛盾,使生产者各种不同的供给与消费者各种不同的需求与欲望相适应,实现生产与消费的统一,推动社会经济持续、稳定的发展。因而,市场营销在求得社会生产与社会需求之间平衡方面发挥着重要功能,从这个角度看,市场营销的基本功能就是交换的功能。

2. 实现商品的价值和增值

市场营销的功能还表现为帮助实现商品的价值和增值。商品在没有交换之前,价值无法实现,蕴含其中的由企业创造和提供的附加值亦不能被社会承认。市场营销通过产品创新、分销、促销、定价、服务等手段加速相互满意的交换关系,不仅实现了商品的价值,而且实现了商品增值。

3. 避免社会资源和企业资源的浪费

企业的生产经营都需要占用一定的社会资源和企业资源。如果生产出的产品不能被顾客接受,不能交换,就会造成对社会资源和企业资源的极大浪费。市场营销从顾客需求的角度出发,根据市场需求合理安排产品生产和销售,最大限度地减少产品无法销售的风险,避免了社会资源和企业资源的浪费。

4. 满足顾客需求,提高人们的物质文化生活水平和生存质量

企业通过开展整体性的营销活动,最大限度地满足顾客需要,最终提高社会总体生活水平和人民生存质量。

三、市场营销组合

(一)市场营销组合的概念

市场营销组合就是一次成功和完整的市场营销活动,意味着以适当的产品(product)、适当的价格(price)、适当的渠道(place)和适当的促销(promotion)手段,将适当的产品和服务投放到特定市场的行为,简称"4P"营销组合。如图1.1所示。

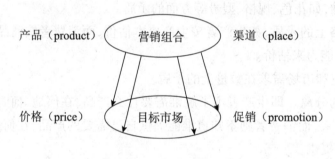

图1.1 市场营销组合图

(二)市场营销组合的理论意义

"4P"营销组合的理论意义在于它奠定了管理营销的基础理论框架。该理论以单个企业作为分析单位,认为影响企业营销活动效果的因素有两种:一种是企业不能够控制的外部因素;另一种是企业内部环境的可控因素,如生产、定价、分销、促销等营销因素。企业营销活动的实质是一个利用内部可控因素适应外部环境的过程,即通过营销组合的计划和实施,对外部不可控因素做出积极动态的反应,从而促成交易的实现和满足个人与组织的目标。用科特勒的话说就是:"如果公司生产出适当的产品,定出适当的价格,利用适当的分销渠道,并辅之以适当的促销活动,那么该公司就会获得成功。"所以市场营销活动的核心就在于制定并实施有效的市场营销组合。它把企业营销活动这样一个错综复杂的经济现象,概括为三个圆圈,把企业营销过程中可以利用的成千上万的因素概括成四个大的因素,即"4P"理论——产品、价格、渠道和促销,非常简明、易于把握。得益于这一优势,它很快成为营销界和营销实践者普遍接受的一个营销组合

模型。"4P"理论主要是从供方角度出发来研究市场的需求、变化,以及如何在竞争中取胜。"4P"理论重视产品导向而非消费者导向,以满足市场需求为目标。"4P"理论是营销学的基本理论,它是最早将复杂的市场营销活动加以简单化、抽象化和体系化的理论,构建了营销学的基本框架,促进了市场营销理论的发展与普及。

第二节 市场营销观念的形成与发展

一、市场营销观念的演变

案例1-3

智慧酒店加盟再升级 都市118"微信取电"环保体验获赞

2015年8月,互联网第一品牌都市118连锁酒店又有新动作了,继2014年携手腾讯开通"微信开门"之后,又推出了全新智能客房升级服务,相继研发"微信取电""节电红包"两大功能,包括山东、江苏、湖南等5省市作为都市集团首批落地试点。此次都市118智能服务升级给酒店加盟市场注入了新的生机,微信再次化身成为酒店房间的智能控制器,刷新了用户群体和酒店加盟商新的感官体验。

不论顾客先到哪一个城市,都可以通过关注集团微信公众号,自助预订、选房、支付,在前台进行身份验证后,会自动匹配专属你的"电子钥匙",这时候,顾客只需要找到自己的房间位置,轻轻一点"电子钥匙",即可打开房门;点击"取电按钮",自动取电。只需1秒钟,即可体验都市118微信智慧酒店这一变革所带来的便捷与智能体验。这样的消费体验可以说是刺激着近年来低迷的快捷酒店加盟市场的敏感神经,让酒店投资者更加清晰地感受了"得体验者得天下"的奥妙。

据最新数据显示,都市118开通"微信开房"全套方案后,用户通过微信预订的订单,成功入住率高达96%,更是培养起用户线上预订以及循环入住的消费习惯。在都市118入住酒店不再需要房卡,手机微信直接操控,既减少了酒店加盟商的人力投入成本,同时减少了传统的房卡损耗,降低采购成本,低碳环保;又避免了消费者预订酒店时"步骤繁琐、排队等待、预付押金"的困扰。节电红包的推出,更是增加了线上预订的黏度,对绿色低碳、节能环保起到了激励作用。一举多得,充分凸显了一直以来所推崇的节能降耗绿色环保的理念。

资料来源:智慧酒店再升级 都市118"微信取电"环保体验获赞[EB/OL].(2015-08-10).http://www.dushi118.com/news/201508/10/1717.html.

都市118开通"微信开房"全套方案后,迎合了消费者的新消费趋势,从都市118发展过程可以看出市场营销观念的变化对企业经营的重要作用。如果管理者或决策者所持的经营观念与市场环境相适应,必将促进企业的发展;反之,则会阻碍企业的发展。

市场营销观念是在一定的社会经济发展基础上形成的,并随着经济社会的发展和市场环境的变化不断演进。纵观国际市场营销观念的发展进程,结合中国新时代市场经济的发展阶段,市场营销观经历了以下几个过程:① 以生产观念、产品观念、推销观念为代表的传统营销观;② 以市场营销观念、客户观念和社会市场营销观念为代表的现代营销观;③ 以创新营销观、协调营销观、绿色营销观、开放营销观、共享营销观为主要代表的中国新时代营销观念。

(一)传统营销观念

1. 生产观念

生产观念是指导企业营销行为的最古老的观念之一,产生于20世纪20年代以前,是在产品供不应求的卖方市场条件下产生。当时由于资本主义国家处于工业化初期,企业生产率还不高,物资紧缺,市场产品供不应求。因此,很多企业奉行生产观念,企业以生产为中心,能生产什么产品就销售什么产品,根本不需要考虑顾客的需求情况。

生产观念认为消费者总是喜欢那些可以随处买得到而且价格低廉的产品,企业应致力于提高生产效率,扩大生产,降低成本,以扩展市场。美国福特汽车公司的创始人亨利·福特曾说过:"不管顾客需要什么颜色的汽车,我只有一种黑色的。"显然,生产观念是一种重生产、轻市场营销的经营哲学。

生产观念的形成有两种情况:一是在物资短缺、市场商品供不应求时,消费者急于得到产品,而不是获得优良的产品;二是在产品成本过高而导致产品的市场价格居高不下时,必须以提高劳动生产率来降低成本,扩大市场。

2. 产品观念

产品观念是以产品的改进为中心,以提高现有产品的质量和功能为重点的营销观念,这种观念认为顾客最喜欢高质量、多功能和具有某种特色的产品。因此,企业应致力于生产优良产品,并不断加以改进。这种观念产生于市场产品供不应求的卖方市场形势下。"以产定销,以质取胜""好酒不怕巷子深""皇帝的女儿不愁嫁"等就是产品观念的具体表现。认为只要产品质量好,顾客就会喜欢并积极购买。例如,有一个文件柜制造商对客户说:"我生产的文件柜是全世界最好、最结实的,你把它从楼上扔下去仍然完好无损。"客户说:"我相信你的话,但是我买文件柜是用它存放文件,并不打算把它从楼上扔下去。"制造商哑口无言。这个故事正说明了文件柜制造商的经营哲学就是产品观念。

产品观念容易导致"市场营销近视症",即片面强调产品本身的质量和性能,而不重视市场需求,企业在营销管理中缺乏远见,只看到自己的产品质量好,看不到市场需求在变化,致使企业经营陷入困境。

生产观念和产品观念都属于以生产为中心的经营哲学,两者的区别在于:前者注重以量取胜,而后者注重以质取胜,两者都没有把顾客需求放在首位。

3. 推销观念

推销观念认为,消费者通常表现出一种购买惰性或抗衡心理,如果听其自然的话,消费者一般不会购买某一企业太多的产品。因此,企业必须积极推销和大力促销,以刺激消费者大量购买本企业产品。这一观念仍然强调的是企业的产品,而不是顾客的需求,企业相信产品是"卖出去的",而不是"被买去的"。他们采取各种可能的销售手段和方法,去说服和诱导顾客购买其产品。在现代市场经济环境中,推销观念在以下两种情况下是可行的:一是当产品供大于求,企业产品过剩时;二是可用于那些非渴求商品的销售。

(二)现代营销观念

1. 市场营销观

市场营销观产生于20世纪50年代中期,第二次世界大战以后,随着第三次科学技术革命的兴起,市场营销观念认为要实现企业目标,关键在于弄清目标市场的需要和欲望,并比竞争者更快地提供目标市场所期望的产品或服务,进而比竞争者更能满足顾客的需要和欲望。可见,现代市场营销观念是以顾客需要和欲望为导向的全新经营哲学,是消费者主权论在企业市场营销管理中的体现,是由生产者导向转变为消费者导向的一个根本性改变。西方的学术界把这一观念的变革称为经营观念的一次大革命。

市场营销观念与推销观念相比具有明显的区别,主要表现在:

① 中心不同。市场营销观念是以买方需求为中心,而推销观念则是以卖方需求为中心。

② 出发点不同。市场营销观念是以满足顾客需求出发,而推销观念是以企业现有的产品出发。

③ 营销手段不同。市场营销观念重视营销战略与营销策略的整体配合,以企业整体性的经营活动为手段,而推销观念则以推销和促销为手段。

④ 结果不同。市场营销观念是通过最大限度地满足消费者的需求来创造企业长期利润,而推销观念则通过扩大消费者需求、增加产品销售来谋求企业短期利润。

2. 客户观念

客户观念与市场营销观念不同,市场营销观念强调的是满足每一个子市场(由具有相似需求的顾客组成)的共同需求,而客户观念则强调满足每一个客户的特殊需求。例如,戴尔公司在发展过程中,建立了一套完整的畅通的与客户直接联系的渠道,由客户直接向戴尔公司发订单(在订单中详细列出产品所需的配置)然后戴尔公司"按单生产",最大限度地满足每个客户的特殊需求。这就是戴尔公司的客户观念。

客户观念需要以工厂定制化、运营电脑化、沟通网络化为前提条件。因此,贯彻客户观念要求企业在信息收集、数据库建设、电脑软件和硬件购置等方面进行大量投资,而这并不是每一个企业都能够做到的。客户观念最适用那些善于收集单个客户信息的企业。

3. 社会市场营销观念

社会市场营销观念产生于20世纪70年代,当时随着全球资源短缺,通货膨胀,人口爆炸性增长,失业增加,环境污染严重,消费者保护运动盛行等问题日益严重,要求企业顾及消费者整体与长远利益,即社会利益的呼声越来越高,而单纯的市场营销观念回避了消费者需要,消费者利益与长期社会福利之间存在冲突等。

社会市场营销观念认为,企业的任务在于确定目标市场的需要、欲望和利益,并通过有利于消费者利益和社会长远利益的整体经营策略,比竞争者更有效、更有利地向目标市场提供能够满足其需要、欲望和利益的产品或服务。社会市场营销观念是对市场营销观念的修改和补充,它要求企业在制定市场营销政策时要统筹兼顾三个方面的利益,即企业利润、消费者需要的满足和社会利益。

20世纪50年代以来,国内外许多成功企业的经营者都把追寻现代营销观念作为实现企业长期利润的经营理念,对社会和经济的健康发展产生了巨大的影响,做出了积极的贡献。但是,进入21世纪以来,中国成为世界第二大经济体,以全面建成小康社会为标志,完成了从无到有和从有到富的积累。

中国进入新时代,在实现中华民族伟大复兴的中国梦的征程中,需要完成从富到强的发展目标。传统的发展理念已经不能适应新时代的发展要求了。特别是第四次工业革命的兴起,新兴产业层出不穷,引发了经济和社会的深度变革。传统企业进入痛苦的转型期,普遍遇到了一个共同问题:如何转型为追求长期(可持续)发展的带有新时代特征的企业。无论是传统营销理念,还是现代营销理念,都很难再有效引导现代企业走出面临的困境和解决可持续发展的问题。

再者,中国新型经济体系的构架已经明晰,即我国经济由高速增长阶段转向高质量发展阶段,转变发展方式,优化经济结构,转换增长动力,建设现代化经济体系。对于经济体系的主角——企业,特别是新时代中国企业经营者而言,有符合中国新时代要求的新的营销理念的指引显得尤为重要。

(三)中国新时代营销观念

自20世纪80年代以来,中国市场经济经历了40多年的高速增长期,创造了世界经济增长的奇迹,成为世界第二大经济体。但是,这种高速增长是用资源过度消耗、环境严重污染、产能落后过剩、贫富差距过大、债务风险高等代价换来的。2017年10月18日,习近平总书记在党的十九大报告中指出,进入21世纪后,中国在经济社会面临各种高风险的新时代背景下,要完成全面建成小康社会的繁重任务,实现中华民族伟大复兴宏伟目标,必须有新的发展理念引领,发展是解决我国一切问题的基础和关键,发展必须是科学发展,必须坚定不移贯彻创新、协调、绿色、开放、共享的发展理念。这五大发展理念是符合中国新时代国情的,是不能够被超越和取而代之的。作为新时代中国的企业经营者要有新时代的经营哲学和理念,必然要在五大发展理念下形成新时代的营销理念。中国新时代营销观念的提出,符合习近平新时代中国特色社会主义经济思想,契合五大发展理念在新时代市场营销观念中的具体指引,其主要包含以下几个观念:创新营销观、协调营销观、绿色营销观、开放营销观、共享营销观。

1. 创新营销观

彼得·德鲁克认为:"一家企业只有两个基本职能:创新和营销。"对于企业经营者来讲,这两者的重要性不言而喻。创新和营销作为企业生存、发展的战略核心,必须要引起企业经营者的足够重视。在新时代,创新和营销不再是两个独立的职能,而是相互融合、共促、共存、共发展的关系。

创新是企业成功的关键,企业经营的最佳策略就是抢在别人之前淘汰自己的产品,并生产新的产品。这种把创新与市场营销有机的结合就是创新营销观念,包括营销产品的创新、营销组织的创新和营销技术的创新。要做到这一点,市场营销者就必须要随时保持思维模式的弹性,让自己成为新思维的开创者,创新营销的意义就在于先人一步,做到人无我有、人有我优;一旦发现是一种新技术,新的需求,做到及时捕捉。

案例1-4

今日发现:资讯兴趣社交产品的新生代

在"今日发现"中,我们看到新一代兴趣社交的五大"首创"。把熟人和陌生人用兴趣关联产生关系并持久地聚在一起,填补了继熟人和陌生人社交之间的一个巨大蓝海市场。

在梁建峰创办"今日发现"之前,曾连续做过两个创业项目:一是创建针对高端白领用户的生鲜电商;二是打造一个面向中小学教育群体的智能硬件品牌。两个项目都有高潜力,前者资产价值高,但其保质难度也大;后者市场同质化严重,但具有无限广阔的市场空间……随着两个项目的成功出售华丽转身,梁建峰看到了另一个巨大的市场机会。

创业者要善于看大势,今天的大势是什么?是技术革命基于移动互联网技术的大变革。今天的移动互联网,代表着全新的产业和生活的方向,它是一场链接一切、改变一切的技术革命,现在才刚刚开始,必将波及所有产业。捕捉到这一信息,梁建峰又一次从零开始,确定目标——打造一个以用户为主导,以优质内容资讯为核心诉求,以兴趣链接一切为出发点的新一代兴趣社交平台。

正是这一清晰的定位,"今日发现"将立足的根本点放在为"90后"量身定做新闻资讯类产品上。"90后"身上有一些显著的个性标签:少耐心,喜欢快消性产品,乐于网购;反权威、更自我;喜欢尝试新的事物;对社交媒体重度依赖;注重简单的分享……他们这一代更强调态度、腔调以及个性化、多元化、时尚化、真实化。

资料来源:原创力文档.资讯兴趣社交产品的新生代[EB/OL].(2021-01-03).https://max.book118.com/html/2021/0103/8061022127003033.shtm.

2. 协调营销观

所谓协调就是和谐一致,配合得当,通过正确处理组织内外各种关系,为组织正常运转创造良好的条件和环境,促进组织目标的实现。在市场营销学中,协调营销就是通过优化内外环境,配置适当的产销平衡,以实现经济体可持续发展。

熊德平[①]认为:"现代的协调与协调发展理论是人类对文明进程中,对'人与自然'关系及发展模式反思和不满的产物。"在经济学中,"协调"既可以视为在各种经济力共同作用下,经济系统的均衡状态,又可以视为经济系统在各种经济力的共同作用下,趋向均衡的过程。在这里协调的对象是各种经济力,包括经济系统的内外部环境。从这个意义上讲,协调营销就是在各种经济力共同作用的复杂关系中,确立有利于交易的供求均衡环境,以获得长期发展。供求平衡是相对的、是动态的,协调营销就是将产品的动态幅度始终在一个合理的范围内运行。一旦平衡被打破,就会出现新一轮的动态平衡过程。经济全球化环境下的今天,除了技术壁垒,贸易逆差(顺差)过大也是打破平衡的重要因素。

案例1-5

华为鸿蒙"朋友圈"在扩大

在被西方极限施压下,具有完全自主知识产权的华为鸿蒙系统腾空出世,可支撑各种不同的设备,包括大屏、手机、PC、音响等,对应不同的设备可弹性部署。

搭载鸿蒙系统的智慧屏口碑不错。2020年"6·18"期间,55寸的荣耀智慧屏X1获得京东618电视品类单品销量、销售额双冠军。在用户评价中,搭载鸿蒙系统的智慧屏开关机速度快、无开关机广告等是用户最为满意的功能点。

鸿蒙的"朋友圈"正在扩大。2020年7月12日,比亚迪汉正式上市。余承东在发布会现场官宣了基于鸿蒙OS的HiCar车机系统,比亚迪汉有望成为第一款运行鸿蒙OS的移动设备。

2020年8月13~15日举行的中国汽车论坛上,华为智能汽车解决方案业务单元(BU)总裁王军公布了华为鸿蒙车载系统:鸿蒙座舱操作系统HOS、智能驾驶操作系统AOS和智能车控操作系统VOS。

"HOS、AOS操作系统已经有大量的合作伙伴在进行开发;VOS可支持包括恩智浦等在内的芯片供应商。"王军称。

---

① 熊德平,云南财经大学首席教授、博士生导师。

"其实鸿蒙操作系统的手机版早已经准备好了。"余承东在2020年4月份曾表示。华为在外部环境失协而通过内部组织和谐来平衡内外的协调一致。

资料来源：吴涛.华为鸿蒙系统朋友圈扩大,你可能不知不觉就已用上了[EB/OL].（2020-08-14）.http://www.yidianzixun.com/article/0QEoG2Yk/amp.

3. 绿色营销观

所谓绿色营销观念,就是指企业必须把消费者的需求、企业的利益和环保利益三者有机地结合起来,而且充分考虑产品设计、生产、销售到使用的整个营销过程的资源环保性与利用率,真正做到安全、卫生、无公害的一种营销观念。

案例1-6

世界地球日

1970年4月22日,美国首次举行了声势浩大的"地球日"活动。但是当时多数人对污染问题根本不当一回事,到1990年4月22日,全世界140多个国家同时在各地举行了多种多样的宣传活动,主题定为"如何改善整体环境"。这次活动得到联合国的首肯。其后,每年的4月22日被确定为"世界地球日"。由于环境污染加剧、生态环境不断恶化,给人们带来的灾难也越来越严重。因此,购买无毒、无害、无污染的商品是消费者的首选。因此,伴随着各国消费者环保意识的日益增强,在世界范围内掀起了一股绿色潮浪。

资料来源：十二星座网.世界地球日起源于哪个国家 世界地球日由来[EB/OL].（2020-04-13）.https://www.xingzuo360.cn/jr/352485.html.

推行绿色营销观念,也是新时代推进生态文明建设的要求,包括经济活动在内的所有人的活动,都必须以坚持"六项原则"为根本遵循,即确立了人与自然和谐共生的基本方针,绿水青山就是金山银山的发展理念,良好生态环境是最普惠的民生福祉的宗旨精神,山水林田湖草是生命共同体的系统思想,用最严格制度、最严密法治保护生态环境的坚定决心以及共谋全球生态文明建设的大国担当。这"六项原则"构成一个紧密联系、有机统一的思想体系,深刻揭示了经济发展和生态环境保护的关系,深化了对经济社会发展规律和自然生态规律的认识,也为坚定不移走生产发展、生活富裕、生态良好的文明发展道路指明了方向。

案例1-7

六大原则：新时代推进生态文明建设的方向

中共中央总书记习近平指出,新时代推进生态文明建设,必须坚持好以下原则：一是坚持人与自然和谐共生,坚持节约优先、保护优先、自然恢复为主的方针,像保护眼睛一样保护生态环境,像对待生命一样对待生态环境,让自然生态美景永驻人间,还自然以宁静、和谐、美丽。二是绿水青山就是金山银山,贯彻创新、协调、绿色、开放、共享的发展理念,加快形成节约资源和保护环境的空间格局、产业结构、生产方式、生活方式,给自然生态留下休养生息的时间和空间。三是良好生态环境是最普惠的民生福祉,坚持生态惠民、生态利民、生态为民,重点解决损害群众健康的突出环境问题,不断满足人民日益增长的优美生态环境需要。四是山水林田湖草是生命共同体,要统筹兼顾、整体施策、多措并举,全方位、全地域、全过程开展生态文明建设。五是用最严格制度最严密法治保护生态环境,加快制度创新,强化制度执行,让制度成为刚性的约束和不可触碰的高压线。六是共谋全球生态文明建设,深度参与全球环境治理,形成世界环境保护和可持续发展的解决方案,引导应对气候变化国际合作。

资料来源:中国政府网.习近平出席全国生态环境保护大会并发表重要讲话[EB/OL].(2018-05-19).http://www.gov.cn/xinwen/2018-05/19/content_5292116.htm.

4. 开放营销观

开放营销观念,就是指企业以区域或全球视野融入其产业链或价值链的营销理念。因为在开放经济的环境下,任何一个企业都不可能自我封闭而独善其身的生存下去。开放经济理论告诉我们,尽管单边主义、贸易保护主义通过制裁或增加关税可实现短期内的自我保护,但从长期来看,经济全球化和贸易自由化是必然的、不可阻挡的趋势。开放经济环境下的开放营销,其结果就是经济全球化和贸易自由化,而经济全球化和贸易自由化的主要方法之一就是国际贸易自由化,它大致分为四个阶段:

第一,互通有无。就是将国内的东西运出去,国外的东西运进来。丝绸之路就是人类最早的国际贸易。

第二,以比较成本为基础。一种商品,哪个国家的生产成本低就由该国来生产,而生产成本高的国家则采用进口的方式获得该商品。

第三,相同的产品互相交换。比如,两国都生产汽车,互为进口与出口国。这种贸易的结果是降低垄断,扩大经营规模。该阶段的理论是由美国著名经济学家克鲁格曼提出的。

第四,各国产品零部件的相互贸易。某产品生产所使用的部分甚至全部零部件都是从不同国家进口的,如果此时国际贸易终止,则该产品无法进行生产。比如,美国停止对中兴公司供应芯片,导致中兴公司基本停产。

案例1-8

贸易战为欧洲打开机会之窗

2018年8月5日参考消息网报道称,美国对来自中国的产品宣布征收关税可能导致亚洲"巨人"采取类似的行动进行回击。中国可以在欧洲寻找其未来的最好的合作伙伴,尤其是在采购飞机、汽车和半导体方面。

据西班牙《经济学家报》网站2018年7月29日报道:"自2018年美国宣布新关税措施之后,世界各地的股票市场一直在做出反应。现在,投资者的好日子就是美国总统不发表言论的日子。特朗普的目标不是别人,而是他的主要贸易伙伴中国。正如在任何战争中一样,贸易战预计会有赢家和输家。但是,赢得此次争斗的可能不是两个竞争者中的一方,而将是欧洲。"

根据国际货币基金组织的数据,截至2017年年底,中国当年购买美国商品和服务达1549.33亿美元。法国外贸银行指出,"贸易战将为欧洲公司在中国打开机会之窗"。

西班牙自助银行的维多利亚·托雷说:"中国已经采取了其替代贸易战略的第一步,向欧洲靠拢,试图实现市场的多元化。""投资"金融信息网站的杰西·科恩认为:"重要的是要记住,这两方之间的贸易在过去十年中增长了很多,中国是欧洲的第二大市场。"

报道称,从这个意义上说,中国从美国采购的主要产品是大豆。根据世界贸易组织的数据,在欧洲,大豆生产只能满足自身需求的5%,"因此阿根廷和巴西等其他大豆出口国可能成为其中的赢家"。智慧树投资公司指出:"欧洲不会替代这些进口产品的来源地,但在其他产品上有优势,如汽车、药品、武器或技术服务,这些都可以向中国输出。"

报道称,接下来,中国在美国"超市"购买最多的是飞机和直升机,金额超过125亿美元。在这种情况下,可以从贸易战中获得益处的将是空中客车公司。2017年,波音在中国境内销售了120亿美元的产品,这块蛋糕可能将飞往欧洲大陆。

资料来源:参考消息网.西媒称贸易战为欧洲打开机会之窗:中国订单或将流向欧洲[EB/OL].(2018-08-05).http:www.cankaoxiaoti.com/world/20180805/2304628.shtml.

5. 共享营销观

共享营销又称为互销。共享营销是指买卖双方通过双向交易方式提供产品或服务的行为,包括为促进该行为进行的有关辅助活动,例如,互买、互卖、互推、互换、互租、互保、互贷、互投等。

与共享营销技术相类似的是直销,直销就是直接销售,是一种单向市场营销方式,是制造商在向公众进行一定诉求的基础上,直接与目标客户沟通,以达到实现消费的营销技术方法。直销是单向市场营销行为,一方是买方,一方是卖方,一方针对另一方开展市场营销活动。直销就是产品不通过各种商场、超市等传统的公众销售渠道进行分销,而是直接由生产商或者经销商组织产品销售的一种营销方式。

传统的直销手段存在交换效率低、消费者的选择范围小、"金字塔"式拉人头、层层加价导致价格虚高、营销资源浪费严重的问题。

共享营销和直销一样,产品从生产商出发,通过销售人员直接到达消费者手中,降低产品的流通环节成本。共享营销又不同于直销,它是双向营销行为,没有上下线之分,双方都是买方或卖方,互为营销资源,双方互相针对另一方开展市场营销活动。共享营销整合买卖双方市场营销资源,让消费者更省钱、推广者更省力、销售者更赚钱。

经济学家赵晓认为,中国共享经济2.0时代已经开启,指出"它是新经济的一种,是在互联网平台上将供需重新组合,资源重新对接,我为人人,人人为我的新兴经济形态"①。"互联网+"、大数据、云计算、区块链等平台为共享营销提供广泛的发展空间,为满足人们对美好生活的需要提供多方面的服务。

案例1-9

如何看待共享营销?

在共享经济的时代,营销是否也能共享?

2018年3月27日,营销思享会第一期在云南省昆明市沃力空间举行。昆明怒江籽禾农业科技有限责任公司创始人和来宝、云南云瑞教育有限责任公司联合创始人何国杰、创业磨坊城市总监张卿以及沃力空间创始人陈少平分享了公司运营中的营销实践案例和对共享营销的理解,参与人员就"分析探讨国内的互联网企业的营销模式"和"对于共享营销的理解和分析"两个话题进行了探讨。

和来宝以美食节的实际案例分享了营销的重要性。他提到,通过设立信息共享平台,开展产品价格"景气指数"的超强预测和预判工作,在生鲜行业建立了完善的仓储系统,逐步实现了"零库存"和"零损失";并且,共享营销模式能够整合各项资源为客户提供系统化增值服务,进一步拓展新领域,为企业寻求新的利润增长点。

何国杰结合教育行业的现状分析了产品与需求之间的联系。他认为,对于共享营销,更贴合实际的理解应该是企业合作营销,精准的人群画像和渠道客户,同行异业合作,媒体、自媒体进行转化和置换,再用口碑和信任度逐渐开拓市场。

张卿认为,定义产品和定位市场是营销的根基。产品定位的关键就是找需求,最好是刚需。首先,我们要锁定客户群,分析用户画像,锁定推广渠道。然后,要与客户进行高频、持续的互动。此外,还可以通过线下访谈找到精准人群。我们应谨慎选择推广渠道,确保通过这些渠道能够获得更多用户或者关注度,不要做无用功。当然,我们也要用优质的内容抓住用户,并巧妙地将营销内容传播给他们。

陈少平从营销定义、线下运营、线上运营、沃力案例和共享营销五个方面进行了分享。他提到,营销的四要素包括产品、渠道、价格和宣传。他以沃力空间为例,解释了如何进行线上和线下运营。对于共享营销,他提出用户社群化、促销精神化和渠道平台化三个理念,提出要用工匠精神创造这个时代。

资料来源:搜狐网.如何看待共享营销[EB/OL].(2018-03-30). https://www.sohu.com/a/226769422_99908242.

特定市场营销观念是在特定的市场环境条件下产生和发展起来的。企业在不同市场环境中开展营销活动,受到不同营销观念的指导。在上述三大市场营销观念中,第一

---

① 赵晓.共享经济2.0:谁将引领明天[M].北京:经济日报出版社,2018.

种传统营销观念是一种生产者导向观念,重生产、轻市场,以企业自身为中心,以现有产品为营销的出发点,奉行的是以产定销、产后销售的原则,通过提高产品的产销量、降低成本来实现企业短期利润的增长;第二种现代市场营销观念是一种消费者导向观念,以市场需求为中心,以满足顾客需求为营销的出发点,奉行的是以销定产、产前销售的原则,通过开展整合市场营销,在满足顾客需求,兼顾社会利益的基础上,谋求企业长期经营利润的增长;第三种中国新时代营销观是一种需求升级导向观念,是以消费者为中心,以满足顾客对美好生活的需求为营销的出发点,奉行的是产销同步、量身定制的原则,通过创新营销,以满足顾客需求、履行社会责任为基本要求,谋求企业的长远发展。

二、市场营销新理念

(一) 整合营销

整合营销于20世纪90年代开始产生,由美国市场营销学教授唐·舒尔茨于1991年提出。他认为,整合营销传播是一个业务战略过程,它是指制订、优化、执行并评价协调的、可测度的、有说服力的品牌传播计划,这些活动的受众者消费者包括顾客、潜在顾客、内部及其他目标人群。

(二) 关系营销

对于关系营销,国际上一些学者提出不同的看法,但是运用最为广泛的还是20世纪70年代北欧的一些学者提出的以建立、维护、促进、改善,调整"关系"为核心的关系营销理论,即企业通过开展关系营销,可以广结人缘,同各方搞好关系,取得"人和",从而建立起一个由消费者、供应商、分销商、竞争者、政府机构及其他公众共同构成的有效网络,他们之间形成相互依赖的坚固的商业关系,在每次交易中,确保成员的利益达到最大化。在此基础上,企业与各方互惠互利,共同发展,进一步满足消费者的需求,其核心是网络中的成员并肩合作。由此可见,关系营销就是把营销活动看成企业与客户等诸多方面发生互动作用的过程,其核心是建立和发展与这些公众的良好关系。

(三) 网络营销

网络营销产生于20世纪末,是企业营销实践与现代信息通信技术,以及计算机网络技术相结合的产物,是企业以电子信息技术为基础,以计算机网络为媒介和手段而进行的各种营销活动的总称。

广义的网络营销是指,企业利用一切电子信息网络(包括企业内部网、行业系统专线网、因特网、有线网络、无线网络、有线通信网络与移动通信网络等)进行的营销活动。狭义的网络营销主要是指,以互联网为基础开展的营销活动总称。"互联网+"的发展为企业拓展了广阔的网络营销空间。

(四)定制营销

所谓定制营销是指,在大规模生产的基础上,将市场细分到极限程度——把每一位顾客视为一个潜在的细分市场,并根据每一位顾客的特定要求,单独设计、生产产品并迅速交货的营销方式。它的核心目标是以顾客愿意支付的价格并以能获得一定利润的成本高效率地进行产品定制。美国著名营销学者科特勒将定制营销誉为"21世纪市场营销新领域之一"。在全新的网络环境下,兴起了一大批像Dell、Amazon、P&G等为客户提供完全定制服务的企业。例如,在P&G公司的网站有一款可以定制的皮肤护理或头发护理产品,以此满足不同顾客的需要。

第三节 市场营销理论的形成与发展

一、国外市场营销的形成与发展

市场营销活动的雏形源于17世纪的日本,市场营销作为一门学科产生于20世纪的美国。随着人类社会、经济的发展和科技的不断进步,人们的需求在不断地转变,为市场营销提供了广阔的发展空间,市场营销发生了根本性的变化,从传统市场营销演变为现代市场营销,也使得市场营销成为一门与经济学、政治学、社会学、人类学、行为科学、心理学和数学等学科相结合的边缘管理学科。市场营销在市场经济为主体的国家得到了充分的发展,大致经历了以下五个阶段:

(一)萌芽阶段(1900~1920年)

这一时期,各主要资本主义国家都处于第一次工业革命的发展期,蒸汽机等技术的发明使生产力得到迅速提高,城市化进程的加快致使城市经济迅猛发展,商品需求量亦迅速增多,出现了供不应求的卖方市场,企业产品价值实现不成问题,与此相适应市场营销学开始创立。韦尔达提出:"经济学家通常把经济活动划分为三大类:生产、分配、消费。生产被认为是效用的创造。""市场营销应当定义为生产的一个组成部分。""生产是创造形态效用,营销则是创造时间、场所和占有效用。"他认为,市场营销开始于制造过程结束之时。

(二)功能研究阶段(1921~1945年)

克拉克、韦尔达、亚历山大等是这一阶段著名的代表者。克拉克和韦尔达在《美国农产品营销》一书中,对美国农产品营销进行了全面的论述,他们指出市场营销目的是:"使产品从种植者那儿顺利地转到使用者手中。这一过程包括三个既重要又相互有关的内容:集中(购买剩余农产品)、平衡(调节供需)、分散(把农产品化整为零)。"这一过程包括七种市场营销功能:集中、储藏、财务、承担风险、标准化、推销和运输。1942年,克拉克的《市场营销学原理》一书在功能研究上有创新,把功能归结为交换功能、实体分配功能、辅助功能等,并提出了"推销是创造需求"的观点,这实际上是市场营销的雏形。

(三)形成和巩固时期(1946~1955年)

1952年,梅纳德和贝克曼在《市场营销学原理》一书中提出了市场营销的定义,认为它是"影响商品交换或商品所有权转移,以及为商品实体分配服务的一切必要的企业活动"。梅纳德归纳了研究市场营销的五种方法,即商品研究法、机构研究法、历史研究法、成本研究法及功能研究法。这一时期已形成市场营销的原理及研究方法,传统市场营销已形成。

(四)管理导向时期(1956~1965年)

这一时期的代表人物和著作理论主要有:罗·奥尔德逊在1957年出版的《市场营销活动和经济行动》一书中,提出了"功能主义"概念;约翰·霍华德在《市场营销管理:分析和决策》一书中,率先提出了从营销管理角度论述市场营销理论和应用,从企业环境与营销策略两者关系来研究营销管理问题,强调企业必须适应外部环境。

(五)协同和发展时期(1966~1980年)

在这期间,市场营销学逐渐从经济学中独立出来,同管理科学、行为科学、心理学、社会心理学等理论相结合,使市场营销学理论更加成熟。乔治·道宁于1971年出版的《基础市场营销:系统研究法》一书中,提出了系统研究法,认为公司就是一个市场营销系统,"企业活动的总体系统,通过定价、促销、分配活动,并通过各种渠道把产品和服务供给现实的和潜在的顾客"。

1967年,美国著名市场营销学教授菲利普·科特勒出版了《市场营销管理:分析、计划与控制》一书,该著作更全面、系统地阐述了现代市场营销理论。他精辟地对营销管理下了定义:营销管理就是通过创造、建立和保持与目标市场之间的有益交换和联系,以达到组织的各种目标而进行的分析、计划、执行和控制过程,并提出市场营销管理过程包括分析市场营销机会,进行营销调研,选择目标市场,制定营销战略和战术,制订、执行及调控市场营销计划。

(六)分化和扩展时期(1981年至今)

1981年后,市场营销领域又出现了大量丰富的新概念,使得市场营销这门学科出现了变形和分化的趋势,其应用范围也在不断地扩展。

1981年,莱维·辛格和菲利普·科特勒对"市场营销战"这一概念以及军事理论在市场营销战中的应用进行了研究,几年后,列斯和特罗出版了《市场营销战》一书。进入20

世纪90年代以来,关于市场营销、市场营销网络、政治市场营销、市场营销决策支持系统、市场营销专家系统等新的理论与实践问题引起了学术界和企业界的关注。进入21世纪,互联网的发展应用,推动着网上虚拟贸易发展,基于互联网的网络营销因此得到迅猛发展。

二、我国市场营销的形成与发展

1949年以前,我国的社会、政治环境不稳定,经济得不到系统和健康的发展,因而市场营销很难有系统发展的条件和空间;1948~1978年,计划经济占主导,除港、澳、台地区实行市场经济以外,我国对市场经济的研究只停留在研究者的书斋里,市场营销的理论研究与实践受到限制,我国市场营销真正意义上的形成与发展,学术界普遍认为是从1978年开始,大致可分为以下四个阶段:

(一)学习引进期(1978~1989年)

这一时期,通过对国外市场营销学著作、杂志和国外学者讲课的内容进行翻译介绍,选派学者、专家到国外访问、考察、学习,邀请外国专家和学者来国内讲学等方式,系统介绍和引进国外市场营销理论。但是,对市场营销研究仅限于部分大专院校和研究机构,从事该学科引进和研究工作的人数还很有限,要使市场营销学在中国得到进一步的应用和发展,必须成立各地的市场营销学研究团体,以便相互交流和切磋研究成果,并利用团体的力量扩大市场营销学的影响,推进市场营销学研究的进一步发展。1984年1月,全国高等综合大学、财经院校市场学教学研究会成立。在以后的几年时间里,全国各地各种类型的市场营销学研究团体如雨后春笋般纷纷成立。各团体在做好学术研究和学术交流的同时,还做了大量的传播工作。1985年以后,我国经济体制改革的步伐进一步加快,市场环境的改善为企业应用现代市场营销原理指导经营管理实践提供了有利条件。在此期间,多数企业在应用市场营销原理时,偏重于分销渠道、促销、市场细分和市场营销调研部分。

(二)扩展转型期和国际化期(1990~2000年)

这一时期,无论是市场营销教学研究队伍,还是市场营销教学、研究和应用的内容,都有了极大的扩展。全国各地的市场营销学学术团体,改变了过去只有学术界、教育界人士参加的状况,开始吸收企业界人士参加。其研究重点也由过去的单纯教学研究改为结合企业现状的市场营销实践进行研究。全国高等综合大学、财经院校市场学教学研究会于1987年8月更名为"中国高等院校市场学研究会"。学者们已不满足于仅仅对市场营销一般原理的教学研究,而对其各分支学科的研究日益深入,并取得了一定的研究成果。在此期间,市场营销理论的国际研讨活动进一步发展,这极大地开阔了学者们的眼界。

(三) 创新发展期(2001~2011年)

进入21世纪以后,中国市场经济的能量得到了充分释放。2004年,人均国民生产总值达到1000美元,标志着中国进入一个新的重要的经济发展节点和社会转型时期,经济、社会和文化发生了深刻变革,市场竞争环境日趋成熟,市场营销出现了具有中国特色的创新和发展态势。主要体现在以下五点:

1. 市场细分成为企业的战略目标

由于中国人口基数大、地域辽阔、区域经济发展不平衡、收入差别和消费模式差别逐渐扩大,决定了中国市场不同商品的消费类别和消费额度存在着巨大的差异性。这两个重要的消费细分变量的进一步发展,揭示了中国市场正转向满足细分消费人群差异化需求。单一企业的单一产品不可能满足消费者的多样化需求,为规避领导厂商的竞争压力,多数企业将目标客户群体的选择由大众市场转向细分市场,在细分市场开发新产品,创造更广阔的发展空间。更多企业力争打造细分市场领域的优势产品,为赢得客户口碑,获得忠诚消费群体,以及企业的持续发展积蓄力量。

2. 城乡一体化建设成就乡村市场

由于中国长期实行城乡二元结构的发展模式,使得乡村市场在消费能力、消费结构和消费模式上与城市市场都有巨大的差异。各种惠农政策的出台,国家城乡一体化建设发展战略的实施,乡镇市场的消费能量得到进一步的释放。2004年,联想结盟美国芯片制造商AMD推出面向县镇的3999元低价电脑、可口可乐推出葛优的乡村版广告等举措,成为众多企业加速对县镇市场的渗透和布局,加速进军乡镇市场的明显信号。随着农民消费水平的逐步提高,县镇市场的居民消费处于快速成长期,消费模式也正处于转变过程中,开发适合乡村市场的产品成为企业开拓市场的重点。相对于大中城市竞争激烈,品牌导向集中的消费模式,低价商品依然为乡村市场主流消费商品,有一定客户知晓度的二、三线品牌和地域品牌,其高性价比商品和贴近当地客户需求的营销服务更受消费者青睐,从而拥有一定的竞争优势和更多的市场发展空间。

3. 国外品牌加速融入中国市场

自2003年以来,世界范围内经济增长乏力,消费水平相对低迷,中国市场的快速增长和日益显现的市场潜力使得跨国企业对中国市场日趋重视,并加大了投入力度。在市场推广方面,众多跨国企业也在品牌营销方面加大了投入的力度,同时加速对二、三线市场的开拓和渗透。继肯德基在中国开店超过千家后,餐饮巨头麦当劳也宣布开始了在中国实施大规模的经销商发展计划。应对非常可乐等企业的竞争和农村包围城市战略的成功实施,可口可乐推出了王力宏的城市版广告和葛优的农村版广告,并重新推出可回收的玻璃瓶可乐产品,加大对乡镇市场的渗透。面对雕牌、立白、好迪等民族日化品牌在低端市场的崛起,宝洁公司在保持和加强广告宣传力度的同时,对其部分产品也降低了零售价格,挤压竞争对手的生存空间。

4. "品牌推广"营销时代到来

中国改革开放的前20年是属于计划经济向市场经济转变的前期,整个市场处于商品的不发达期。这一时期,中国消费者对商品的信赖更多是延续了中国传统的信任建立模式,即首先看商品的"出身",如果是"系出名门",则非常容易建立对商品本身的信任,因而这一阶段主要以"企业品牌"的广告形式为主。由于商品品种的不丰富性和营销手段的匮乏,单一的企业品牌广告可以涵盖企业所有的产品品牌。20世纪90年代~21世纪初期,随着中国商品品种的不断丰富以及市场竞争的加剧,以及在经过了大规模低成本假冒和仿造商品的高峰后,企业的市场营销已经开始从企业品牌向企业品牌和产品品牌推广并重转变,企业开始通过建立产品品牌来获取其竞争的独特优势。

5. 中国品牌加速国际化进程

随着国内企业实力的增强和产能的扩张,应对日益加剧的国内竞争和跨国企业的本土化竞争,国内企业加速了国际化发展的进程,主要有以下趋势:① 企业加速自有品牌营销;② 企业建设和掌控自有销售渠道成为未来发展的关键;③ 企业国际化并购成为可行的市场快速切入方式。在这期间,联想投入巨资参与北京奥运"Top10"伙伴计划;TCL先后与汤姆逊、阿尔卡特、东芝建立合资企业;吉利收购沃尔沃;阿里巴巴在美国成功上市;华为、中兴、海尔等产品大踏步走向世界市场,加速培育国际品牌,成为国际化进程的标志性企业。

(四)新技术革命期(2012年至今)

21世纪以来,特别是2012年以来,中国成为世界第二大经济体。此时,企业面临着国内外许多严峻的风险和挑战。

1. 第四次工业革命(绿色革命)问题

2018年7月26日,金砖国家领导人第十次会晤在南非约翰内斯堡举行。围绕"金砖国家在非洲:在第四次工业革命中共谋包容增长和共同繁荣"主题,习近平发表了题为《让美好愿景变为现实》的重要讲话,他指出:"我们正在经历一场更大范围、更深层次的科技革命和产业变革。大数据、人工智能等前沿技术不断取得突破,新技术、新业态、新产业层出不穷。"第四次科技革命是继蒸汽技术革命(第一次工业革命)、电力技术革命(第二次工业革命)、计算机及信息技术革命(第三次工业革命)的又一次科技革命。第四次工业革命是以人工智能、清洁能源、机器人技术、量子信息技术、虚拟现实以及生物技术为主的全新技术革命。这是一场全新的绿色工业革命,它的实质和特征就是大幅度地提高资源生产率,经济增长与不可再生资源要素全面脱钩,与二氧化碳等温室气体排放脱钩。以历史视角观察,我们清晰地认识到,世界第四次工业革命,即绿色革命已经来临。

2. 全球营销问题

随着中国对外开放的程度越来越大,面对国际国内两个市场,企业必须要有全球营销大视野,积极参与全球产业链分工竞争,并向产业链的中高端和全产业链发展;要在第四次工业革命中实现与美、欧、日并跑;通过国家品牌战略,培育国家品牌,实现从中国制造到中国"智"造的跨越；通过多边贸易、"一带一路"等国际化平台，实现双赢或多赢，从而获得长远发展的目标。特别是中国"一带一路"倡议为加快企业国际化提供了广阔的空间。

3. 服务业快速发展问题

服务业又称第三产业，它的兴旺发达是现代化经济的一个必要特征，有利于优化生产结构，促进市场充分发育，缓解就业压力，从而促进整个经济持续、快速健康发展。服务业发展在GDP中的占比是衡量一个国家发展现代化水平的重要指标。2007年，我国服务业占GDP总额的40.1%，2017年为51.6%，与美国等发达国家服务业占GDP的80%以上的水平还有一定的差距(防止制造业空心化问题)。随着大数据、人工智能等新技术的广泛应用，大量新营销模式层出不穷，面向生活的服务业门类增加，面向生产的服务业快速拓展，传统服务业改造加快，新兴服务业态不断涌现，以及消费者高标准的需求和生活方式的快速变化等，都为市场营销研究提供无限丰富的实证素材。服务业将逐渐发展成为一个有着广阔领域和崭新的国民经济支柱产业，社区服务、家庭服务、教育服务、物业服务、养老服务、护理服务、文化服务、信息服务等形成新的服务市场。服务业将会面临越来越激烈的国际竞争。不少跨国企业纷纷增加对服务业的投资，使得服务营销全球化的趋势日益明显。

4. 实施乡村振兴战略问题

习近平在十九大报告中提出实施乡村振兴战略。农业、农村、农民问题是关系国计民生的根本性问题，必须始终把解决好"三农"问题作为全党工作重中之重。要坚持农业农村优先发展，按照产业兴旺、生态宜居、乡风文明、治理有效、生活富裕的总要求，建立健全城乡融合发展体制机制和政策体系，加快推进农业农村现代化，为乡村市场营销提供无限的空间。

5. "中国制造2025"问题

"中国制造2025"是制造业转型发展的方向。2015年5月19日，国务院正式印发《中国制造2025》，指出在新的国际国内环境下，中国政府立足于国际产业变革大势，做出的全面提升中国制造业发展质量和水平的重大战略部署。其根本目标在于改变中国制造业"大而不强"的局面，通过10年的努力，使中国迈入制造强国行列，为到2045年将中国建成具有全球引领和影响力的制造强国奠定坚实基础。实施"三步走"的战略目标：第一步，到2025年迈入制造强国行列；第二步，到2035年中国制造业整体达到世界制造强国阵营中等水平；第三步，到新中国成立一百年时，综合实力进入世界制造强国前列。坚持"创新驱动、质量为先、绿色发展、结构优化、人才为本"的基本方针，坚持"市场主导、政府引导，立足当前、着眼长远，整体推进、重点突破，自主发展、开放合作"的基本原则。《中国制造2025》是中国与工业4.0并行的宏伟规划，是中国制造业营销的根本遵循。

6. 新时代其他被重视的营销问题

（1）个性化营销

由于技术的高速发展，特别是信息产业和技术的发展和推广，使得企业获取市场信息的成本得以大大降低,时效也极大的提高,这就使得企业有可能迅速及时地了解消费者的各种需求信息。同时,由于自动控制、柔性加工、机集成加工系统等先进的生产技术的发展和应用,也使得企业按照少数消费者的个性化需求而进行小批量的设计和生产,即规模个性化生产不仅在技术上成为可能,而且在经济上成为可能。

(2) 知识营销

知识经济时代,是日新月异的时代,也是标新立异的时代,知识经济正在改变着市场营销的法则。

(3) 网络营销

信息传递历来是市场营销的关键环节。互联网作为信息传播媒体比现有的其他任何媒体都更具优势,甚至可以说是其他媒体的集大成,网络营销一定会以人们意料之外的速度迅速发展。

第四节 顾客让渡价值理论

现代管理学大师彼得·德鲁克通过对公司的长期研究,洞察到作为一个公司(企业),他的首要任务是创造顾客。自20世纪70年代以来,营销学者和企业经理一直在不断探求顺应形势变化的市场营销新方法,从最初以产品为中心单纯注重产品质量到以"顾客为导向"争取"顾客满意"与"顾客忠诚",直到20世纪90年代,"顾客价值"概念的提出,将市场营销理念推向了一个全新的高度。随着市场环境的不断变化,企业越来越深刻地认识到顾客尤其是外部顾客对其生存与发展的重要意义,从市场竞争的角度看,市场竞争实际上就是争夺顾客的竞争,谁赢得了顾客,谁就赢得了市场。

顾客(customer)就是商店或服务行业前来购买产品的人或要求服务的对象,包括组织和个人。按照国际标准化组织(international organization for standardization,ISO)对顾客的界定,我们可以将顾客分为内部顾客(internal customer)和外部顾客(external customer)两类。前者主要包括股东、经营者和员工;后者主要包括最终消费者、使用者、受益者或采购方。

一、顾客满意和顾客忠诚

(一) 顾客满意

"顾客满意"是指顾客通过对一个产品的可感知的效果(或结果)与他们的期望值相比较后所形成的正感觉状态。顾客满意度,是指顾客感受到的产品效用与顾客期望值之间的差值。

顾客满意与否,取决于顾客接受产品或服务后的感知同顾客在接受之前的期望相比较后的体验(图1.2)。

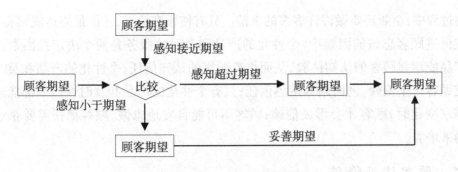

图1.2 顾客满意期望与顾客感知比较后的感受

实质上,顾客满意度固然与产品效用关系密切,但顾客期望也是一个重要因素。比如,有一天你在街边的理发店剪了一个15元的头发,照照镜子,觉得师傅的手艺还不赖;到了过年的时候,你花300元钱到城中最好的发型屋做了个新造型,朋友都认为还可以,你却左看右看都不顺眼,觉得还比不上街边师傅的手艺。一般来说,高级发型师应该比街边理发师傅的手艺高一筹,但是因为他的名气和收费,你对他提供服务的预期就会比街边师傅高很多,所以即使他做得更好,你还是觉得不满意。美国维持化学品公司总裁威廉姆·泰勒认为:"我们的兴趣不仅仅在于让顾客获得满意感,我们要挖掘那些被顾客认为能增进我们之间关系的有价值的东西。"

在企业与顾客建立长期的伙伴关系的过程中,企业向顾客提供超过其期望的"顾客价值",使顾客在每一次的购买过程和购后体验中都能获得满意。每一次的满意都会增强顾客对企业的信任,从而使企业能够获得长期的盈利与发展。当感知质量超过顾客期望时,顾客会感到物超所值,则非常满意,很可能成为忠诚顾客或常客。所有以盈利为目的的企业和公司都应该明白满足顾客的需要和期望是保持经营的最低要求。

(二)顾客忠诚

顾客忠诚是指顾客满意不断强化的结果,是理性分析的结果。开拓新顾客对企业营销非常重要。但有关研究表明,吸引新顾客要比维系老顾客花费的成本更高,而且在商品供大于求、竞争激烈的市场上,新顾客的开拓毕竟有限。因此,保持老顾客,建立顾客忠诚是企业赢得顾客,保持和扩大市场,提高效益的关键,已成为企业营销的一大重点。而要有效地保持老顾客,仅仅使其满意还不够,只有使其高度满意,才能够成功地留住老顾客。一项消费者调研资料显示,44%宣称满意的消费者经常变换其所购买产品的品牌,而那些十分满意的顾客很少改变购买。另一项研究则显示,在丰田公司产品的购买者中,有75%表示十分满意,而且他们均声称如果需要愿意再次购买丰田产品。这些情况说明:高度的满意感能培养一种产品及品牌的感情上的吸引力,即顾客忠诚。

(三)顾客满意与顾客忠诚的关系

顾客满意仅仅只是迈上了顾客忠诚的第一个台阶,不断强化的顾客满意才是顾客忠诚的基础。同时,需要明确的是,顾客满意并不一定代表顾客忠诚,在从顾客满意到顾客忠诚的过程中,企业还要做许许多多的事情。只有使顾客惊喜,才能最终达成顾客忠诚。

在促进顾客忠诚的因素中,个性化的产品和及时性服务是两个决定性因素。个性化的产品能增强顾客的认知体验,从而培养顾客的认知信任;个性化的产品和及时性服务能使顾客产生依赖,进而培养情感信任;只有个性化的产品和及时性服务都能适应顾客的需求变化时,顾客才会形成信赖;顾客不可能自发地忠诚,顾客信任需要企业以实际行动来培养。

二、顾客让渡价值

顾客让渡价值是菲利普·科特勒在1994年出版的《市场营销管理——分析,规划,执行,和控制》(第8版)一书中,新增了"通过质量,服务和价值建立顾客满意"一章,提出了"顾客让渡价值"(customer delivered value)。这一概念的提出是对市场营销理论的最新发展。

顾客让渡价值,是指顾客在购买中取得的总价值和付出的总成本之间的差值。即

顾客让渡价值＝顾客总价值－顾客总成本

(一) 顾客总价值

顾客总价值是指顾客购买某一产品与服务所期望获得的一组利益,它包括产品价值、服务价值、人员价值和形象价值等。使顾客获得更大"让渡价值"的途径之一是改进产品服务、人员与形象,从而提高产品或服务的总价值,其中每一项价值因素的变化都对总价值产生影响,进而决定了企业生产经营的绩效。

1. 产品价值

产品价值是由产品的质量、功能、规格、式样等因素所产生的价值。产品的价值也包含三个层次:内在价值,即核心产品的价值;外在价值,即形式产品的价值;附加价值,即附加产品的价值。

2. 服务价值

服务价值是指企业向顾客提供满意服务所产生的价值。服务价值是构成顾客总价值的重要因素之一。从服务竞争的基本形式看,可分为追加服务与核心服务两大类;追加服务是伴随产品实体的购买而发生的服务,其特点表现为服务仅仅是生产经营的追加要素。

3. 人员价值

人员价值是指企业员工的经营思想、知识水平、业务能力、工作效率与质量、经营作风以及应变能力等所产生的价值。只有企业所有部门和员工协调一致地成功设计和实施卓越的竞争性的价值让渡系统,营销部门才会变得卓有成效。人员价值对企业进而对顾客的影响作用是巨大的。

4. 形象价值

形象价值是指企业及其产品在社会公众中形成的总体形象所产生的价值。形象价值是企业各种内在要素质量的反映。

（二）顾客购买总成本

顾客总成本是指顾客为购买某一产品除所支付的货币资金外，还有时间、精神、体力等非货币成本。

1. 时间成本
时间成本是顾客为想得到所期望的商品或服务而必须处于等待状态的时期和代价。

2. 精力和体力成本
精力和体力成本是指顾客购买商品时，在精力、体力方面的耗费与支出。

三、企业顾客让渡价值实现途径

顾客让渡价值系统建立的实质是设计出一套满足顾客让渡价值最大化的营销机制。

（一）利用价值链实现网络竞争优势

企业通过顾客让渡价值最大化来体现其竞争优势，竞争优势来自于一个企业在设计、生产、销售、发送和辅助其产品过程中所进行的互不相同但又相互关联的生产经营活动。这些活动的每一项都有助于企业提高顾客让渡价值，实现竞争优势。哈佛大学的迈克尔·波特教授把这一系列活动称之为价值链。价值链之间的差异是企业竞争优势的一个关键来源。

（二）实行核心业务流程管理

一般来说，企业的"核心业务流程"有四种形式：一是新产品的实现流程；二是存货管理流程；三是订货—汇总流程；四是顾客服务流程。这四种核心业务流程对于企业实现内部协调、提高顾客让渡价值具有重要作用。其中，新产品的实现流程可以根据顾客的需求及时生产出高质量的产品，从而提高企业的产品价值；存货管理流程可以最大限度地降低企业的生产成本和储运成本，从而降低顾客购买时的货币成本；订货—汇总流程和顾客服务流程可以及时准确地发送货物、收取货款、为顾客提供满意的服务，从而提高企业的服务价值，降低顾客采购成本，实现顾客让渡价值最大化。

（三）实行全面质量管理

① 质量一定是由顾客所理解的。
② 质量必须反映在公司的每一项活动之中，而不仅仅反映在产品中。
③ 质量要求全体职员的承诺。
④ 质量要求有高质量的伙伴。
⑤ 质量是能够不断改进的。
⑥ 质量改进有时要求量上的飞跃。
⑦ 质量并不花费更多的成本。

⑧ 质量是必要的。

⑨ 质量意识并不能拯救劣质产品,质量意识并不能补偿产品缺陷。

(四) 重视内部的服务管理

随着市场竞争的日益激烈,企业的优势已不再局限于产品或服务本身,与产品和服务紧密相关的企业内在服务质量已受到了越来越多的重视。这是因为从企业利润产生的全过程看,企业获利能力的强弱主要是由顾客的忠诚度决定的。调查发现忠诚度顾客每增加50%,所产生的利润增幅可达25%~85%。

本章小结

通过本章的学习,我们对市场、市场营销及其核心概念,有了一个全面的认知;把市场营销观念分为传统营销观念、现代营销观念和中国新时代营销观念三大阶段,并把创新营销观、协调营销观、绿色营销观、开放营销观和共享营销观作为代表观念;学习了对于顾客价值判断的理论分析工具。

实训操练

一、知识测试

1. 中国新时代营销观念的五个主要代表观念分别是:_____、_____、_____、_____和_____。

2. 市场的三要素是:_____、_____、_____。

3. 市场营销的几组核心概念分别是:需要、_____、需求、产品、_____、价值和满足、_____、交易和关系。

4. "_____"是指顾客通过对一个产品的可感知的效果(或结果)与他们的期望值相比较后所形成的正感觉状态。

5. 顾客让渡价值=_____-_____。

二、课堂实训

1. 请用实例来描述市场三要素之间的关系。

2. 根据自己的理解给市场营销下个定义。

3. 通过你对某一企业的调查(或选一个企业经营的案例),分析其所处的经营环境,并帮助该企业设计一套实施现代营销观念的方案。

三、案例分析

华为"零缺陷"质量管理体系的演进历程

2016年3月29日,中国质量领域最高政府性荣誉"中国质量奖"颁奖仪式在人民大会堂举行,华为公司获得了该奖项制造领域第一名的殊荣。

(1) 跟着客户成长起来的质量体系

华为在发展初级阶段,就明确了"以客户为中心"的唯一价值观。但质量如何帮助实现这个价值观,还没有受到公司足够的重视。从2000年开始,华为已经走上了发展的快速通道,有了自己完整的产品体系,而且开始了全球化的历程。公司在高速发展过程中,都忙着抢市场,尽可能多地获得订单。

就在这时候,任正非亲自主持召开了一次质量反思大会。在这种高速增长中,质量问题突显,客户的抱怨声越来越大。以客户为中心的华为员工,倒是真的不吝惜时间与成本,一趟一趟飞到客户身边,去把坏了的产品换回来,通过售后服务去弥补质量带来的问题。但这就如同一个死循环,以客户为中心是华为的核心价值观,但产品质量不行,客户的订单越多,抱怨也就越多。从客户那里换回来的坏设备的单板,以及一趟一趟来回飞的机票,被华为公司总裁任正非装裱在相框里,成为那一次质量大会的"奖品"。而这个"奖品"则成为很长一段时间大家办公桌上最重要的一个摆件,时时刺激着每一位当事人。这次大会成为华为公司将质量定为核心战略的一个起点。但质量体系的建设,是一个更漫长、曲折的过程。

(2) 零缺陷跟随客户导向不断完善

从流程管理到标准量化,而后是质量文化和零缺陷管理,再到后来的以客户体验为导向的闭环,华为质量管理体系是跟随客户的发展而逐渐完善,在这一过程中还特别借鉴了日本、德国的质量文化,使其与华为的实际相结合,建设尊重规则流程、一次把事情做对、持续改进的质量文化。华为有着复杂的业务线条,质量体系也相当复杂,文化与机制,相辅相成并且互为支撑,很难用一张完整的架构图来说明华为的质量体系。质量不是独立的,是一种结果。要保证产品的质量,需要每一个人的工作质量去保证。如果只是一个独立的组织作为监管方去抓质量,肯定是抓不好的。在这样的体系内,每一个人对于最终的质量都有贡献。质量与业务不是两张皮,而是融在产品开发、生产以及销售、服务的全过程中。"所以,华为的质量管理是融入各个部门的工作流程中去开展的。"

华为于2010年建立了一个特别的组织:客户满意与质量管理委员会(CSQC)。这个组织作为一个虚拟化的组织存在于公司的各个层级当中。在公司层面,由公司的轮值CEO亲任CSQC的主任,而下面各个层级也都有相应的责任人。"这样,保证我们每一层级的组织对质量都有深刻的理解,知道客户的诉求,把客户最关心的东西变成我们改进的动力。"华为认为的质量不仅仅是大家普遍认识中的耐用、不坏,而是一个大质量体系,包括基础质量和用户体验;不仅要把产品做好,还要持续不断地提升消费者的购买体验、使用体验、售后服务体验,把产品、零售、渠道、服务、端云协同等端到端每一个消费者能体验和感知的要素都做好。

案例来源:中国经营报.华为:"零缺陷"质量管理体系的演进历程[N/OL].(2016-05-16).http://dianzibao.cb.com.cn/html/2016-05/16/content_49855.htm?div=-1.

结合案例,谈谈"第一次就把事情做对"对质量管理目标实现的重要性。

第二章 市场营销环境

(1) 了解市场营销环境的构成。
(2) 认识市场营销环境与营销活动的动态适应关系。

(1) 掌握宏观营销环境的内容。
(2) 掌握微观营销环境的内容。
(3) 通过案例分析知晓如何应对市场环境的变化。

案例 2-1

关于三只松鼠

这是一个依托天猫等电商平台发展起来的品牌,创始人刚开始不懂得营销,自学成才,多少年没有成就,在干果行业摸爬十几年,最后创建"三只松鼠",短短两三年时间,他创造了奇迹。很难想象,这样一个小的页面会带来几十亿的营业额。互联网的发展大大推动了企业的发展,也将营销推到了一个互联网企业最重要的位置,营销将处于整个环节的核心的位置。目前,淘宝和天猫运营三个重要环节和部分是:后面的货源,中间的网站和天猫平台(包括售后服务),最后是物流。在这些环节中,天猫平台和运作营销是最重要的。物流由快递公司运作,商家对于物流公司的无奈也由来已久,这块在平台上的运作就是保证发货速度。货源是基础,保证产品的品质和质量是最基本的,找到稳定的货源,保证货物的供应,管理好自己存货就可以了。现在的网店的力量十分可怕,就三只松鼠来说,网店主页面就那么几个图片,但这是平台,这是消费者直接体验的来源,从形象到感觉,到信誉,最后到对平台整体的认知。在了解三只松鼠的时候,他的客户里面,进行了两次以及以上购买的用户占到总用户的30%。按照他们的说法,这已经是非常好的了。据有关数据显示,天猫里面的用户忠诚度是相对较低的,反而有些小的微商和小的淘宝店铺在维系忠诚客户上做得更好,只要维护好固定的客户,他们的收入也挺乐观,当然这些产品必须是像奶粉一样的,有不间断的需求。因此,店铺形象和营销的一致性加上商铺的价格和信誉,促进了最直接的购买,因为大部分是一次性购买客户,天猫信誉和产品的形象对于这些第一次来店的客户来说,是吸引他们购买的直接原因。总之,这是一个营销制胜、体验制胜的时代。

资料来源:小兰.三只松鼠成功案例分析[EB/OL].(2017-06-28).http://www.xuexila.com/success/chenggonganli/1821638.html.

从案例可以看出,营销环境的变化是绝对的、永恒的。随着社会的发展,特别是网络技术在营销中的运用,使得营销环境更加变化多端。但它也有一定的规律性,我们可通过对营销环境的分析,预测其发展趋势和变化。因此,对网络营销环境进行分析是十分必要的。企业既可以将自己的信息公布在互联网上;也可以在互联网上收集竞争对手的信息,从而做出正确的决策。互联网已经不只是传统意义上的电子商务工具,它以其范围广、可视性强、公平性好、交互性强、能动性强、灵敏度高、易运作等优势给企业市场营销创造了新的发展机遇与挑战。

第一节 市场营销环境

一、市场营销环境的含义

任何事物的存在和发展都离不开特定环境的影响,市场营销活动也是如此。市场营销环境是一个不断发展和完善的动态概念,在分析营销环境时,我们要明确一点,环境是客观存在的,它不以主体的意志为转移。企业和企业管理人员必须认识环境,适应环境,进而利用环境,改造环境,放大环境给我们的经济活动或者更具体地给营销活动所带来的有利影响(机会),缩小带来的不利影响(威胁),及时采取适当的对策,使其经营管理与市场营销环境的发展变化相适应。因此,注重对市场营销环境的研究是企业营销活动最基本、最重要的课题。

那么,什么是市场营销环境呢?美国著名的市场学家菲利普·科特勒所下的定义为:"企业的营销环境是由企业营销管理职能外部的因素和力量组成的。这些因素和力量影响营销管理者成功地保持和发展同其目标市场顾客交换的能力。"也就是说,市场营销环境指与企业营销活动有潜在关系,是直接或间接影响企业营销活动的所有外部力量和相关因素的集合。

一般来说,市场营销环境主要包括两方面的构成要素,一是微观环境,又叫直接环境,即指与企业紧密相连,直接影响其营销能力的各种参与者,这些参与者包括企业的供应商、营销中介、最终顾客、竞争者以及社会公众和影响营销管理决策的企业内部各个部门;二是宏观环境,又叫间接环境,包括人口、经济、政治、法律、科学技术、社会文化及自然地理等多方面的因素。

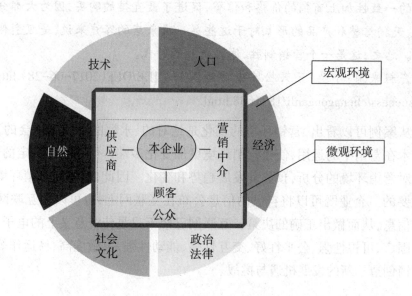

图2.1 宏观-微观环境图

二、市场营销环境的特点

市场营销环境是一个多因素、多层次而且不断变化的综合体。其特点主要表现为以下五点：

（一）客观性

客观性是市场营销环境的首要特征。企业总是在特定的社会、市场环境中生存、发展。这种环境并不以营销者的意志为转移，具有强制性与不可控制性的特点。营销者若主观臆断营销环境及发展趋势，必然会导致营销决策的盲目与失误，造成营销活动的失败。

（二）差异性

市场营销环境的差异性不仅表现在不同企业受不同环境的影响，比如，不同的国家或地域在人口、文化、习俗等方面存在很大差异性，因此，企业必须制定不同的营销策略。此外，同样一种环境因素对不同企业的影响也不相同，比如，棉花价格上涨，对纺织行业的企业影响十分大，而对那些与棉花关系不大的企业影响则小。

（三）相关性

市场营销的各个环境不是孤立的，而是相互依存、相互作用、相互制约的。比如，价格不但受成本、供求关系的影响，而且还受到科技进步等因素的影响。因此，要充分注意各因素之间的相互作用。

（四）动态性

市场营销环境是不断变化的。比如，19世纪西方工商企业仅仅将市场当做销售环境。到20世纪30年代，又把政府、工会、投资者等也看作环境。进入20世纪60年代后，科学技术等环境因素被列入市场营销所必须考虑的范畴。20世纪80年代后，世界各国又把对保护环境和生态平衡的因素作为生存环境。

（五）能动性

市场营销环境与市场营销一样，都在不断完善和发展中。现代营销理论告诉我们，企业对营销环境具有一定的能动性和反作用。它可以通过各种方式争取有关方面的支持，使之改变做法，从而改变营销环境。只有这样，企业才能发现和抓住市场机会，因势利导，在激烈的市场竞争中立于不败之地。

第二节 宏观营销环境

宏观营销环境是间接影响和制约企业营销活动的社会性力量和因素，是企业的外部环境因素。影响企业营销的宏观环境可以归结为六大因素，即人口环境、经济环境、政治法律环境、社会文化环境、自然环境、科技环境。分析宏观营销环境的目的在于更好地认识环境，增强企业对营销环境的适应性和能动性，有助于提高营销活动的效率与效益。

一、人口环境

人口是构成市场的第一位因素，人口数量直接决定市场规模和潜在容量。人口的规模、年龄结构、性别结构、职业、居住分布、教育程度等人口特性，会对市场格局产生深刻影响。

（一）人口规模

人口规模是影响需求的重要因素。一般来说，人口规模越大，市场规模也就越大。比如，我国人口众多，无疑是一个巨大的市场。人口数量的增长预示着市场容量与发展潜力的增大，尤其是生活必需品的需求很大，给企业带来了新的商机。

（二）人口结构

人口结构主要包括人口的年龄结构、性别结构、家庭结构、社会结构、民族结构、职业结构等。

1. 年龄结构

由于消费者处在不同的年龄段，其在收入、社会阅历、生活方式、价值观念等方面存在差异，必然会产生截然不同的消费需求和消费方式，形成各具特色的消费群体。比如，婴儿需要奶粉和尿布；儿童需要好玩的、好吃的；青少年需要书籍、服装；老年人则对保健品、医药有特殊的需求。目前，我国老龄化趋势明显，老年人用品市场需求增加，"银发市场"成为新的关注焦点。企业只有了解不同年龄结构所具有的需求特点，才可以决定企业产品的投向，寻找目标市场。

案例2-2

老年市场潜力无限

随着经济发展和科学技术的进步，人口的年龄结构也在发生变化，主要变化趋势有两个方面。一方面人口平均寿命在增加。按联合国标准，65岁以上人口占总人口比例超过一定比例（发达国家为7%、发展中国家为10%）时，称为老年型人口。数据国家统计局2018年统计，显示我国60周岁及以上的老年人口约2.5亿，占总人口的17.9%。近年来，老年消费迅速增长，预计2050年老年消费规模将达61.26万亿元。这表明我国人口也将不可避免地趋于老龄化。由于人口老龄化趋势的加剧，使老年人市场成为一个很有潜力的市场，老年人的医疗和保健用品、娱乐、旅游、服装等的市场需求会迅速增加，这给经营老年人用品的行业提供了市场机会。另一方面，随着世界各国计划生育和控制人口增长等一系列政策的实行，儿童在总人口中所占的比例下降，尤其是发达国家，人口出生率下降，儿童人数减少。随着"三胎"政策开放，儿童支出，如教育支出占家庭总支出的比重越来越大，因此，儿童市场已成为我国现阶段一个非常重要的市场，并越来越引起企业的关注。因而企业不得不针对这一市场人口的变化调整其市场营销策略。

资料来源：语文生活123.从人口数据看中国"老龄化"现状[EB/OL].(2019-03-30).http://blog.sina.com.cn/s/blog_dbc479e30102zgja.html.

2. 性别结构

由于性别的差异，消费者的消费需求、购买习惯与行为存在很大的差别。一般来说，女性的需求偏向于服装、化妆品、家庭生活用品等。由于大部分女性还承担着照顾子女日常生活的重任，儿童商品也可纳入女性市场。男性的需求多偏向于运动产品、电子产品、烟、酒等。企业可以针对不同的性别需求，制定有效的营销策略，挖掘市场。

3. 家庭结构

家庭是社会的细胞。家庭包括家庭数量、家庭人口、家庭生命周期、家庭居住环境等因素，这些都与生活消费品的数量、结构密切相关。比如，单身家庭和单亲家庭数量的增加，必然带动较小公寓，小型的家具、陈设、家庭器皿、家电以及分量较小的包装食品需求量的上升。

4. 社会结构

我国农村幅员辽阔,人口众多,农村人口占总人口的80%以上,这就要求企业营销应充分考虑农村这个大市场,尤其是一些中小企业,可开发价廉物美的商品以满足"建设新农村"的需要。

5. 受教育与职业结构

人口的教育程度与职业不同,对市场需求也表现出不同的倾向。一般来说,教育程度高的职业消费者,如白领阶层,购买商品追求高雅、美观的,对名牌商品、电脑、报刊、书籍、高级娱乐、旅游等方面的消费多;相反,受教育程度相对低的职业消费者购买商品时则讲究价廉、实用。因此,企业开展营销活动时,应考虑当地的教育水平,采取相适应的策略。

6. 人口分布

人口有地理分布上的区别。比如,我国人口最密集的地方是东部沿海地区;美国人口最密集的地方是大西洋沿岸、五大湖边缘以及加利福尼亚州沿海地区。人口的地理分布与市场消费需求有着密切的关系。比如,据资料统计,20世纪90年代,北京人爱置家当,上海人爱买股票,广州人爱买房子。

案例2-3

中国城市化进程的速度加快

中国的城市化其实是一个波浪式的过程,"前浪"涌向大城市,"后浪"涌向大城市后回流到周边经济副中心或者一些区域经济中心,最后回流到小城镇。所以,提到消费升级,在大城市形成的"消费升级"浪潮的同时,也会有一波在三四线城市和小城镇翻滚的"消费升级"浪潮,近年来大卖的OPPO、VIVO手机属于这波浪潮的受益者。在这些地方,旧有的零售业销售着从广州、佛山、中山由多道经销商、批发商转销的商品,价格高且相对品质差。消费供给的转变往往与大城市新涌现的零售和服务转而追求高复购率但面向人群相对垂直不同,三四线城市和城镇企业短期内追求高人群覆盖率和高复购率,商品和服务品质会比以往有所提升。和大城市不同,这些地方的消费主体依然是以家庭为主,对价格的敏感度高。

资料来源:安祖.人口迁移和城市化进程,对于一个地区的消费结构会产生怎样的影响?[EB/OL].(2017-09-21).http://www.zhihu.com/question/47767504/answer/144931913.

7. 其他

在人口因素中,还需对民族与宗教、文化、人口的出生率、增长率等因素加以考虑。这些因素都会引起消费需求、消费方式、购买行为上的差异,从而深刻影响企业的营销活动。因此,企业应密切关注影响人口环境的诸多因素,适时采取相对应的市场营销策略。

二、经济环境

经济环境是影响企业营销活动的主要环境因素,是企业所面临的外部社会经济条件,其运行状况和发展趋势会直接或间接地对企业市场营销活动产生影响,其主要指标是社会购买力。所以,这里我们从影响社会购买力的因素入手来探讨经济环境的主要内容。

(一) 收入因素

收入因素是构成市场的重要因素,甚至是更为重要的因素。因为市场规模的大小归根结底取决于消费者的购买力的大小,而消费者的购买力取决于他们收入的多少。从市场营销的角度来看,收入因素通常从以下五个方面分析:

1. 国民收入

国民收入,即一个国家物质生产部门的劳动者在一定时期内新创造的价值的总和,这是决定收入水平的重要指标。人均年国民收入大体反映了一个国家经济发展的水平和社会购买力的大小。一般来说,人均收入增长,对商品的需求和购买力就大,反之就小。

2. 个人收入

个人收入是指消费者个人的工资、红利、租金、退休金、馈赠等形式以及从其他来源所获得的总收入。个人收入是影响社会购买力、市场规模大小以及消费者支出的一个重要因素。

3. 个人可支配收入

个人可支配收入是指个人收入中扣除个人缴纳的各种费用和交给政府的非商业性开支(比如个人所得税)之后剩余的部分。这是可用于消费或储蓄的那部分个人收入,它构成实际的购买力,是影响消费者购买力和消费者支出的决定性因素。

4. 个人可任意支配收入

个人可任意支配收入是指在个人可支配收入中减去消费者用于购买生活必需品的支出(如房租、水电费、保险费、食物、衣服等)后所剩余的部分,这部分收入是消费需求变化中最活跃的因素,也是企业开展营销活动时所考虑的主要对象,这部分收入一般用于购买高档消费品、娱乐、旅游等,它是影响非生活必需品或服务销售的主要因素。

5. 家庭收入

家庭收入的高低会影响消费者对商品的市场需求。一般来讲,家庭收入高,对消费品需求大,购买力也大;反之,需求小,购买力也小。

另外,需要注意的是,分析消费者收入时,要区分"货币收入"和"实际收入"。货币收入是指消费者所获得的货币总量。实际收入是指所获得的货币总量能够购买商品的实际数量。实际收入受通货膨胀、失业及税收等因素的影响,如果出现通货膨胀,税率提高,实际收入就会下降。

(二)消费者支出和消费结构

随着消费者收入的变化,消费者支出模式会发生相应变化,继而使一个国家或地区的消费结构也发生变化。西方一些经济学家常用"恩格尔系数"来反映这种变化。恩格尔系数是衡量一个国家、地区、城市家庭生活水平高低的重要参数,即恩格尔系数越小,食品支出所占比率越小,表明生活富裕、生活质量高;恩格尔系数越大,食品支出所占比重越高,表明生活贫困、生活质量低。近年来,我国的恩格尔系数在0.37左右,人们开始追求健康的饮食与均衡的营养搭配。随着社会经济的发展,人民生活水平的提高,消费质量的提高还表现在必需品、享乐品、奢侈品的内涵变化。比如,衣着消费趋向中高档商品、购买汽车、房子、珠宝玉器、电子产品等,娱乐、教育医疗等消费也出现了产销两头旺势头。

与企业营销活动相关的其他行业的状况,如交通、公用事业、动力、通讯、银行、保险等行业的运转情况及发展趋势都会给企业市场营销活动带来影响,这不仅关系到所需的商品和服务的内容,还影响企业各项营销措施的制定与执行,企业应予以特别关注。

(三)消费者储蓄和信贷

消费者的购买力还受到储蓄和信贷的直接影响。

1. 储蓄

当收入一定时,如果储蓄增加,现实购买力就减少;反之,如果储蓄减少,现实购买力就增加。可见消费者的消蓄行为直接制约着购买力的大小。储蓄目的的不同往往影响到潜在需求量,当然储蓄的最终目的主要也是为了消费。

案例2-4

储蓄影响购买力

1979年,日本电视机厂商发现,尽管中国人可任意支配的收入不多,但中国人有储蓄习惯,且人口众多。于是,他们决定进军中国黑白电视机市场,不久便获得成功。当时,荷兰的飞利浦公司虽然也来中国调查过,却认为中国人均收入过低,市场潜力不大,结果贻误了时机。

资料来源:刘桂芝.第2章 市场营销环境分析[EB/OL].(2015-03-28).www.doc88.com/p-7896227544493.html.

2. 信贷

消费者信贷对购买力的影响也很大。所谓消费者信贷就是消费者凭信用取得商品使用权,然后按期归还贷款,完成商品购买的一种方式。这种允许人们在购买商品时超过自己现实购买力的信贷消费方式在我国逐步流行起来,如采用分期付款的方式购买房产、机器和汽车等。信用卡等信用工具被广泛使用,必将对中国的消费需求与消费支出产生深远的影响。

三、政治法律环境

在任何社会制度下,企业的营销活动都必须要受到政治与法律环境的规范、强制和约束。与其说企业每时每刻都能感受到这些方面的影响,不如说企业总是在一定的政治与法律环境下进行其营销活动的。

(一)政治环境

政治环境像一只有形的手,引导着企业营销活动的方向,企业市场营销活动的外部政治形势以及国家方针政策的变化对市场营销活动带来的或可能带来的影响。如果一个国家的政局稳定,人民安居乐业,就会给企业营销营造良好的营销氛围。相反,政局不稳,社会矛盾尖锐,秩序混乱,战争、罢工、政权更替等政治事件不断,则可能对企业营销活动产生影响,尤其是在对外贸易活动中。

政治环境对企业活动的影响主要表现为一国政府所制定的方针政策,如人口政策、货币政策、物价政策、能源政策、财政政策等。比如国家通过降低银行货币利率来刺激消费的增长,通过增加对烟酒的消费税来抑制人们的消费需求,这些方针政策不仅影响到本国企业的营销活动,而且在国际贸易中,不同的国家也会制定一些相应的方针政策来干预外国企业在本国的营销活动。目前,国际上各国政府采取的政策和干预措施主要有:进口限制、高额税收政策、价格管制、外汇管制、国有化政策等。

案例 2-5

中美贸易摩擦对从美国进口整车影响

2018年6月16日和8月8日,国务院关税税则委员会分别发布《国务院关税税则委员会关于对原产于美国500亿美元进口商品加征关税的公告》和《国务院关税税则委员会关于对原产于美国约160亿美元进口商品加征关税的公告》,其中规定于2018年8月23日起,对原产于美国产品加征关税的清单,包含大量汽车产品。其中对于进出口税则中8703章,各种载人机动车辆加征关税幅度达到25%,这也显著影响了中国从美国进口整车的数量。

2018年我国自美国进口整车的数量

单位:辆

时间	1月	2月	3月	4月	5月	6月
进口整车数	15075.00	10701.00	13226.00	16164.00	16262.00	11462.00

续表

时间	7月	8月	9月	10月	11月	12月
进口整车数	24119.00	13510.00	12570.00	8353.00	13279.00	7846.00

2018年1~8月,上述进口自美国整车月平均进口数量为15065辆,2018年9~12月,上述进口自美国整车月平均进口数量为10512辆,对美加征关税措施于2018年8月23日实施之后,自美国进口汽车整车月平降约均进口数量下1/3。

案例来源:周重山,马飙.关税下调,对汽车行业影响到底有多大?[EB/OL].(2019-03-18).http://www.eeo.com.cn/2019/0318/350691.shtml.

(二)法律环境

法律环境是指国家或地方政府所颁布的各项法规、法令和条例等,它是企业营销活动的准则,企业只有合法进行各种营销活动才能受到国家法律的有效保护。近年来,我国为适应经济体制改革和对外开放的需要,已颁布的法律法规主要有《企业法》《经济合同法》《中华人民共和国产品质量法》《商标法》《专利法》《环境保护法》《食品卫生法》《反不正当竞争法》《消费者权益保护法》《外汇管理条例》《标准计量法》《法人登记条例》《进出口商品检验条例》等。企业必须了解、熟知、并遵守这些法律法规,才能保证企业经营的合法性。

对于从事国际营销活动的企业,不仅要遵守本国的法律,还要了解和遵守国外的法律制度和有关的国际法规、国际惯例和准则。只有了解并掌握这些国家的有关贸易政策,才能在国际营销中争取主动。

案例2-6

善用法规环境

日本某企业研究人员发现,美国法规中有这样一条规定:一种产品在美国生产零部件价值若占产品总价值的50%以上,可认定为美制产品,享受美国产品的种种优惠待遇。日本商人便把这一规定灵活应用于市场营销,将一件有20个部件组成的产品,其中19个部件分别在其他地区生产,而将价值最大的那个部件放在美国生产,然后再将其他部件运抵美国组装,在美国市场销售,从而获得了最大的经营利润。

资料来源:豆丁网.模块二:市营销环境分析[EB/OL].(2011-10-09).www.docin.com/p-270210418.html.

四、社会文化环境

社会文化环境是指在一种社会形态下已经形成的民族特征、价值观念、宗教信仰、生活方式、风俗习惯、伦理道德、教育水平、社会道法风尚、相关群体、社会结构等因素构成的环境。社会文化环境所蕴涵的这些因素在不同的地区、不同的社会是不同的,具体反映在以下四个方面:

(一) 风俗习惯

风俗习惯是由地理、历史以及政治原因,经过长期演化而形成的一种较为固定的被人们普遍接受的风尚。世界范围内的不同国家或一个国家内不同民族的居住、饮食、服饰、礼仪、婚丧等物质文化生活方面各有特点,从而形成风俗习惯差别;不同的风俗习惯间接的且长期制约着人们的生活方式、思维方式,也制约着人们选购商品的形式和准则。

案例2-7

行色各异的风俗习惯

不同的国家、民族对图案颜色、数字、动植物等都有不同的喜好和不同的使用习惯,如中东地区严禁带六角形的包装;英国忌用大象、山羊做商品的装潢图案。再如中国、日本、美国等国家对熊猫特别喜爱,但一些阿拉伯人对熊猫很反感;墨西哥人视黄花为死亡、红花为晦气,而喜爱白花,认为可驱邪;法国人忌用核桃,认为核桃是不祥之物;匈牙利人忌用"13";日本人忌荷花、梅花图案,也忌用绿色,认为不祥;南亚有些国家忌用狗做商标;在法国,仙鹤是蠢汉和淫妇的代称,法国人还特别讨厌墨绿色,这是基于对两次世界大战的痛苦回忆;新加坡华人多,所以对红、绿、蓝都比较喜欢,但视黑色为不吉利,在商品上禁止使用宗教语言;伊拉克人视绿色代表伊斯兰教,但视蓝色为不吉利;日本人在数字上禁用"4"和"9",因为在日语发音中"4"同"死"相近,"9"同"苦"相近等。我国是一个多民族国家,每个民族都有自己的风俗习惯,如蒙古人喜欢穿蒙袍、住帐篷、饮奶茶、吃羊肉和喝烈性酒,汉族人喜欢在喜庆场合穿红色衣服,等等。企业营销者应了解这种不同国家、民族的消费习惯和爱好,做到"入境随俗"。这是企业做好市场营销尤其是国际经营的重要条件,否则就可能闹笑话,甚至造成难以挽回的损失。

(二) 宗教信仰

宗教是构成社会文化的重要因素。世界上宗教分布的大体状况是:天主教主要分布于意、法、比、西、波、匈、葡、美及拉丁美洲各国;伊斯兰教分布于亚洲和非洲,尤其是西亚、北非和东南亚各地;佛教主要分布于印度、中国、日本、朝鲜、越南、泰国、缅甸、斯里兰卡、老挝和柬埔寨等国;犹太教是犹太人的宗教。不同的宗教对商品使用有不同的戒律,影响着人们的消费行为和消费需求,特别是在一些信奉宗教的国家和地区。比如伊斯兰教徒食牛羊肉,忌猪肉、烟酒;佛教徒不杀生,重素食善行;犹太教有星期五吃鱼肉的习惯等。当一种新产品出现时,若宗教组织认为该商品与其信仰相冲突,则禁止教徒使用;相反,则会得到宗教组织的赞同与支持,甚至推荐人们使用和购买。因此,在营销活动中,要针对宗教组织制定适当的方案,说服其赞同自己的商品或服务。有时同一宗教中仍存在着不同的宗教派别,这些派别之间的对立和矛盾也常常给营销人员带来意想不到的困难,营销人员对此应有充分的思想准备,以避免这些矛盾和冲突给企业营销活动造成的损失。

案例2-8

指向麦加的地毯

比利时地毯商人范佳维格为了把自己的地毯"打进"阿拉伯市场,根据阿拉伯国家穆斯林跪在地毯上做朝拜时必须面向麦加城方向的特点,特意设计了一种地毯,这种地毯中间嵌有永远指向麦加城方向的指针,这样,教徒只要一铺上了地毯,就能知道麦加城的方向所在。这种祈祷地毯虽然比普通祈祷地毯价钱高出许多,但它一上市,就受到了穆斯林的广泛欢迎,成了供不应求的热门货。

资料来源:淘豆网.宏观营销环境[EB/OL].(2017-06-24).www.taodocs.com/p-110092062.html.

(三)文化和亚文化群

文化是影响人的欲望(包括消费需求欲望)、行为(包括消费行为、购买行为)的基本因素之一。它是指某个社会或国家在一定的物质基础上以一种特定的哲学、宗教或处事方式为中心形成的综合体,生活在其中的人们具有一些共同的价值观、信仰、态度、道法和习俗。每一种社会和文化内部都包括若干亚文化群,亚文化群的概念是相对而言的。例如,在我国,北方人可看做是一个亚文化群体,而相对北方人来说,东北、华北、西北等又可视做一个亚文化群体。我国是一个地域广阔、人口众多、多民族的国家,因而在国内营销活动中应考虑到不同亚文化群的不同需要,对商品和服务产生特殊要求和需要的亚文化群大致有四种:

1. 民族亚文化群

一个国家和地区往往是多民族的融合体,如我国有56个民族,这些民族在语言、风俗习惯、饮食、服饰、爱好等方面都有独到之处,由此导致了不同的购买特点。

2. 宗教亚文化群

前已述及,这里不再赘述。因此,企业在用亚文化群来分析需求时,可以把每一个亚文化群视为一个细分市场。

3. 种族亚文化群

按人种来划分,世界由不同种族构成,如白种人、黑种人、黄种人等。这些不同的种族群在生活习惯、口味、爱好文化风格等方面也各有差异,从而导致购买决策、购买行为等方面的差异。

4. 地域亚文化群

同一民族,居住在不同的地区,由于各方面的环境背景不同,也会形成不同的地域亚文化群,表现出语言、生活习惯等方面的差异。比如,广东人讲粤语,闽南人讲闽南语;北方人以面食为主,南方人以米饭为主,形成"东甜西辣,南淡北咸"的饮食格局。

(四)价值观念

价值观念是人们对社会生活中各种事物的态度和看法。在不同的文化背景下,人们的价值观念差别很大,消费者对商品的色彩样式以及购买方式都有自己不同的态度。比如,我国总体上崇尚节俭,以储蓄消费为主;而西方一些国家崇尚享受在先,信贷消费非常流行;同一种色彩的商品,农村居民十分喜爱,城市居民却可能很少问津。在研究社会文化环境时,还要重视语言、社会结构、教育水平等对消费者需求的影响,这样可使营销活动产生较好的效果。

五、自然环境

自然环境是指自然界提供给人类各种形式的物质资料,如空气、阳光、水、森林、土地、矿产资源等。自然资源与人类社会的活动息息相关,在某些方面会对企业的营销造成严峻的挑战,这就需要企业从中分析营销的机会和威胁,从而制定相应的政策。地球上的自然资源有三大类:

(一)取之不尽,用之不竭的资源,如水、空气等

近几十年来,世界各国尤其是现代化城市用水量增加很快,与此同时,世界各地水资源分布不均,而且每年和各个季节的情况各不相同,所以,目前世界上有许多国家面临缺水的情况。这种情况不仅会影响人们的生活,而且对企业也会形成一种环境威胁。

(二)有限但可以更新的资源,如森林、粮食等

我国国土辽阔,森林资源少,森林覆盖率低(22.96%),地区差异很大。全国绝大部分森林资源集中分布于华北、西南等边远山区及东南丘陵,而广大的西北地区森林资源贫乏。我国耕地少,而且由于城市建设事业发展快,耕地面积迅速减少,近30年间,我国耕地平均每年减少5400平方千米。如果这种情况长期发展下去,我国的粮食和其他食物将会面临资源缺乏的危机。

(三)有限但不能更新的资源,如石油和煤、铀、锌等

近十几年来,由于这类资源供不应求或在一段时期内供不应求,有些国家需要这类资源的企业正面临着或曾面临过威胁,必须寻找替代品。在这种情况下,就需要开发新

的资源和原料,这样又给某些企业造成新的市场机会。

随着社会工业化程度的不断加深,环境污染已经成为各国政府急需解决的一个问题。在社会舆论和政府的干预下,企业必须采取措施预防环境污染,切断污染源。但有时这些政策和措施往往与企业的经济效益相冲突。因此,企业的管理者要统筹兼顾,既要遵循政府的政策法规,减少对环境的污染,又要保证企业的经济效益,确保企业的发展。同时,那些致力于研究如何控制环境污染的环保企业因此有了新的市场机会。

六、技术环境

科学技术是第一生产力,人类历史上的每一次技术革命都是人类社会文明和进步的体现。科学技术对企业的营销活动有着巨大影响。

(一)新技术的产生有利于企业的优胜劣汰

每一种新技术的产生都会为企业带来新的生命力,创造新的市场机会,甚至形成一个新的行业。例如,三次科技革命后,汽车业、航空业、互联网行业,甚至旅游业都得到了迅速发展。当然,科技的发展也会给某些传统企业来的严峻的挑战和威胁,若这些企业不能顺应时代的发展潮流,不能针对科技的变化和发展做出相应的市场营销策略调整,终将导致企业被市场淘汰。

(二)新技术革命有利于企业改善经营管理

以微电子为中心的新技术革命对提高企业的经营管理有很大的作用。现在,零售商店已普遍使用小型手提点货机,营业员点货时只需用感光器扫描商品条形码,就可获取商品有关信息;相关人员可将这些商品零售信息整理成报表,以便经营者作为参考。

(三)新技术革命会影响零售行业的产品结构和消费者购物习惯

目前,互联网已经成为面向大众的普及性网络,为人们收集信息提供了便利。用户既是信息的消费者,又是信息的提供者,信息和用户使互联网成为市场营销者的新资源,网上的市场营销活动也从产品宣传和信息服务扩展到市场营销的全过程。互联网自身构成了一个市场营销的整体环境——网络营销环境。所谓网络营销环境,是指对企业的生存和发展产生影响的各种外部条件,即与企业网络营销活动有关联因素的部分集合。因此,对网络营销环境进行分析是十分必要的。

案例2-9

网络营销环境的相关知识

网络营销环境从企业营销的角度看,市场是有现实或潜在需求且有支付能力的消费者群。一方面,网络营销企业可以直接收集一手资料,通过网民数量、结构等内容的分析发现营销机会;另一方面,也可以收集二手资料了解网络营销人口环境,从而制定行之有效的营销策略。中国互联网络信息中心(China Internet Network Information Center,CNNIC)对网民的定义为:平均每周使用互联网至少1小时的公民。网络营销、电子商务的法律环境一直是人们关注的焦点。一方面,网络营销的各个环节与问题需要相关的法律法规加以规范;另一方面,政策法律的每一项措施也都左右着网络营销、电子商务的发展前程。数字证书机制已在国内网上银行领域普及化。互联网还给营销带来了全新的资金流转环境,也就是电子支付,即网上交易的当事人,包括消费者、厂商和金融机构,使用安全电子支付手段通过互联网进行货币支付或资金流转。互联网所提供的网络信息服务基本上可以分为三类:固定信息服务,包括电子邮件、新闻组和文件传输服务等;在线实时通信,包括远程登录、网上聊天室、在线交谈、多人在线实时交谈系统和视频会议、网络电话等;检索服务,包括互联网、使用者查询等。

资料来源:小马克.网络营销内外环境安全性带来的影响[EB/OL].(2013-03-25).http://blog.sina.com.cn/s/blog_a25564bc0101ekgo.html.

第三节　微观营销环境

微观营销环境是直接影响和制约企业营销活动的力量和因素。微观环境涉及企业内部环境因素,如竞争者、营销中介、企业自身、顾客公众等。分析微观营销环境的目的在于更好地协调企业与这些相关因素的关系,促进企业营销目标的实现。

一、竞争者

竞争是商品经济的必然现象。竞争者的范围是非常广泛的,它包括现实竞争者与潜在竞争者、直接竞争者与间接竞争者、国内竞争者与国际竞争者等。从满足消费需求或产品替代的角度看,每个企业在试图为自己的目标市场服务时通常面临四种类型的竞争者。

(一) 欲望竞争者

欲望竞争者是指消费者想要满足的各种目前欲望。比如某个消费者既想买一件衣服,又想买一台电脑,还想买一张床,那么提供衣服、电脑、床的企业之间就在这一部分市场上形成了竞争关系,互为欲望竞争者。

(二) 平行竞争者

平行竞争者是指消费者能满足其某种愿望的各种途径和方法。比如,自行车、摩托车、助力车在满足交通需要上是可以相互替代的,那么提供交通服务的各个企业之间就在这一部分市场上形成了竞争关系,互为平行竞争者。

(三)产品形式竞争者

产品形式竞争者是指能够满足消费者的某种愿望的各种产品的型号。比如,在购买电视机时,是买29寸的呢,还是买37寸的呢?那么提供种类相同,但质量、型号、包装等有所不同的产品的各个企业就在这一部分市场上形成了竞争关系,互为产品形式竞争者。

(四)品牌竞争者

品牌竞争者是指能满足消费者的某种愿望的同类产品的其他品牌。比如,消费者在购买一款手机时,是购买华为的呢,还是苹果的呢?那么提供种类相同,但牌子不同的知名企业之间就在这一部分市场上形成了竞争关系,互为品牌竞争者。

案例2-10

如何利用网络营销环境研究竞争对手

网络营销下研究竞争对手,既可借鉴传统市场中的一些做法,但更应有自己的独特之处。首先,要利用全球最好的八大导航网查询竞争对手,这八大导航网是:yahoo、altavista、infoseek、excite、hotbot、webcrawler、lycos、planetsearch。其次,研究网上的竞争对手主要从其主页入手,一般来说,竞争对手会将自己的服务、业务和方法等方面的信息展示在主页上。从竞争的角度考虑,应重点考察以下八个方面:

(1)站在顾客的角度浏览竞争对手网站的所有信息,研究其能否抓住顾客的心理,给浏览者留下好感。

(2)研究其网站的设计方式,体会它如何运用屏幕的有限空间展示企业的形象和业务信息。

(3)注意网站设计细节方面的东西。

(4)弄清其开展业务的地理区域,以便能从客户清单中判断其实力和业务的好坏。

(5)记录其传输速度,特别是相关文档下载的时间,因为速度是网站能否留住客户的关键因素。

(6)察看在其站点上是否有别人的图形广告,以此来判断该企业在行业中与其他企业的合作关系。

(7)对竞争对手的整体实力进行考察,全面考察对手在导航网站、新闻组中宣传网址的力度,研究其选择的类别、使用的介绍文字,特别是图标广告的投放量等。

(8)考察竞争对手是开展网上营销需要做的工作,而定期监测对手的动态变化则是一个长期性的任务,要时时把握竞争对手的新动向,在竞争中保持主动地位。

资料来源:淘豆网.互联网与新营销理论知识[EB/OL].(2016-03-18).https://www.taodocs.com/p_370971816.html.

二、营销中介

营销中介是协助企业促销、销售和配送其产品给最终购买者的企业或个人。实质上起到了联系企业和消费者的桥梁作用,他们的工作效率和服务质量直接影响到企业产品的销售状况。营销中介包括以下几个方面:

(一) 中间商

中间商是指产品从生产商流向消费者的中间环节或渠道,一般分为两大类:买卖中间商和代理中间商。买卖中间商包括批发商、零售商。中间商能帮助企业寻找目标顾客,为产品打开销路,因而企业应选择合适的中间商,与他们建立良好的合作关系,采取一些激励措施来推动其业务的开展。

(二) 物流机构

现代物流是通过市场体系和营销网络组织商品集散,使生产价值、使用价值和剩余价值的时间与空间合理流动的经济运行业务。它能有机地衔接消费、销售、运输、供给、生产与开发、建立合理的"供应链",并使人才流、商业流、信息流、资金流集成一体化而发展成为现代物流产业。现代物流可以提高产销企业经济运行效益,降低成本,达到企业利润的最大化。

(三) 营销服务机构

营销服务机构主要有广告公司、市场调研公司、营销咨询公司、传播媒介公司,如今大多数企业都要借助这些服务机构来开展营销活动。因为"麻雀虽小,五脏俱全"的企业经营模式造成企业精力分散、运营成本增加,而营销服务机构可以帮助企业去了解适应市场。比如,企业的宣传依靠传播媒介传播信息,制作广告可找广告公司。为此,企业需要分析并选择能为本企业提供有效服务的机构。

(四) 金融机构

金融机构包括银行信用公司、保险公司和其他金融组织机构。在现代市场经济下,任何企业与金融机构都有着不可分割的联系。比如,企业的财产和物资要到保险公司进行投保,企业的资金需到银行进行结算;银行贷款利率上升会使成本增加,信贷来源受到限制会使企业处于困境。因此,金融机构可以为企业的营销活动提供融资及保险服务,企业应与金融机构保持良好的关系。

由于网络技术的运用,给传统的经济体系带来巨大的冲击,流通领域的经济行为产生了分化和重构。消费者可以通过网上购物和在线销售自由地选购自己需要的商品,生产者、批发商、零售商和网上销售商都可以建立自己的网站并营销商品,所以一部分商品不再按原来的产业和行业分工进行,也不再遵循传统的商品购进、储存、运销业务的流程运转。网上销售,一方面使企业间、行业间的分工模糊化,形成"产销合一""批零合一"的销售模式;另一方面,随着"凭订单采购""零库存运营""直接委托送货"等新业务方式的出现,服务与网络销售的各种中介机构也应运而生。一般情况下,除了拥有完整分销体系的少数大公司外,营销企业与营销中介组织还是有密切合作与联系的。因为若中介服务能力强,业务分布广泛合理,营销企业对微观环境的适用性和利用能力就强。

三、企业自身

企业是组织生产和经营的经济单位,是一个系统组织,其内部一般设立计划、采购、生产、营销、质检、财务、后勤、管理等部门。企业内部各职能部门的工作及相互之间的协调关系,直接影响企业的整个营销活动。此外,近年来,企业的人力资源管理和企业文化也是两个需要格外注意的内部环境要素。

四、供应者

供应者是向企业及其竞争者供应原材料、辅助材料、设备、能源和劳动力等资源的一切供货单位和个人。供应商的资源供应能力直接影响企业的营销计划和营销目标的完成。供应商对企业的影响主要表现在以下三个方面:

(一)供应商品的稳定性与及时性

原材料、零部件、能源及机器设备等货源的及时稳定的供应是企业营销活动顺利进行的前提,否则可能导致企业营业额下降,企业在顾客中的信誉度受损,甚至有可能中断企业的生产。因此,企业必须在货源的供应量、时间、地点等方面与供应商保持良好密切的关系。

(二)供应商品的价格波动

供应商品的价格高低会直接影响企业产品的成本,从而可能影响企业在市场的销售、利润以及市场占有份额。因而企业要注意供应商品的价格波动,尤其是对原材料及主要零部件的价格现状及趋势应密切关注和分析,避免在价格变化时手忙脚乱。

(三)供应商品的质量保证

供应商品的质量主要体现在两个方面:一是供应商提供的商品本身的质量。如果提供的商品质量不过关,则会影响企业的销售、利润、信誉及生存问题;二是供应的商品质量还包括各种售前和售后服务水平,尤其是售后服务保障。企业只有具备良好的售后服务,才能使消费者买得放心,用得放心,无后顾之忧,企业才能赢得消费者和市场。

在网络经济条件的情况下,为了适应网络营销的要求,企业与供应商的关系变化主要表现在两个方面:一是企业对供应商的依赖性增强;二是企业与供应商的合作性增强。

五、顾客

企业的顾客包括个人消费者、生产者、中间商、政府和国际市场五种。顾客是企业服务的对象,是企业营销活动的最终目标市场。顾客是市场的主体,任何企业的产品和服务,只有得到了顾客的认可,才能赢得市场。因而顾客对企业营销的影响程度远远超过前面述及的环境因素。

网络技术的发展极大地消除了企业与顾客之间的地理位置的限制,创造了一个让双方更容易接近和交流信息的机制。互联网真正实现了经济全球化、市场一体化,它不仅给企业提供了广阔的市场营销空间,同时也增强了消费者选择商品的广泛性和可比性。顾客可以通过网络得到更多的需求信息,使自己的购买行为更加理性化。在营销活动中,企业虽然不能控制顾客与用户的购买行为,但它可以通过有效的营销活动,给顾客留下良好的印象,处理好与顾客和用户的关系,促进产品的销售。

六、公众

公众是指对本组织实现其营销目的能力具有实际的或潜在影响力的群体。公众对企业的态度会对其营销活动产生巨大的影响。因而,企业应争取公众的支持和偏爱,为自己营造和谐的社会环境。企业公众的内涵相当广泛,主要有以下六种:

① 金融公众。是指能够影响企业的融资机构,如银行、投资公司、保险公司、证券交易所等。

② 媒介公众。是指掌握传媒工具能直接影响社会舆论对企业的认知和评价的传播实体,如报纸、杂志、电台、电视等传播媒介。

③ 政府公众。是指与企业营销活动有关的各级政府机构部门,他们所制定的方针、政策对企业营销活动,或是限制,或是机遇。政府公众主要包括行业主观部门、财政、工商、税务、物价、商品检验等部门。

④ 群众团体。是指与企业营销活动有关的非政府机构。如消费者协会、保护环境团体及其他有影响力的团体。这些群众团体的意见、建议,往往对企业营销决策有着十分重要的影响作用。

⑤ 社区公众。是指企业所在地周围的居民和社区团体。社区是企业的邻里,企业保持与社区的良好关系,为社区的发展做出一定的贡献,会受到社区居民的好评,他们的口碑能帮助企业在社会上树立形象。

⑥ 内部公众。是指企业内部的决策层、管理人员、职工等。处理好内部公众关系是搞好外部公众关系的前提,企业应采取措施调动他们开展市场营销活动的积极性和创造性。

本章小结

任何企业的营销活动都是在一定的环境下进行的,企业的营销行为既要受到自身条件的制约,又要受到外部条件的限制。构成市场营销环境的宏观环境与微观环境与企业之间形成协作、竞争、服务、监督的关系,组成了企业的市场营销系统,直接地影响和制约着企业服务目标市场的能力。环境条件是不断变化的,一方面,它既给企业创造了新的市场机会;另一方面,它又给企业带来某种威胁。企业必须不断创新,适应环境的变化,才能保持竞争优势。因此,市场营销环境对企业的生存和发展具有重要意义。

一、知识测试(单项选择题)

1. 企业营销活动不可能脱离周围环境而孤立地进行,企业营销活动要主动地去( )。
   A．控制环境　　B．征服环境　　C．改造环境　　D．适应环境

2. 生产家用电器的企业与房地产公司是( )。
   A．一般竞争者　B．行业竞争者　C．品牌竞争者　D．形式竞争者

3. ( )指人们对社会生活中各种事物的态度和看法。
   A．社会习俗　　B．消费心理　　C．价值观念　　D．营销道德

4. ( )主要指一个国家或地区的民族特征、价值观念、生活方式、风俗习惯、宗教信仰、伦理道德、教育水平和语言文字等的总和。
   A．社会文化　　B．政治法律　　C．科学技术　　D．自然资源

5. 企业经过努力可以程度不同地加以影响和控制的是( )。
   A．宏观环境因素　　　　B．微观环境因素
   C．宏观环境中的一些因素　D．微观环境中的一些因素

6. 市场营销活动的最终归属是( )。
   A．消费者　　B．生产者　　C．市场　　D．人

7. 不属于宏观环境的因素是( )。
   A．人口环境　B．经济环境　C．竞争　　D．技术环境

8. 影响消费需求变化的最活跃的因素是( )。
   A．个人可支配收入　B．可任意支配收入　C．个人收入　D．人均国内生产总值

二、课堂实训

1. 市场营销环境包括哪些因素?解释这些因素。
2. 社会文化环境对市场营销的影响有哪些?
3. 经济环境是如何影响市场营销活动的?请举例说明。

4. 电商营销环境与传统营销环境的差异体现在哪些方面?

三、案例分析

冻鸡出口

  欧洲一冻鸡出口商曾向阿拉伯国家出口冻鸡,他把大批优质鸡用机器屠宰好,收拾得干净利落,只是包装时鸡的个别部位尚有血渍,该商人没有清理就装船运出。当他正盘算下一笔交易时,不料这批货竟被退了回来。他迷惑不解,便亲自去进口国查找原因,才知退货原因不是质量有问题,只是他的加工方法犯了阿拉伯国家的禁忌,不符合进口国的风俗。阿拉伯国家人民信仰伊斯兰教,规定杀鸡只能用人工,不许用机器;只许男人杀鸡,不许妇女伸手;杀鸡要把鸡血全部洗干净,不许留一点血渍,否则便被认为不吉祥。所以,欧洲商人的冻鸡虽好,仍然难免退遭受货的厄运。

资料来源:淘豆网.市场宏观环境案例分析及答案[EB/OL].(2019-01-05).https://www.taodocs.com/p-166871418.html.

结合案例,请分析:
1. 欧洲商人被退货的原因。
2. 欧洲商人应采取什么措施?

第三章 市场营销调研

(1) 了解市场营销调研的内容、作用。
(2) 了解市场调查的概念、程序和方法。
(3) 了解市场预测的概念、程序和方法。

(1) 能够结合实例设计市场调查方案。
(2) 能够通过案例明确市场预测在企业及社会经济生活中的作用。

盐津铺子的未来之路

盐津铺子食品有限公司(以下简称"盐津铺子")是一家专业从事休闲食品科研、生产、加工、销售的综合型企业,位于长沙国家生物产业基地,占地6万多平方米,建筑面积约3万平方米,总资产近2亿元。公司以"盐津铺子"®、"满口香"®为主打品牌,主要生产"凉果蜜饯""风味豆干"和"糕点"三大类高档时尚、健康休闲系列产品。2017年2月8日,盐津铺子登陆深交所,上市后的首份中报显示,营收3.67亿元,同比增长11.52%,净利润却同比下滑11.16%,为4684.81万元,这意味着盐津铺子刚上市半年左右业绩就出现滑坡。什么原因呢?通过调查发现,2017年,盐津铺子在华中、华西、华北地区的商超渠道进行拓展,投入了大量营销费用。2017年,盐津铺子竞品增多,其主力产品豆制品等,虽然市场份额占比较大,但目前在商超渠道的发展受到四川同类品牌的挤压。其他如面包、薯片、饼干等主力产品受到乐事、可比克、上好佳等广告型品牌的围堵。此外,新增的小香肠、牛肉干、牛板筋等品类的销售额虽然有一定增长,但增速多停留在财务技术层面。在电商布局上的落后也是盐津铺子业绩下滑的重要原因。电商是休闲食品的一个核心渠道,如果不把电商这块短板补齐,盐津铺子很难改变利润下滑的现状。另外,盐津铺子虽然产品基本齐全,涵盖了凉果蜜饯、豆制品、肉制品、坚果炒货、休闲素食等品类，但是目前主力产品单薄，盈利基础主要依赖2015年前后爆发的休闲食品红利。如今休闲食品进入了良莠不齐的抢位时代，渠道、产品进入无缝隙竞争阶段，这个时期，谁的品牌性格鲜明，谁能适应"互联网+"，谁将占领市场。因此，盐津铺子未来要大力发展电商，丰富主力产品品种。

资料来源：邹煦晨，牟雅菲.政府补贴没了，小零食生产商盐津铺子靠啥保收？[EB/OL].(2018-01-07).https://www.sohu.com/a/215239909_632979.

在现代的市场中，生存是企业最基本的需求，全面而彻底地了解消费者则是生存的必要条件。走在消费者之前发现需求是成功企业的标准，在众多的需求中辨别出主流的需求则成为企业生存的标准。为了成为市场的领导者，为了能够让企业基业长青，企业家们需要有与消费者沟通的桥梁，市场调查应运而生。问卷、电话、街头访问……种种调查方法与最新的统计工具结合，帮助管理者决断企业的发展方向，成就了一个又一个产品的辉煌。

第一节　市场调研概述

一、市场调查的定义

市场调查(marketing research)就是指运用科学的方法，有目的有系统地收集、记录、整理有关市场营销信息和资料，分析市场情况，了解市场的现状及其发展趋势，为市场预测和营销决策提供客观的、正确的资料。主要包括市场环境调查、市场状况调查、销售可能性调查，还可对消费者及消费需求、企业产品、产品价格、影响销售的社会和自然因素、销售渠道等开展调查。国内还有其他的方法，比如"市场研究""营销研究""市场调研"等。

二、市场预测的定义

市场预测就是运用科学的方法，对影响市场供求变化的诸多因素进行调查研究，分析和预见其发展趋势，掌握市场供求变化的规律，为经营决策提供可靠的依据。预测为决策服务，是为了提高管理的科学水平，减少决策的盲目性；企业需要通过预测来把握经济发展或者未来市场变化的有关动态，减少未来的不确定性，降低决策可能遇到的风险，使决策目标得以顺利实现。

三、市场营销决策的定义

市场营销决策是指企业为引导商品或劳务从生产到达消费者或使用者手中而进行的决策活动。市场营销决策是企业市场营销中的核心问题。

市场调查、市场预测、市场营销决策三者之间有着密切的联系：市场调查是市场预测的基础,好的基础才能做出正确的预测;企业管理者通过市场调研,掌握事物的发展变化规律,从而推断未来结果;市场预测又为市场营销决策服务。为了提高管理的科学水平,减少决策的盲目性,需要通过预测来把握经济发展或者未来市场变化的有关动态,减少未来的不确定性,降低市场营销决策可能遇到的风险,使市场营销决策目标得以顺利实现。任何一个企业只有在对市场情况有了充分了解后,才能有针对性地制定市场营销策略和企业经营发展策略。市场营销决策建立在充分的市场调查和市场预测的基础之上,用市场调研来研究经济运动发展变化规律,用预测的理论和方法推断未来结果。

第二节　市　场　调　查

一、市场调查的内容

市场调查的内容很多,有市场环境调查,主要包括政策环境、经济环境、社会文化环境的调查;有市场基本状况调查,主要包括市场规范、总体需求量、市场的动向、同行业的市场分布占有率等;有销售可能性调查,主要包括现有和潜在用户的人数及需求量、市场需求变化趋势、本企业竞争对手的产品在市场上的占有率、扩大销售的可能性和具体途径等;还可对消费者及消费需求、企业产品、产品价格、影响销售的社会和自然因素、销售渠道等开展调查。

(一)市场环境调查

市场环境调查主要包括经济环境、政治环境、社会文化环境、科学环境和自然地理环境等。具体的调查内容可以是市场的购买力水平,经济结构,国家的方针、政策和法律法规,风俗习惯,科学发展动态,气候等各种影响市场营销的因素。

(二)市场需求调查

市场需求调查主要包括消费者需求量调查、消费者收入调查、消费结构调查、消费者行为调查,包括消费者为什么购买、购买什么、购买数量、购买频率、购买时间、购买方式、购买习惯、购买偏好和购买后的评价等。

(三)市场供给调查

市场供给调查主要包括产品生产能力调查、产品实体调查等。具体表现为某一产品市场可以提供的产品数量、质量、功能、型号、品牌,生产供应企业的情况等。

(四)市场营销因素调查

市场营销因素调查主要包括产品、价格、渠道和促销的调查。产品调查主要包括了解市场上新产品开发的情况、设计的情况、消费者使用的情况、消费者的评价、产品生命周期阶段、产品的组合情况等。产品价格调查主要包括了解消费者对价格的接受情况,对价格策略的反应等。渠道调查主要包括了解渠道的结构、中间商的情况、消费者对中间商的满意情况等。促销活动调查主要包括各种促销活动的效果,如广告实施的效果、人员推销的效果、营业推广的效果和对外宣传的市场反应等。

(五)市场竞争情况调查

市场竞争情况调查主要包括对竞争企业的调查和分析,了解同类企业的产品、价格等方面的情况,分析竞争对手的营销策略,做到知己知彼,通过调查帮助企业制定相应的竞争策略。

二、市场调查的方法

(一)观察调查法

案例3-2

对真维斯专卖店的暗访调查

真维斯品牌在武汉市区开设了20多家专卖店,为了督促各专卖店提高服务质量,该公司经常派出调查员对各专卖店进行暗访调查,作为日后评比依据。调查员通常会扮演一位进店的顾客,通过购物过程观察专卖店营业员的礼仪、推销技巧及购物环境。

暗访调查操作流程:进店浏览—选择某一货架(附近有店员)停留并挑选货品,主动招呼店员过来,告诉店员只想看看—换一货架(附近有店员)停留并挑选货品,表现出对货品有兴趣,并提出有关货品的特性、面料、洗涤方式等方面的问题—选择一款允许试穿的货品试穿,试穿照镜过程中,询问售后服务的问题,最后以货品不合适为由拒绝—继续选择另一款允许试穿的货品试穿,穿后对店员说"这件衣服还不错,但我没有合适的其他衣服配",提出搭配要求,然后留意店员的配搭水平—以适当的理由拒绝购买—留意其他顾客付款情况—离店—统计客流量—填写《神秘人暗访调查表》。

资料来源:豆丁网.对真维斯专卖店的暗访调查[EB/OL].(2016-03-24).http://www.docin.com/p-1503501832.html.

1. 定义

观察调查法是指调查者在调查现场对被调查者的情况直接观察记录,或借助于仪器进行观察,以获取市场信息的一种调查方法。这种方法不同于实地调查,调查者不直接向被调查者提出问题,而是依赖于调查者耳闻目睹的亲身感受,或者利用照相机、摄像机、录音机等现代化记录仪器和设备间接地进行观察以收集信息。在西方国家中,观察调查法已成为一种为企业提供特殊服务的项目,而且收费很高。美国《读者文摘》曾经报道,专门从事观察业务的商业密探在美国大行其道。帕科·安德希尔(Paco Underhill)成立了一家名为伊维德罗森希尔(Environsell)的公司,主要从事追踪观察购物者的工作,其客户包括麦当劳、星巴克、雅诗兰黛和百视达。他们研究不同的零售点,并且利用独特的方法记录下购物者的行为。他们还应用剪报板、跟踪单、视像设备以及敏锐的眼睛来描述购物者行为的每个细微差别。他们的调查结果给很多企业提出了许多具有实际意义的改进措施。例如,他们用一卷胶片拍摄了一家主要是青少年光顾的音像商店,发现这家商店把磁带放在孩子们拿不着的很高的货架上,随后安德希尔指出,应把商品放低45厘米,结果销售量大大增加。

2. 实施步骤

① 选择那些符合调查目的并便于观察的单位作为观察对象。

② 根据观察对象的具体情况,确定最佳的观察时间和地点。

③ 正确、灵活地安排观察顺序。

④ 尽可能减少观察活动对被观察者的干扰。

⑤ 要认真做好观察。

3. 应用

实践中,观察调查法运用得比较广泛,经常被用来判断以下情况:

① 商品购买者特征的研究。主要了解各种商品的购买者的年龄、性别、外在形象、人数等。这种研究可以为市场细分、广告目标的确定提供依据。

② 家庭商品储存调查。通过观察消费者家庭中储存的商品品牌、数量等情况,可以了解消费者对不同品牌商品的喜好程度。

③ 商店的人流量调查。可以了解不同时间、位置的人流分布情况,为企业调整劳动组织、合理安排营业时间、开展有针对性服务提供依据。

④ 营业现场布局调查。通过观察营业现场商品陈列、货位分布、橱窗布置、现场广告、顾客留言等内容,可以了解判断企业的管理水平,及时提出相应的修改意见。

⑤ 营业人员服务水平调查。通过观察售货员接待顾客的服务方式、接待频率、成交率等,可以掌握吸引顾客的最佳服务方式。

除此之外,还可以运用观察法观察了解城市的人口流量、车辆流量,为预测地区市场发展提供依据。同时,还可以运用观察法监督、检查市场活动。

(二)文案调查法

案例3-3

客户需求分析

李刚今年大学毕业,被一家大公司录用。上班第一天,他兴致勃勃地来到办公室。

王主任给他安排了一项任务:要求他做一份公司客户的消费喜好分析。李刚接到工作后即刻申请调取公司客户数据库,了解客户信息,后又到销售部门查找客户消费信息,到研发部门了解产品信息。通过对取得的资料进行整理分析,做出一份客户需求分析。王主任对李刚的表现非常满意。

1. 定义

文案调查法,又称间接调查法,是指通过查看、阅读、检索、筛选、剪辑、购买、复制等手段收集二手资料的一种调查方法。

2. 实施步骤

文案调查法的实施步骤是:确定调查目的—确定资料搜集的内容—评估企业现有内部资料—确定其他外部资料的来源—制订调查实施计划—调查实施与评估—数据整理和分析—撰写市场调查报告。

3. 应用

在市场调查中,以下四种情况可用文案调查法进行研究:

① 市场供求趋势分析。是指先收集各种市场动态资料,然后分析对比,以观察市场发展方向。

② 相关和回归分析。是指收集一系列相互联系的现有资料,对这些资料进行相关和回归分析,以确定现象之间相互影响的方向和程度,并在此基础上进行预测。

③ 市场占有率分析。是指根据各方面资料,估算本企业某种产品的销售量占该产品市场销售总量的比例,以了解本企业所处的市场地位。

④ 市场覆盖率分析。是指本企业某种商品的投放点占该商品全国投放点总数的份额,反映企业商品销售的广度和宽度。

在市场调查研究中,一般可从收集二手资料开始着手,只有当二手资料不够用、不好用、不全面、不系统时,或者必须需要当前数据和情况时,再考虑原始资料的收集,以便节省时间、人力和经费。

(三) 实验调查法

案例3-4

现场演示

销售员利用各种戏剧性的动作来展示产品的特点,最能引起顾客的注意。一位消防用品销售员见到顾客后,并不急于开口说话,而是从提包里拿出一件防火衣,将其装入一个大纸袋,随即点燃纸袋,等纸袋烧完后,里面的衣服仍完好无损。这一戏剧性的表演,使顾客产生了极大的兴趣。卖高级领带的售货员,若只介绍"这是金钟牌高级领带",这没什么效果,但是,如果把领带揉成一团,再轻易地拉平,说"这是金钟牌高级领带",就能给人留下深刻的印象。

资料来源:简书网.九大经典开场白销售话术[EB/OL].(2016-11-01).https://www.jianshu.com/p/2c8c3cf20db4.

1. 定义

实验调查法是指市场调研者有目的、有意识地改变一个或几个影响因素,来观察市场现象在这些因素影响下的变动情况,以认识市场现象的本质特征和发展规律。实验调查既是一种实践过程,又是一种认识过程,是将实践与认识相统一的调查研究过程。

2. 实施步骤

① 根据市场调查课题,提出市场现象之间及各种影响因素的因果关系假设。
② 进行实验设计,运用不同的实验方法来验证研究的假设。
③ 选择具有较高代表性的实验对象进行实验,收集材料。
④ 整理、分析所得实验资料,做实验检测,得出实验结论。

其中,实验设计是实验调查法各步骤的中心环节。使用实验调查法的时候必须注意:实验者需具有一定的素质;实验对象和实验环境一定要具有高度的代表性;对实验过程的控制要坚持原则性和灵活性的统一。

3. 应用

采用实验法进行市场调查,可以控制地分析、观察某些市场现象的因果关系及其相互影响程度。另外,通过实验取得的数据比较客观,具有一定的可信度。但是,实践中影响经济现象的因素很多,可能由于不可控制的实验因素,在一定程度上影响实验效果。由于实验调查法只适用于对当前市场现象的影响分析,对历史情况和未来变化则影响较小,这就使实验调查法的应用受到一定的局限。尽管如此,在实践中实验调查法的应用范围还是比较广泛的。一般来讲,改变商品品质、交换商品包装、调整商品价格、推出新产品、变动广告形式内容、变动商品陈列等,都可以采用实验调查法测试其效果。企业在经营活动中也经常运用这种方法,如开展一些小规模的包装实验、价格实验、广告实验、新产品销售实验等,来测验这些措施在市场上的反应,以实现对市场总体的推断。

（四）访问法

案例3-5

关于二胎的访谈:"70末""80后"和"90后"对二胎的看法

自2015年出台二胎政策以来,生二胎的数量并没有达到预期。最新的调查显示,申请生二胎的家庭数量仅是预估数量的一半。有关部门对此展开调查访问。此次访谈的目的是为了了解当前生二胎的主力军"70末""80后"对二胎的看法,以及即将成家立业的"90后"关于生二胎的看法。一共选取11位有代表性的访问对象:① 2名"70末"、1名

"80后"的女性(他们都是在职员工,并都育有一名子女,还没有二胎)。其中有2人表示会生二胎,1人表示不会。愿意生二胎的原因是希望孩子有个伴,不愿意生的原因是出于经济考虑,但也表示在经济允许下会考虑生二胎。②7名在校"90后"大学生和一名"90后"已婚并育有一子的女性访谈。其中,表示想生二胎的仅有1人,6人表示不会生二胎。2015年全国"两会"通过了二胎政策,也出台了相关的政策,比如二胎妇女产假。但在实际执行情况中,这项有利于妇女生二胎的政策反而成了麻烦。企业不愿录用想生二胎的求职者,甚至要求女员工签字保证不生二胎等。国家出台二胎政策,不能仅仅只是政策,而是应该创造一个社会环境,应是全面的政策,包含多方面的相关二胎法律法规和构建一个能为生二胎妇女提供充足心理安慰的社会保障制度,而不只是由上至下的监督和仅仅的强制性政策要求。这需要政府的管理思维发生转变,由上至下的政府管理向政府治理和社会力量的良性互动转变。只有在工作上和生活等其他方面得到保障,"90后"愿意生二胎的意愿才会提升。

资料来源:建文.关于二胎的访谈:"70末""80后"和"90后"对二胎的看法[EB/OL].(2016-04-26).https://www.douban.com/note/554024636/.

1. 定义

访问调查法是由访问者向被访问者提出问题,通过被访问者的口头回答或填写调查表等形式来收集市场信息资料的一种方法。访问法是最常用的市场调查方法。

2. 常用的访问方法

(1) 面谈调查

面谈调查是调查人员直接访问被调查对象,向被调查对象访问有关的问题,以获取信息资料。通常,调查人员根据事先拟好的问卷或调查提纲上问题的顺序,依次进行提问。有时,也可采用自由交谈的方式进行。使用面谈法进行调研时,可以一个人面谈,也可以几个人集体面谈,分别称之为个人访问和集体访问。

这种调查人员与被调查对象面对面的访谈形式,有利于调查人员听取被调查对象的意见,观察其反应,因此,这种方法的灵活性较大,没有什么固定的格式,可以一般地谈,也可深入详细地谈,所涉及的问题范围可以很广,也可以较窄。同时,这种方式的问卷或调查表回收率较高且质量易于控制,但缺点是调查成本比较高,调查结果受调查人员业务水平和被调查者答案的真实性影响很大。

(2) 邮寄调查

邮寄调查是将事先设计好的问卷或调查表,通过邮件的形式寄给被调查对象,由被调查对象填好以后按规定的时间再邮寄回来。使用该方法的最大优点是调查范围不受任何限制,即可以在很广的范围选取样本;被调查者有比较充裕的时间来思考问题的答案,使问题回答得更为准确;不受调查人员在现场的影响,得到的信息资料较为客观、真实。其缺点是邮件回收率很低,各地区寄回来的比例也不一样。因此,影响调查的代表性。也就是说,我们无法判断寄回来信件的人与不寄回来信件的人的态度到底有什么区别。如果简单地用邮寄回来信件人的意见代表全体被调查者的意见,那就会影响结果的真实性与客观性,对企业而言具有风险性。

(3) 电话调查

电话调查是由调查人员根据抽样的要求以及预先拟定的内容,通过电话访问的形式向被调查对象访问而获取信息资料的方法。电话访问法的优点在于:可以短时期内调查较多的对象,成本也比较低,并能以统一的格式进行访问,所得信息资料便于统计处理。其缺点是:调查范围受到限制;不易得到被调查者的合作,不能访问较复杂的问题,调查难以深入。

(4) 留置调查

留置调查就是由调查人员将事先设计好的问卷或调查表当面交给被调查对象,并说明答题要求,留给被调查对象自行填写,然后由调查人员在规定的时间收回。这种访问的方式,其优缺点介于面谈法和邮寄访问法之间。优点是,调查问卷回收率高,被调查者可以当面了解填写问卷的要求,避免由于误解调查内容而产生的误差。同时,采用留置调查法,被调查者的意见可以不受调查人员意见的影响,填写问卷的时间较充裕,便于思考回忆。主要缺点是,调查地域范围有限,调查费用较高,不利于对调查人员的活动进行有效的监督。

(5) 网络调查

近年来,利用计算机网络进行调查的情况逐渐增多,而且很有发展前景。网上调查兼有电话访问和信函访问的优点,但要求被调查者有计算机并经常上网。

三、市场调查的程序

市场调查是企业制订营销计划的基础。企业开展市场调查可以采用两种方式:一是委托专业市场调查公司来做;二是企业自己来做,企业可以设立市场研究部门,负责此项工作。市场调研工作的基本过程包括:明确调查目标、设计调查方案、制订调查工作计划、组织实地调查、调查资料的整理和分析、撰写调查报告。

(一) 明确调查目标

进行市场调查首先要明确市场调查的目标。企业的需求不同,其市场调查的目标也有所不同,因此,企业在实施经营战略时,必须要调查宏观市场环境的发展变化趋势,尤其要调查所处行业未来的发展状况;企业制定市场营销策略时,要调查市场需求状况、市场竞争状况、消费者购买行为和营销要素情况;当企业在经营中遇到了问题时,应针对存在的问题和产生的原因进行市场调查。

由于市场调查的主要目的是收集与分析资料以帮助企业更好地做出决策,以减少决策的失误,因此调查的第一步就要求决策人员和调查人员认真地确定和商定研究的目标。俗话说:"对一个问题做出恰当定义等于解决了一半问题。"对于任何一个问题上都存在着许许多多可以调查的事情,如果对该问题不做出清晰的定义,那收集信息的成本可能会超过调查提出的结果价值。例如,某经营者发现公司销售量已连续下降达6个月之久,他想知道真正原因究竟是什么:是经济衰退？广告支出减少？消费者偏爱转变？还是代理商推销不力？市场调查者应先分析有关资料,然后找出问题,之后进一步提出假设。假如,调查人员认为上述问题是由消费者偏爱转变导致,于是进一步分析、提出若干假设,或许是消费者认为该公司产品设计落伍或竞争产品品牌的广告设计较佳等。

提出假设和研究目标的主要原因是为了限定调查的范围,并根据调查所得出的结果来检验所作的假设是否成立,进而写出调查报告。

（二）设计调查方案

一个完善的市场调查方案一般包括以下几个方面内容:调查目的、调查对象、调查内容、调查表、调查地区范围、样本的抽取、资料的收集和整理方法等。

（三）制订调查工作计划

1. 建立市场调查项目的领导机构

可由企业的市场部或企划部来负责调查项目的领导工作,针对调查项目成立市场调查小组,负责组织项目的具体实施工作。

2. 招聘及培训访问员

访问人员可从高校的经济管理类专业的大学生中招聘,根据调查项目中完成全部问卷实地访问的时间来确定每个访问员每天需完成的问卷数量,核定需招聘访问员的人数。对访问员须进行必要的培训,培训内容包括:访问调查的基本方法和技巧、了解调查产品的基本情况、制订实地调查的工作计划、调查的要求及注意事项。

3. 工作进度安排

制作时间表,确定调查各阶段的工作内容及所需时间。

4. 费用预算

在进行市调查时,除了要对企业的销售增长情况、产品的竞争情况及市场的变动情况制订一个市场调查计划外,还要估算市场调查经费,这样既可以保证经费的合理使用,又可以促进市场调查的正常进行。市场调查的费用预算主要有调查表设计印刷费、访问员培训费、访问员劳务费、礼品费、调查表统计处理费用等。企业应核定市场调查过程中将发生的各项费用支出,合理确定市场调查总预算。

（四）组织实地调查

市场调查的各项准备工作完成后,开始进行问卷的实地调查工作。组织实地调查要做好两方面的工作:

1. 做好实地调查的组织领导工作

实地调查是一项较为复杂繁琐的工作。要按照事先划定的调查区域确定每个区域调查样本的数量、访问员的人数、每位访问员应访问样本的数量及访问路线,每个调查区域配备一名督导人员；明确调查人员及访问人员的工作任务和工作职责，做到工作任务落实到位，工作目标责任明确。

2. 做好实地调查的协调、控制工作

调查组织人员要及时掌握实地调查工作的完成情况，协调好各个访问员间的工作进度；要及时了解访问员在访问中遇到的问题，帮助解决，对于调查中遇到的共性问题，提出统一的解决办法。要做到每天访问调查结束后，访问员首先对填写的问卷进行自查，然后由督导员对问卷进行检查，找出存在的问题，以便在后面的调查中及时改进。

（五）整理和分析调查资料

实地调查结束后，即进入调查资料的整理和分析阶段，收集好已填写的调查表，并由调查人员对调查表进行逐份检查，剔除不合格的调查表，然后将合格的调查表统一编号，以便于调查数据的统计。调查数据的统计可利用Excel电子表格软件完成：将调查数据输入计算机后，经Excel软件运行后，即可获得已列成表格的大量的统计数据，利用上述统计结果，就可以按照调查目的的要求，针对调查内容进行全面的分析工作。

（六）撰写调查报告

撰写调查报告是市场调查的最后一项工作内容，市场调查工作的成果将体现在调查报告中，调查报告将提交企业决策者，作为企业制定市场营销策略的依据。市场调查报告要按规范的格式撰写，一个完整的市场调查报告由题目、目录、概要、正文、结论和建议、附件等组成。一般而言，书面调查报告可分两类：

1. 专门性报告

专门性报告的读者是对整个调查设计、分析方法、研究结果以及各类统计表感兴趣的人，他们对市场调查的技术已有所了解。

2. 通俗性报告

通俗性报告的读者主要兴趣在于听取市场调查专家的建议，例如，一些企业的最高决策者。

四、市场调查方案的设计

（一）确定调查的目的和任务

调查目的是指特定的调查课题所要解决的问题，即为何要调查、要了解和解决什么问题，调查结果有什么用处。根据市场调查目标，在调查方案中列出本次市场调查的具体目的要求。例如，本次市场调查的目的是了解某产品的消费者购买行为和消费偏好情况等。

调查任务是指调查目的既定的条件下，市场调查应获取什么样的信息才能满足调查的要求。明确调查的目的和任务是调查方案设计的首要问题，因为只有明确调查目的和任务，才能确定调查的对象、内容和方法，才能保证市场调查具有针对性。

（二）确定调查对象和调查单位

确定调查对象和调查单位是为了明确向谁调查和由谁来提供资料的问题。调查对象是根据调查目的和任务确定的一定时空范围内的所要调查的总体，它是由客观存在的具有某一共同性质的许多个体单位所组成的整体。市场调查的对象一般为消费者、零售商、批发商、零售商等，消费者一般为使用该产品的消费群体。在以消费者为调查对象时，要注意有时某一产品的购买者和使用者不一致的情况，如对婴儿食品的调查，其调查对象应为孩子的母亲。此外还应注意到一些产品的消费对象主要是针对某一特定消费群体或侧重于某一消费群体，这时调查对象应注意选择产品的主要消费群体，如对于化妆品，调查对象主要选择女性；对于酒类产品，其调查对象主要为男性。

调查单位就是调查总体中的各个个体单位，它是调查项目的承担者或信息源。调查地区范围应与企业产品销售范围相一致，当在某一城市做市场调查时，调查范围应为整个城市。由于调查样本数量有限，调查范围不可能遍及城市的每一个地方，一般可根据城市的人口分布情况，主要考虑人口特征中的收入、文化程度等因素，在城市中划定若干个小范围调查区域，划分原则是使各区域内的综合情况与城市的总体情况分布一致，将总样本按比例分配到各个区域，在各个区域内实施访问调查。这样可相对缩小调查范围，减少实地访问工作量，提高调查工作效率，减少调查费用。

（三）确定调查项目

调查项目的确定取决于调查的目的和任务，以及调查对象的特点与数据资料收集的可能性。调查项目，即将要调查的内容。调查内容是收集资料的依据，是为实现调查目标服务的，可根据市场调查的目的确定具体的调查内容。如调查消费者行为时，可按消费者购买、使用、使用后评价三个方面列出调查的具体内容项目。调查内容的确定要全面、具体、条理清晰、简练，避免面面俱到，避免内容过多和繁杂，避免把与调查目的无关的内容列入其中。

（四）设计调查表或问卷

调查项目确定之后，就可设计调查表或者问卷。作为市场调查收集市场调查资料的工具，调查表或问卷既可作为书面调查的记载工具，亦可作为口头询问的提纲。调查表是用纵横交叉的表格，按一定顺序排列调查项目；问卷是根据调查项目设计的对被调查者进行调查、询问、填答的测试试卷，是市场调查收集资料的常用工具。调查问卷是市场调查的基本工具，问卷的设计质量直接影响到市场调查的质量。

1. 问卷的构成

一份调查问卷主要包括标题、前言、问卷指导和问题四部分。

调查问卷的标题一般要包括调查对象、调查内容和"调查问卷"字样，如"××口香糖的调查问卷"。

前言部分用来说明调查的意义和目的、调查项目和内容、对被调查者的希望和要求等,一般放在调查问卷标题下面的开头部分。

问卷指导是指导被调查者如何回答问题或解释问卷中某些信息的含义。问卷指导一般放在题目要求的后面,用括号括起来,如"下列说法正确的有(可选多项)",其中的"(可选多项)"即为问卷指导。

问题是调查问卷的主体和核心,是调查者与被调查者沟通信息的载体。问题部分的形式通常用问句形式,也叫题型。调查问卷的题型主要为表格式和问答式两种。表格式一般由标题、前言、问题表格、备注等组成,其特点是简练、清晰,一目了然。内容较单一的调查类文种的调查问卷多用表格式。问答式的调查问卷一般包括标题、前言、问句、备注等,其特点是形式灵活、使用方便。内容较复杂的调查类文种的调查问卷多用问答式。

2. 问卷的设计步骤

(1) 确定所要收集的信息、资料

调查前,需仔细思考所要调查的对象;在市场细分的前提下,是实行差别化营销策略,还是无差别化营销策略;需认清调查对象是否为自己所针对的目标对象等。经过上述准备,可提高调查信息的有效性。

(2) 根据问卷的调查方式确定调查内容

问卷的调查方式不同,问卷的设计方式及其内容的繁复程度也不同,因此,在决定问题内容时,问题必须切题,不要出现与调查目的无关的题目。

(3) 决定问题形式

问题的形式一般有以下几种:

① 开放自由式问题。让被访者自由回答,不受限制。例如,请问您或您的家人最喜欢的牙膏品牌有哪些?

② 二分式问题。把问题简化成是与否两种答案。例如,请问你会不会开车?(a) 会;(b) 不会。

③ 多选式。对于一个问题列举几个答案,让被访者在限定的答案中选。例如,请问您使用过以下哪些品牌的洗发水?(a) 飘柔;(b) 海飞丝;(c) 拉芳;(d) 夏士莲;(e) 飘影。

④ 顺位式问题。在提出问题时,让被访者按要求依次回答。例如,请问您在选购冰箱时,认为哪些方面最重要、次重要和最不重要?(a) 功能多;(b) 制冷性强;(c) 省电;(d) 保修期长;(e) 服务好。

(4) 选择问题用语

询问用语在问卷调查中,应该注意以下四个方面:一是询问的着眼点要明确;二是要用平易语句,让被访者易于回答;三是要避免有诱导性作用的问题;四是避免过于涉及私隐。

(5) 决定问题的先后顺序

问卷的第一个问题最好是有趣且容易回答的,重要问题放在突出的位置,容易的问题放在前面,慢慢引入比较难答的问题。问题要一气呵成,注意问题的前后顺序的连贯性,不要让被访者的思绪中断。

(6) 问卷的版面布局

问卷的形式以及体裁的设计对于收集资料成效的关系很大,应力求纸质及印刷精美;此外,在某些开放性的问题后面要留出充足的地方让被访者填写其意见或建议,以便信息的收集以及日后的作业处理。

(7) 试着进行调查

在设计市场调查问卷之后,有必要根据计划进行小规模的模拟试验,以检查问卷的格式是否正确,调查的方式是否正确,调查的目的是否达到,调查的编组是否合理等,以便及时改正及控制调查的成本。

(8) 修订及定稿

问卷经过修改定稿后,需及时印刷使用。此外,还可以将调查中应该注意的问题编辑成册,以供相关人员的参考。

3. 注意事项

① 调查问卷的设计要与调查主题密切相关,重点突出,避免可有可无的问题。

② 调查问卷中的问题要容易让被调查者接受,避免出现被调查者不愿回答或令被调查者难堪的问题。

③ 调查问卷中的问题次序要条理清楚,顺理成章,符合逻辑顺序,一般可遵循容易回答的问题放在前面,较难回答的问题放在中间,敏感性问题放在最后的格式;或封闭式问题在前,开放式问题在后的格式。

④ 调查问卷的内容要简明,尽量使用简单、直接、无偏见的词汇,保证被调查者能在较短的时间内完成调查问卷。

(五) 确定调查时间和调查期限

调查时间是指调查资料的所属时间,即应收集调查对象何时的数据。确定调查时间是为了保证数据的统一性,否则,数据无法分类和汇总,导致市场调查失效。调查时期现象(收入、支出、产量、产值、销售额、利润额等流量指标)时,应确定数据或指标项目的起止时间;调查时点现象(期末人口、存货、设备、资产、负债等存量指标)时,应明确规定统一的标准时点(期初、期末或其他时点)。

调查期限是指整个调查工作所占用的时间,即一项调查工作从调查策划到调查结束的时间长度。一般来说,应根据调查课题的难易程度、工作量的大小、时效性要求,合理确定调查期限和制定调查进度安排表。

(六) 确定调查方式和方法

市场调查方式是指市场调查的组织形式,通常有市场普查、重点市场调查、典型市场调查、抽样市场调查、非概率抽样调查等。调查方式的选择应根据调查的目的和任务、调查对象的特点、调查费用的多少、调查的精度要求做出选择。调查样本要在调查对象中抽取,由于调查对象分布范围较广,应制定一个抽样方案,以保证抽取的样本能反映总体情况。样本的抽取数量可根据市场调查的准确程度的要求确定,市场调查结果准确度要求越高,抽取样本数量应越多,因此,调查费用也就越高,一般可根据市场调查结果的用途情况确定适宜的样本数量。实际市场调查中,在一个中等以上规模城市进行市场调查的样本数量,按调查项目的要求不同,可选择200~1000个样本,样本的抽取可采用统计学中的抽样方法。具体抽样时,要注意对抽取样本的人口特征因素的控制,以保证抽取样本的人口特征分布与调查对象总体的人口特征分布相一致。

市场调查中,常用的资料收集方法有调查法、观察法和实验法。一般来说,调查法适宜于描述性研究,观察法和实验法适宜于探测性研究。企业在做市场调查时,普遍采用调查法。调查法又可分为面谈法、电话调查法、邮寄法、留置法等。这几种调查方法各有其优缺点,适用于不同的调查场合,至于采用何种方式收集资料,这与所需资料的性质有关。前面例子谈到所需资料是关于消费者的态度,因此市场调查者可采用询问法收集资料。对消费者的调查,采用个人访问方式比较适宜,便于相互之间深入交流。

市场调查方法的确定应考虑调查资料收集的难易程度、调查对象的特点、数据取得的源头、数据的质量要求等因素。若调查课题涉及面大、内容较多,则应采用多种调查方法并用的方式获取数据和资料:既要获取现成的资料,又要获取原始资料。例如,关于商场顾客流量和购物调查,通常采用系统抽样调查的组织方式,即按日历顺序等距抽取若干营业日顾客流量和购物情况,而收集资料的方法主要有顾客流量的人工计数或仪器记数、问卷测试、现场观察、顾客访问、焦点座谈等。

(七)确定资料整理的方案

资料整理是对调查资料进行加工整理和系统开发的过程,其目的在于为市场分析研究提供系统化、条理化的综合资料。为此,应确定资料整理的方案,对资料的审核、订正、编码、分类、汇总、陈示等做出具体的安排。大型的市场调查还应开发或购买计算机自动汇总软件。

资料收集完成后,应检查所有答案,不完整的答案应考虑剔除,或者再询问该应答者,以求填补资料空缺。资料分析应将分析结果编成统计表或统计图,方便企业经营者了解和分析结果。例如,两种收入家庭对某种家庭用品的月消费支出,从表面上看有差异,但是否真有差异可用平均数检定法来分析。此外,对于收集到的资料还可运用相关分析、回归分析等一些统计方法来分析。

(八)确定分析研究的方案

市场调查资料的分析研究是对调查数据进行深度加工的过程,其目的在于从数据导向结论,从结论导向对策研究。为此,应制定分析研究的初步方案,对分析的原则、内容、方法、要求、调查报告的编写、成果的发布等做出安排。

(九)确定市场调查的进度安排

即对整个调查工作的开展进行时间安排,保证调查工作的进行和监督。

（十）做好市场调查经费预算

在进行预算时，要将可能需要的费用尽可能考虑全面，以免将来出现一些不必要的麻烦而影响调查的进度。例如，预算中没有鉴定费，但是调查结束后需要对成果做出科学鉴定，否则无法发布或报奖。在这种情况下，调查小组将面临十分被动的局面。当然，没有必要的费用就不要列上，必要的费用也应该认真进行核算，切不可随意多报、乱报。不合实际的预算将不利于调研方案的审批或竞标，因此，经费预算既要全面细致，又要实事求是。

（十一）制订调查的组织计划

调查的组织计划，是指为了确保调查工作的实施而制订的具体的人力资源配置计划，主要包括调查的组织领导、调查机构的设置、调查员的选择与培训、课题负责人及成员、各项调研工作的分工等。企业委托外部市场调查机构进行市场调查时，还应对双方的责任人、联系人、联系方式做出规定。

（十二）编写市场调查计划书

以上市场调查方案设计的内容确定之后，市场调查策划人员则可撰写市场调查计划书（市场调查总体方案或调查项目建议书），以供企业领导审批，或作为调研项目委托人与承担者之间的合同或协议的主体。市场调查计划书的构成要素包括标题、导语（或摘要）、主体和附录等。附录主要包括调研项目负责人及主要参加者、抽样方案及技术说明、问卷及有关技术说明、数据处理所用软件等。

第三节 市场预测

一、市场预测的内容

市场预测的内容十分广泛丰富，从宏观到微观，相互联系、相互补充。主要包括以下三个方面：

（一）预测市场容量及变化

市场商品容量是指有一定货币支付能力的需求总量。市场容量及其变化预测可分为生产资料市场容量预测和消费资料市场容量预测。生产资料市场容量预测是通过对国民经济发展方向、发展重点的研究，综合分析预测期内行业生产技术、产品结构的调整，预测工业品的需求结构、数量及其变化趋势。消费资料市场容量预测重点有以下三个方面：

1. 预测消费者购买力

预测消费者购买力要做好两个预测:第一,人口数量及变化预测。人口的数量及其发展速度,在很大程度上决定着消费者的消费水平。第二,消费者货币收入和支出的预测。

2. 预测购买力投向

消费者收入水平的高低决定着消费结构,即消费者的生活消费支出中商品性消费支出与非商品性消费支出的比例。消费结构规律是收入水平越高,非商品性消费支出会增大,如娱乐、消遣、劳务费用支出增加;在商品性支出中,用于饮食费用支出的比重大大降低。另外还必须充分考虑消费心理对购买力投向的影响。

3. 预测商品需求的变化及其发展趋势

根据消费者购买力总量和购买力的投向,预测各种商品需求的数量、花色、品种、规格、质量等。

(二)预测市场价格的变化

企业生产中投入品的价格和产品的销售价格直接关系到企业的盈利水平。在商品价格的预测中,要充分研究劳动生产率、生产成本、利润的变化,市场供求关系的发展趋势,货币价值和货币流通量变化以及国家经济政策对商品价格的影响。

(三)预测生产发展及其变化趋势

对生产发展及其变化趋势的预测,是对市场中商品供给量及其变化趋势的预测。

二、市场预测的方法

市场预测的分类方法一般可以分为定性预测法和定量预测法。

(一)定性预测法

1. 集合意见法

集合意见法是将有关生产、销售、咨询等部门和个人集中在一起,共同讨论市场的发展变化,进而综合判断并提出预测方案的一种方法。

[例3-1]某零售企业为了预测明年烟酒销售额,要求经理和业务科、计划科、财务科及销售员做出年度销售预测。如何运用集合意见法做出预测,具体步骤如下:

(1)各位经理、科室负责人和售货员分别提出各自的预测方案意见。见表3.1~3.3。
单位:万元

表3.1 经理的预测数据表

经理	销售估计值						期望值	权数
	销售好(万元)	概率	销售一般(万元)	概率	销售差(万元)	概率		
甲	500	0.3	420	0.5	380	0.2	436	0.6
乙	550	0.4	480	0.4	360	0.2	484	0.4

表3.2　科室人员的预测数据表

科室人员	销售估计值						期望值	权数
	销售好（万元）	概率	销售一般（万元）	概率	销售差（万元）	概率		
业务	600	0.5	400	0.2	360	0.3	488	0.3
计划	540	0.4	480	0.3	340	0.3	462	0.3
财务	580	0.3	440	0.3	320	0.4	434	0.4

表3.3　售货员的预测数据表

售货员	销售估计值						期望值	权数
	销售好（万元）	概率	销售一般（万元）	概率	销售差（万元）	概率		
甲	480	0.3	400	0.5	300	0.2	404	0.4
乙	520	0.3	440	0.4	360	0.3	442	0.3
丙	540	0.2	420	0.5	380	0.3	432	0.3

说明：

① 未来的市场销售前景有三种可能性：销售好、销售一般、销售差。每一种可能性发生的机会，称为概率。如销售好的概率为0.3，即指"销售好"发生的可能性有30%。销售好、销售一般、销售差三种可能性概率之和等于1。

② 权数：不同人员由于在企业中地位不同，权威性不同，他的预测意见的影响力也不同，如经理甲是经理，经理乙是副经理，显然经理甲的权威性大于经理乙的权威性，因此，经理甲的权数应大于经理乙的权数。经理甲权数为0.6，经理乙权数为0.4，也可以是0.7和0.3，具体数字由预测人员主观确定。其他人员的权数意思也相同，凡是权威性大一些的人员，其权数也就大一些。

(2) 计算各预测人员的方案期望值。方案期望值等于各种可能状态的销售值与对应的概率乘积之和。

经理甲的方案期望值：

$$500 \times 0.3 + 420 \times 0.5 + 380 \times 0.2 = 436(万元)$$

业务科人员的方案期望值：

$$600 \times 0.5 + 400 \times 0.2 + 360 \times 0.3 = 488(万元)$$

售货员甲的方案期望值：

$$480 \times 0.3 + 400 \times 0.5 + 300 \times 0.2 = 404(万元)$$

其他人员方案期望值都依此计算，并填入相应的表格中。

(3) 计算各类人员综合预测值。即分别求出经理类、科室人员类、售货员类的综合预测值。

综合预测值公式为

$$\widetilde{Y} = \frac{\sum W_i \widetilde{Y_i}}{\sum W_i}$$

$\widetilde{Y}$表示某类人员综合预测值;$\widetilde{Y_i}$表示某类各人员的方案期望值;W_i表示某类各人员的方案期望值权数。

经理类综合预测值为

$$\frac{436 \times 0.6 + 484 \times 0.4}{0.6 + 0.4} \approx 455(万元)$$

科室人员类综合预测值为

$$\frac{488 \times 0.3 + 462 \times 0.3 + 434 \times 0.4}{0.3 + 0.3 + 0.4} \approx 459(万元)$$

售货员类综合预测值为

$$\frac{404 \times 0.4 + 442 \times 0.3 + 432 \times 0.3}{0.4 + 0.3 + 0.3} \approx 424(万元)$$

(4) 确定最后预测值。这是对三类人员的综合预测值应用加权平均法再加以综合。由于三类人员的综合预测值重要程度是不同的,所以应当为三类人员综合预测值给予不同的权数。现假定：

经理类权数为4,科室人员类权数为3,售货人员类权数为2(权数可以是小数,也可以是正整数)。那么,最后预测值为

$$\frac{455 \times 4 + 459 \times 3 + 424 \times 2}{4 + 3 + 2} = \frac{1820 + 1377 + 848}{9} \approx 449(万元)$$

2. 专家意见法

企业利用经销商、分销商、供应商以及其他一些专家的意见进行预测。利用专家意见有多种方式。例如,组织一个专家小组进行某项预测,这些专家提出各自的预测,然后交换意见,最后经过综合,提出小组的预测。

目前,应用较普遍的是德尔菲法,它是由美国兰德公司率先提出并推广使用的一种方法。它有以下三个特点：一是匿名,不公开预测专家的姓名与职务;二是采用函询的方式,专家们不必集中到一起讨论,可通过函件往来发表自己意见和了解别人的意见;三是反馈,将各位专家的意见加以集中整理后,反馈给各位专家,让专家们参照别人的意见不断修正自己的判断,经过数次反馈后,再次收集专家们的意见,进行统计分析,计算综合预测值,一般以平均数或中位数来表示专家们意见的倾向性。德尔菲法的具体实施步骤如下：

① 确定调查题目,拟定调查提纲,准备向专家提供的资料(包括预测目的、期限、调查问卷以及填写方法等)。

② 组成专家小组。按照课题所需要的知识范围,确定专家。专家人数的多少,可根据预测课题的大小和涉及面的宽窄而定,一般不超过20人。

③ 向所有专家提出所要预测的问题及有关要求,并附上有关这个问题的所有背景材料,同时请专家提出还需要什么材料。然后,由专家做出书面答复。

④ 各个专家根据他们所收到的材料,提出自己的预测意见,并说明自己是怎样利用这些材料进行预测的。

⑤ 将各位专家的第一次判断意见汇总,列成图表,进行对比,再分发给各位专家,让专家比较自己同他人的不同意见,修改自己的意见和判断。也可以把各位专家的意见加以整理,或请级别更高的其他专家加以评论,然后把这些意见再分送给各位专家,以便他们参考后修改自己的意见。

⑥ 将所有专家的修改意见收集起来,汇总后,再次分发给各位专家,以便做第二次修改。逐轮收集意见并为专家反馈信息是德尔菲法的主要环节。收集意见和信息反馈一般要经过3~4轮。在向专家进行反馈的时候,只给出各种意见,但并不说明发表各种意见的专家的具体姓名。这一过程重复进行,直到每一个专家不再改变自己的意见为止。

⑦ 对专家的意见进行综合处理。德尔菲法能充分发挥各位专家的作用,集思广益,准确性高。此方法能把各位专家意见的分歧点表达出来,取各家之长,避各家之短。同时,德尔菲法又能避免专家会议法的缺点:① 权威人士的意见影响他人的意见;② 有些专家碍于情面,不愿意发表与其他人不同的意见;③ 出于自尊心而不愿意修改自己原来不全面的意见。德尔菲法的主要缺点是过程比较复杂,花费时间较长。

案例3-6

德尔菲的三次预法

如某书刊经销商采用德尔菲法对某一专著销售量进行预测。该经销商首先选择若干书店经理、书评家、读者、编审、销售代表和海外公司经理组成专家小组。将该专著和一些相应的背景材料发给各位专家,要求大家给出该专著最低销售量、最可能销售量和最高销售量三个数字,同时说明自己做出判断的主要理由。该经销商将专家们的意见收集起来,归纳整理后返回给各位专家,然后要求专家们参考他人的意见重新预测。专家们完成第一次预测并得到第一次预测的汇总结果以后,除书店经理B外,其他专家在第二次预测中都做了不同程度的修正。重复进行,在第三次预测中,大多数专家又一次修改了自己的看法。第四次预测时,所有专家都不再修改自己的意见。因此,专家意见收集过程在第四次以后停止。最终预测结果为最低销售量26万册,最高销售量60万册,最可能销售量46万册。

资料来源:豆丁网.德尔菲法[EB/OL].(2014-07-08).http://www.docin.com/p-858591083.html.

3. 市场试销法

市场试销法是指通过向某一特定的地区或对象,采用试销手段向该实验市场投放新产品或改进老产品,并在新的分销途径中取得销售情况资料的方法。该方法主要是对销售进行预测,其预测模型为

$$Y_t = Q \times N \times D\%$$

式中，Y_t 表示下期的预测销售量；Q 表示每单位用户平均消费量；N 表示总用户数；$D\%$ 表示重复购买的比重。

如果购买者对购买行为并没有制订认真细致的计划，或其意向变化不定，或专家的意见并不可靠的情况下，需要采用市场试销法。

（二）定量预测方法

定量预测法，也称数学分析法，是在占有各项有关资料的基础上，根据预测的目标、要求，选择合适的数学模型进行预测，然后，根据企业内部和外部的变化情况，加以分析，以取得所需要的预测值的方法。定量预测基本上分为两类：一是时间序列预测方法，二是回归分析预测方法。

1. 时间序列预测方法

时间序列预测法，就是通过编制和分析时间序列，依据事物发展的连续性规律，加以外推或延伸来预测未来可能值所做的分析方法。在一般的市场预测中常用的时间序列预测方法主要包括：简单平均法、加权平均数法、移动平均法、指数平滑法、季节系数法、趋势外推法。

（1）简单平均法

简单平均法是用一定观察期内时间序列的数据求的平均值，以该平均值确定预测值的方法，其公式为

$$X = \frac{1}{n} \sum_{i=1}^{n} X_i$$

式中，X 表示简单平均数（即预测值），n 表示数据的个数，X_i 为各期实际发生数。

[例3-2] 某商场1~6月份的某商品销售额分别为321万元、258万元、346万元、493万元、452万元、468万元，试用简单平均法预测7月份的销售额。

$$X_7 = \frac{1}{6}(321 + 258 + 346 + 493 + 452 + 468) \approx 389.67（万元）$$

这种方法简便易行，主要适用于销售量比较稳定的情况，也可以用来进行短期预测。

（2）加权平均法

加权平均法是将时间数列的各个数据看作对预测值有不同的影响程度，分别给各个数据以不同的权数后计算出加权平均数，并将其作为下期预测值的方法。其公式为

$$\bar{X} = \frac{\sum_{i=1}^{n} W_i X_i}{\sum_{i=1}^{n} W_i}$$

式中，$\bar{X}$ 为加权平均数（即预测值），W_i 为权数，X_i 为实际发生数，n 为数据的个数。

以上述商场的资料为例，假定1~6月份的权数分别为1、2、3、4、5、6，用加权平均法预测7月份的销售额为

$$\overline{X}_7 = \frac{1\times 321 + 2\times 258 + 3\times 346 + 4\times 493 + 5\times 452 + 6\times 468}{1+2+3+4+5+6} \approx 424.52(万元)$$

此种方法适用于对销售量有明显上升或下降趋势的商品预测。

(3) 移动平均法

移动平均法是指一组观测值中，利用与预测至值相邻的近期资料计算平均值的一种方法，其公式为

$$X = \frac{1}{n}\sum_{i=t-n+1}^{t} X_i$$

式中，n 表示移动期数，t 表示资料期数，X_i 表示预测值。

仍然用上例预测7月份的销售额，取移动期为3，则

$$X_7 = X = \frac{493 + 452 + 468}{3} = 471(万元)$$

此种方法适用于未来销售量同近期销售关系密切且同定期销售联系不大的情形。

(4) 指数平滑法

指数平滑法是加权平均法的一种特殊形式，是预测值同实际值之间的一种平均。其公式为

$$F_t = a\cdot D_{t-1} + (1-a)\cdot F_{t-1}$$

式中，F_t 表示 t 期的预测值，D_{t-1} 表示最近一期的实际销售量，F_{t-1} 表示最近一期的预测销售量，a 表示平滑系数（$0 \leq a \leq 1$）。

[例3-3] 某公司2016年某产品的实际销售额为2800件，而预测销售量为2680件，设平滑系数为0.2，要求预测2017年的销售量。

$$F_{2007} = 0.2\times 2800 + (1-0.2)\times 2680 = 2704(件)$$

2. 回归分析预测法

回归分析预测法是从分析事物变化的相关关系入手，通过统计分析和建立数学模型，并由自变量的变化来推测因变量的变化，并据此进行预测的方法，这种方法主要包括回归分析法、经济计量模型法、投入产出法等，这里只介绍回归分析法。

回归分析法是处理已知数据，并寻求这些数据因果规律的一种数理统计方法。回归分析法根据有关因素的多少，可分为一元线性回归法、多元线性回归法与非线性回归法。

(1) 一元线性回归法

一元线性回归法是指一个变量 X 对因变量 Y 的影响（只是一个因素的影响）。其公式为

$$Y = a + bX$$

根据最小二乘法原理，推导出参数 a、b 的值。

$$b = \frac{n\sum X_i Y_i - \sum X_i \sum Y_i}{n\sum X_i^2 - (\sum X_i)^2}$$

$$a = \frac{\sum Y_i - b\sum X_i}{n}$$

式中，X_i 为某一期的对称时序；Y_i 为某一期的实际值；n 为资料的期数。

[例3-4] 某企业某产品2008~2016年广告费和销售额资料如表3.4所示,假设2017年的广告支出预计为10万元,试预测2017年该产品的销售额。

表3.4 2008~2016年广告费和销售额

年份	广告费 X_i(万元)	实际销售额 Y_i(万元)	X_iY_i	X_i^2
2008	1	52	52	1
2009	2	56	112	4
2010	3	58	174	9
2011	4	63	252	16
2012	5	64	320	25
2013	6	67	402	36
2014	7	72	504	49
2015	8	75	600	64
2016	9	78	693	81
合计	45	585	3109	285

根据资料,依据公式求得:

$$b = \frac{9 \times 3109 - 45 \times 585}{9 \times 285 - 45^2} \approx 3.07(万元)$$

$$a = \frac{585 - 3.07 \times 45}{9} \approx 49.65(万元)$$

代入公式 $Y = a + bX$ 则 $Y = 49.65 + 3.07X$

该企业某产品2007年的预测额

$$Y_{2007} = 49.65 + 3.07 \times 10 = 80.35(万元)$$

(2) 多元回归预测

即分析因变量与若干变量之间的相关关系,运用多元回归方程从若干个自变量的变化去预测因变量的变化。

(3) 自回归预测

即用因变量的滞后值作为自变量,建立回归方程进行预测。例如,根据消费者目前的食品消费水平,可以预测下一期的食品消费水平。

(三) 市场预测的程序

预测应该遵循一定的程序和步骤以使工作有序化、统筹规划和协作。市场预测的过程大致包含以下五个方面:

1. 确定预测目标

明确目的是开展市场预测工作的第一步,因为预测的目的不同,预测的内容和项目、所需要的资料和所运用的方法都会有所不同。明确预测目标,就是根据经营活动存在的问题,拟定预测的项目,制订预测工作计划,编制预算,调配力量,组织实施,以保证市场预测工作有计划、有节奏地进行。

2. 收集资料

进行市场预测必须占有充分的资料。有了充分的资料,才能为市场预测提供分析、判断的可靠依据。在市场预测计划的指导下,调查和收集预测有关资料是进行市场预测的重要一环,也是预测的基础性工作。

3. 选择预测方法

根据预测的目标以及各种预测方法的适用条件和性能,选出合适的预测方法。有时可以运用多种预测方法来预测同一目标。预测方法是否恰当,将直接影响到预测的精确性和可靠性。运用预测方法的核心是建立描述、概括研究对象特征和变化规律的模型,根据模型进行计算或者处理,即可得到预测结果。

4. 预测分析和修正

分析判断是对调查收集的资料进行综合分析,并通过判断、推理,使感性认识上升为理性认识,从事物的现象深入到事物的本质,从而预计市场未来的发展变化趋势。在分析评判的基础上,通常还要根据最新信息对原预测结果进行评估和修正。

5. 编写预测报告

预测报告需概括预测研究的主要活动过程,包括预测目标,预测对象及有关因素的分析结论、主要资料和数据,预测方法的选择和模型的建立,以及对预测结论的评估、分析和修正等。

本章小结

为了在竞争激烈的市场环境中求得生存与发展,企业必须重视对市场营销信息的搜集、处理及分析,进行市场调研。市场营销调研所要完成的任务可以是描述市场现状、解释市场现象或者预测市场的未来。市场调查内容包括宏观市场调研与微观市场调研,但微观市场调研是现代市场调研的主体内容。

一般来说,市场调研活动由讨论调研主题、探索性研究、确定调研项目、编制调研方案、实验性调研、现场收集资料、资料的审核整理、撰写调研报告等8个步骤构成。

市场调研方法有间接资料调研方法和直接资料调研方法:间接资料调研方法是通过内部资料和外部资料收集来了解有关市场信息,这种方法相对简单;直接资料调研方法是指通过实地调研收集资料。实地调研的方法有多种,归纳起来可分为以下三类:观察法、实验法和访问法。

企业对市场需求进行预测时,主要测量市场需求量、市场需求潜量、企业需求量和企业需求潜量四个方面。

企业进行市场需求预测时,可以采用定性预测方法或定量预测方法,也可以两种方法的综合使用。

一、知识测试

1. 市场调研的基本程序包括了哪些阶段?
2. 你认为实验法可以用于调查研究什么类型的问题?
3. 同一个汽车公司的两位销售经理对下一年度汽车的市场需求的估计各不相同,你认为这可能是由于哪些原因造成的?

二、课堂实训

某大学想了解本校学生的阅读情况,委托你来设计一份市场调查方案。

1. 实训目的

(1) 通过本次实际操作训练,使学生认识到调查企划方案在市场调查中的重要作用。调查企划方案是营销调查的第二步,是指导市场调查工作的总纲,是整个市场调查活动的指导。一份具有系统、具体、可操作性强的方案能够保证整个调查活动有条不紊地进行。

(2) 通过本次操作训练,使学生能够学会调查方案编写的基本技能。学会这一技能对学生独立操作市场调查活动是很重要的,对将来从事营销工作或创业都是非常重要的。

2. 实训内容

(1) 要求学生在教师指导下,能够独立编制《市场调查方案书》。要求学生把调查的具体时间和相应的调查内容安排做成表格的形式,便于操作和掌握。

(2) 要求学生通过编制《市场调查方案书》,更好地理解营销调查方案的重要性,学会制订调查方案的基本技能。

三、案例分析

"合身"是调研的核心

做好市场调查,树立牢固的市场观念,按用户需要组织生产是李维公司的成功决策。加州淘金热的消息使年轻的施特劳斯相当入迷,他于1853年搭船航行到三藩市,随身携带了数卷营帐及蓬车用的帆布准备卖给迅速增加的居民。但他发现帆布有更好的用途,他把卖不完的帆布,送到裁缝匠处订制了第一件Levi's牛仔裤。就在那一天,Levi's®的传奇诞生了。目前,Levi Strauss公司对全世界的人来说,它代表的是西部的拓荒力量和精神。在李维公司的发展历程中,始终坚持搞好市场调查,树立牢固的市场观念,按用户需要组织生产的市场决策。为了满足市场需要,李维公司十分重视对消费心理的分析。1974年,为了拓展欧洲市场,他研究市场变化趋势,了解消费者爱好,向德国顾客提出了"你们穿李维的牛仔裤,是要价钱低、样式好,还是合身"的问题。调查结果表明,多数人首要的是"合身"。于是,公司派专人在德国各大学和工厂进行实验,最终一种颜色的裤子竟生产出了不同尺寸、不同规格的45种型号牛仔裤,大大拓展了销路。公司还根据市场调查获得了各种有关用户的信息资料,制订出五年计划和第二年度计划。公司还设立了进行市场调查的专门机构,在国内外进行市场调查,为公司的决策提供依据。正确的市场决策,给李维公司带来了大发展。李维公司已发展成为活跃于世界舞台的跨国企业,公司按地区分为欧洲分部、拉美分部、加拿大分部和亚太分部;拥有120家大型工厂,设存货中心和办事处以及3个分公司。分公司有规模庞大、设备先进的生产厂商42家,最大的一家年生产能力达到1600万条。

资料来源:豆丁网.成功企业领导决策典范[EB/OL].(2015-10-30).http://www.docin.com/p-1338413070.html.

结合上述案例,请分析:
1. 本案例中,你认为李维公司成功的关键是什么?
2. 李维公司对消费者心理进行调查分析时,是否采用了观察法?

第四章　市场分析

(1) 市场的基本概念、特点、内容。
(2) 影响消费者购买行为的主要因素,理解消费者购买决策过程。
(3) 市场的类型、特点,掌握影响组织购买决策的因素和组织购买过程。

(1) 掌握市场分析的关键点。
(2) 学会使用市场分析的各种工具。

案例 4-1

杭州"狗不理"包子店为何无人理

杭州"狗不理"包子店是天津狗不理集团在杭州开设的分店,地处商业黄金地段。正宗的"狗不理"包子以其鲜明的特色(薄皮、水馅、滋味鲜美、咬一口汁水横流)而享誉神州。但正当杭州南方大酒店创下日销包子万余只的纪录时,杭州的"狗不理"包子店却将楼下 1/3 的营业面积租让给服装企业,"门前冷落车马稀"。

当"狗不理"一再强调其鲜明的产品特色时,却忽视了消费者是否接受这一"特色",那么其受挫于杭州也是必然。

首先,"狗不理"包子馅比较油腻,不合喜爱清淡食物的杭州市民的口味。其次,"狗不理"包子不符合杭州人的生活习惯。杭州市民将包子作为便捷快餐对待,往往边走边吃,而"狗不理"包子由于薄皮、水馅、容易流汁,不能拿在手里吃,只能坐在店里用筷子慢慢享用。再次,"狗不理"包子馅多半是蒜一类的辛辣刺激物,这与杭州这个南方城市的传统口味也相悖。

资料来源:百度文库.杭州狗不理包子店为何无人理[EB/OL].(2011-03-14).https://wenku.baidu.com/view/3ec527c65fbfc77da269b128.html.

第一节 消费者市场分析

案例4-2

日清方便面："四脚"营销挺进美国

日本一家食品产销企业集团——日清食品公司始终坚持"只要口味好,众口也能调"的独特经营宗旨,从人们的口感差异性出发,不惜人力、物力、财力在食品的口味上下工夫,终于改变了美国人"不吃热汤面"的饮食习惯,使日清公司的方便面成为美国人的首选快餐食品。求人不如求己,日本日清食品公司在准备将营销触角伸向美国食品市场之前,为了能够确定海外扩张的最佳"切入点",曾不惜高薪聘请美国食品行业的市场调查权威机构对方便面的市场前景和发展趋势进行全面细致的调查和评估。该机构所得出的调查评估结论却令日清食品公司大失所望——"美国人没有吃热汤面的饮食习惯,而是喜好'吃面条时干吃面,喝热汤时只喝汤',绝不会把面条和热汤混在一起食用,由此可以断定,汤面合一的方便面是很难进入美国食品市场的,更不会成为美国人一日三餐必不可少的快餐食品。"

于是,日清食品公司派出自己的专家考查组前往美国进行实地调研。经过千辛万苦的商场问卷和家庭访问,专家考查组最后得出了与美国食品行业的市场调查权威机构完全相反的调查评估结论——美国人的饮食习惯虽呈现出"汤面分食,决不混用"的特点,但是随着世界各地不同种族移民的大量增加,这种饮食习惯在悄悄地发生着变化。再者,美国人在饮食中越来越注重口感和营养,只要在口味和营养上投其所好,方便面有可能迅速占领美国食品市场,成为美国人的饮食"新宠"。

日清食品公司基于亲自调查的结论,从美国食品市场动态和消费者饮食需求出发,确定了"四脚灵蛇舞翩跹"的营销策略,全力以赴地向美国食品市场大举挺进。

"第一脚":他们针对美国人热衷于减肥运动的生理需求和心理需求,巧妙地把自己生产的方便面定位于"最佳减肥食品",在声势浩大的公关广告宣传中,刻意渲染方便面"高蛋白,低热量,去脂肪,剔肥胖,价格廉,易食用"等种种食疗功效;针对美国人好面子、重仪表的特点,精心制作出"每天一包方便面,轻轻松松把肥减""瘦身最佳绿色天然食品,非方便面莫属"等具煽情色彩的广告语,成功挑起美国人的购买欲望,获得了"四两拨千斤"的营销奇效。

"第二脚":他们为了满足美国人以叉子用餐的习惯,果敢地将适合筷子夹食的长面条加工成短面条,为美国人提供饮食之便;并从美国人爱吃硬面条的饮食习惯出发,一改方便面适合东方人口味的柔软特性,精心加工出稍硬又有劲道的美式方便面,以便吃起来更有嚼头。

"第三脚"：由于美国人"爱用杯不爱用碗"，于是日清公司别出心裁地把方便面命名为"杯面"，并给它起了一个地地道道的美国式副名——"装在杯子里的热牛奶"，期望"方便面"能像"牛奶"一样，成为美国人难以割舍的快餐食品；他们根据美国人"爱喝口味很重的浓汤"的独特口感，不仅在面条制作上精益求精，而且在汤味佐料上力调众口，使方便面成为"既能吃又能喝"的二合一方便食品。

"第四脚"：他们从美国人食用方便面时总是"把汤喝光而将面条剩下"的偏好中，灵敏地捕捉到了方便面制作工艺求变、求新的着力点，一改方便面"面多汤少"的传统制作工艺，研制生产了"汤多面少"的美式方便面，并将其副名更改为"远胜于汤"，从而使"杯面"迅速成为美国消费者人见人爱的"快餐汤"。

挟此"四脚灵蛇舞翩跹"的营销策略，日清食品公司果敢挑战美国人的饮食习惯和就餐需求。他以"投其所好"为一切业务工作的出发点，不仅出奇制胜地突破了"众口难调"的产销瓶颈，而且轻而易举地打入了美国快餐食品市场，开出了一片新天地。

资料来源：胡羽.日清，智取美国快食市场[J].销售与市场，2000(11)：56.

一、消费者市场

消费者市场是指个人或家庭为满足生活需求而购买或租用商品的市场，又称最终消费者市场、消费品市场或生活资料市场，它是市场体系的基础，是起决定作用的市场。

（一）消费者市场的特点

① 人数众多，分布广泛。每个人都是消费者，消费者市场人数众多，遍布各个地域，范围广泛，潜力巨大。

② 需求复杂多变，差异性大。消费者的消费需求具有求新求异的特点，要求商品的品种、款式不断翻新，从而使消费者市场呈现出多变性的特点；另外，它更多地受到消费者个人，如文化修养、欣赏习惯、收入水平、职业、性格等方面的影响，具有不同的消费需求和购买行为，所以其购买的商品的品种、规格、质量档次等各不相同。

③ 购买的非专家性。消费者大都缺乏专门的产品知识和市场知识，购买行为具有自发性和冲动性；选择产品时，受广告宣传和他人的影响较大。

④ 购买的非营利性。消费者购买商品主要是为了自己最终生活享用，而非盈利。

⑤ 购买的伸缩性（弹性）。消费需求受消费者收入、生活方式、商品价格和储蓄利率影响较大，在购买数量和品种选择上表现出较大的需求弹性或伸缩性。收入多，则增加购买；收入少，则减少购买。商品价格高或储蓄利率高时，减少消费；商品价格低或储蓄利率低时，增加消费。

（二）消费者市场的分析内容（5W1H）

① 购买对象：购买什么（what）？

② 购买组织:购买活动有谁参与(who)?
③ 购买目标:为何购买(why)?
④ 购买方式:怎样购买(how)?
⑤ 购买时间:何时购买(when)?
⑥ 购买地点:何地购买(where)?

二、影响消费者购买行为的因素

(一)消费者购买行为理论

1. 卢因行为模型

美国社会心理学家库尔特·卢因提出了著名的行为模型,即 $B=f_{(P,E)}$。其中,B(behavior):个人行为;P(personal):个人自身因素;E(environment):个人所处的外部环境。

该模型认为,人的行为是自身和外部环境共同作用的结果。消费者之所以会发生消费的行为是同时受到自身和外部环境共同影响。

2. 刺激-反应模式

专家们建立了一个刺激-反应模式来说明外界营销环境刺激与消费者反应之间的关系,如图4.1所示。

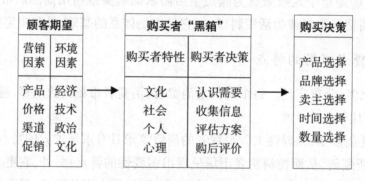

图4.1 刺激-反应模式

消费者被看做一个"黑箱"。左边的外部刺激因素包括主要的宏观环境因素和市场营销因素。这些刺激进入购买者"黑箱",然后产生购买行为反应。购买者黑箱也由两部分组成,其一为购买者特性,主要影响购买者对外界刺激的反应;另一部分是购买者决策过程,影响购买者的最终决定。

(二)购买行为模式

1. 一般行为模式

一般行为模式指消费者对外部刺激及其他影响因素的处理要经过心理活动的全部过程才做出行为反应的模式。

2. 常规行为模式

常规行为模式指当消费者一遇到某种刺激时,几乎不需要进行思考和处理,就按照习惯和常规做出反应。

3. 冲动性行为模式

冲动性行为模式指当消费者受到某些较强烈的刺激时,同时由于自身观念和性格上的特点,没有进行认真决策,而是受在短期内涌起的激情所支配而产生的行为反应。在很多情况下,当消费者冷静下来后,往往后悔不已。

(三)影响消费者购买行为的因素

1. 经济因素

消费者在购买商品时,主要考虑的是自己的收入、商品的功能和商品的价格。在个人收入、商品功能一定的条件下,商品的价格是推动消费者购买行为的动力。

2. 文化因素

文化是指人类社会在长期的历史发展过程中所创造的物质财富和精神财富的总和。不同的国家、地区、民族的消费者,由于文化背景、宗教信仰、道德观念、风俗习惯等不同,在消费观念和消费结构上会有很大的差异。主要表现在服饰、饮食起居、节日、礼仪物质和文化生活等方面。

3. 社会因素

(1) 相关群体

相关群体指能够直接或间接影响某个消费者购买行为的个人或群体。只要某一群人在消费行为上相互影响,就会构成一个相关群体。

按照对消费者的影响强度分类,我们可把相关群体分为直接相关群体和间接相关群体。

直接相关群体是指消费者所从属的或与消费者关系密切、能经常发生相互作用的社会群体,如家庭成员、亲朋好友、邻居、同事和宗教、专业协会和行业组织等。

间接相关群体是指与消费者没有直接关系,但又受其影响的社会群体,如领袖人物、社会名流、文艺明星、体育明星、影视明星等构成的群体。这类群体影响面广,但对每个人的影响强度小于直接相关群体。

相关群体对消费行为的影响表现为三个方面:一是示范性,即相关群体的消费行为和生活方式影响了消费者的生活方式,进而影响其购买行为;二是仿效性,即影响了消费者的态度和自我概念,从而引起人们仿效的欲望,引起消费者的购买欲望,从而促成其购买行为;三是一致性,即由于仿效而使消费行为趋于一致,影响消费者对产品品牌及商标的选择。相关群体对购买行为的影响程度视产品类别而定。据研究,相关群体对汽车、摩托、服装、香烟、啤酒、食品和药品等产品的购买行为影响较大,对家具、冰箱、杂志等影响较弱,对洗衣粉、收音机等几乎没有影响。

(2) 社会阶层

社会阶层是指由相同或类似社会地位的社会成员组成的相对恒定的群体。社会阶层是社会学家按照职业、收入、教育水平等对人们进行的一种社会分类。由于职业、收入水平、教育水平等不同,使得人们的消费观、消费的结构、消费的内容有很大的不同。

《当代中国社会阶层研究报告》[①]以职业分类为基础,以组织资源、经济资源和文化资源的占有状况为标准,将当代中国社会划分为10个社会阶层,即国家与社会管理者阶层、经理人员阶层、私营企业主阶层、专业技术人员阶层、办事人员阶层、个体工商户阶层、商业服务业员工阶层、产业工人阶层、农业劳动者阶层和城乡无业失业半失业者阶层。

4. 个人因素

（1）家庭生命周期

家庭生命周期是指从青年独立生活开始到年老后并入子女家庭或死亡为止。每一阶段的家庭都会根据自己的收入状况来购买最感兴趣的商品,营销人员通常把某一阶段的家庭当做自己的目标市场,制订适当的营销计划。表4.1归纳了每一时期,每个家庭购买行为特点。

表4.1 家庭购买行为特点

家庭阶段	购买行为特点
单身期	没有经济负担,是新观念的倡导者,购买必要的生活用品、家具、汽车、娱乐、度假
新婚期	购买耐用消费品
"满巢"一期	经济状况不好,购买婴儿食品、玩具、手推车、维生素
"满巢"二期	经济状况较好,购买大包装、多组合的产品,大量的食品,清洁用品,自行车,乐器,子女教育投资
空巢期	收入下降,购买医疗器械,有助于健康、睡眠、消化的保健产品
鳏寡期	收入不错,可能购买较小的房屋,特别需要关怀、照顾与安全感,需要医疗、保健品

（2）年龄

不同年龄阶段有不同的消费心理。儿童喜欢玩具、文具、儿童食品等;青少年喜欢新奇的事物,比如电子产品、数码产品等,他们还对流行的服饰很感兴趣;中老年人则更多地注重健康保健。

（3）性别

男性和女性有不同的消费心理和消费习惯,主要表现在购买动机、购买决策、购买过程等方面。

（4）个性

个性是指个体带倾向性的、比较稳定的、本质的心理特征总和。个性包括兴趣、爱好、能力、气质、性格等。个性会直接或间接地影响消费者的购买行为。

（5）体征

主要包括消费者的身高、体型等。身高和体型的差异对消费者购买行为的影响是

---

① 陆学艺.当代中国社会阶层研究报告[M].北京:社会科学文献出版社,2002.

比较明显的。不同身高、不同体型的人会选择不同尺寸的衣服,同时还会选择不同颜色的衣服。例如,体型较胖的人就会选择深色衣服,让自己显得瘦些。

(6) 职业

首先不同职业的人在消费上所要求的象征物体往往不同,如歌星和教师的衣着;其次职业影响了人们的消费重点和消费结构,如农民和大学教授。

5. 心理因素

心理因素,也称个别因素,它包括需求和动机、感知觉、学习、信念和态度等几个心理过程,通过对这些过程的研究,可以了解购买者行为的起因。

案例4-3

伯 乐 效 应

据《战国策》记载,春秋时代有一位卖骏马的人,在集市上站了三天,也没有人注意他的马。后来他去找名气很大的相马专家伯乐,对他说:"我有一匹骏马,想卖掉,三天也没有人问津,请你帮帮忙,在马身边转悠一下,看一看,走开后再回过头来瞧一瞧,这样就够了。"伯乐一看,确实是匹好马,因此爽快地答应并且照着办了。顿时,这匹马就变为人们抢购的对象,价格也因此被抬高了10倍。骏马由滞转畅的奥妙就在于,马主人掌握了人们对商品有消费需求,但普通人分辨不出马的优劣,怕贸然买下吃亏的心理,利用伯乐的名气和权威性来推销商品,以伯乐的无声动作,引起人们对马的注意和联想:这肯定是匹好马,要不然人家伯乐根本不屑一顾。从而激发了人们的占有欲望,最终达成这笔交易。

(1) 需求和动机

需求是指客观刺激物通过人体感官作用于人的大脑而引起的某种缺乏状态。当这种状态达到一定程度时,便产生需求,而需求又引起动机,后者又是引起人的行为、支配人的行为的直接原因和动力。因此,企业营销的目标应是设法通过一定的刺激物来引发消费者的需求和动机,进而促使消费者采取购买行为。人们的需求不仅是多样的,而且是分层次的。美国著名心理学家马斯洛在1954年发表的《动机与个性》一书中提出了"需求层次论"。

(2) 感知觉

任何消费者购买商品都要通过感觉得到商品的印象,然后用知觉进行整体反应,才能最终决定是否购买。企业应注意顾客在感知觉上的差别。

(3) 学习(习得)

学习是指消费者在购买和使用商品的过程中,逐步积累经验并据此调整购买行为的过程。学习会引起行为的改变,主要包括四个方面:加强、保留、概括和辨别。

(4) 态度

态度是指人们对事物的评价和看法。它体现着一个人对某一事物的喜好与厌恶的倾向。态度一旦形成,则直接影响人们的行为,且不易改变。

(四)消费者购买决策过程

消费者购买决策过程主要包括五个方面,即确认需要、收集信息、评价方案、决定购买、购后行为,如图4.2所示。

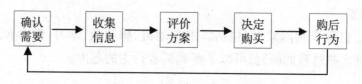

图4.2 消费者购买决策过程

1. 确认需要

这是消费者购买决策过程的起点。只有当需要未被满足且达到一定的程度时才能对消费者产生刺激,从而使其产生购买的行动。来自内部的和外部的刺激都可能引起需要和诱发购买动机。企业应了解消费者产生了哪些需要,它们是由什么引起的,程度如何,比较迫切的需要是怎样被引导到特定的商品上从而成为购买动机的。然后,企业根据消费者需要可以制定适当的市场营销策略,诱发消费者产生购买动机。

2. 收集信息

这是消费者购买决策的第二个阶段。消费者形成了购买某种商品的动机后,如果不熟悉该商品的情况,就要先收集信息。消费者一般从以下四种途径获得信息:

① 个人经验,即通过对商品的试用、试验、消费所得到的信息。

② 商业性来源,即从广告、商品展览与陈列、商品包装、商品说明书等得到信息。

③ 公众传播媒介,如报纸、杂志、广播、电视的新闻报道等;消费者权益保护组织的评价;官方发布的信息等。

④ 相关群体,即从家庭、朋友、邻居和其他熟人处得到信息。

企业应了解和分析消费者获取信息的渠道,以及对所获各种信息的信赖程度,设计和安排恰当、有效的信息通道和传播方式,从而影响消费者的购买决策。

> 讨论:以上哪种渠道传递给消费者的信息最多,哪种渠道的可信度最高?

3. 评价方案

当消费者从不同的渠道获取到有关信息后,就可对可供选择的品牌进行分析和比较,并对各种品牌的产品做出评价,最后决定是否购买。

4. 决定购买

消费者能否实现购买意向,主要受以下两个因素影响:

① 其他人的态度。如果与消费者关系很密切的人坚决反对购买,消费者很可能改变购买意向。

② 意外情况。如果出现家庭收入减少或急需在某方面用钱等意外情况时,消费者也可能改变购买意向。

5. 购买后评价

购买后评价会影响消费者以后的购买行为,并对相关群体产生影响。一般可用"预期满意"理论加以衡量:消费者购买商品后,如果预期与产品的实际效用相符,他们就会感到满意;如果产品的实际效用大于消费者所预期希望的,他们就会非常满意;如果感到满意,消费者下次就很可能购买同一品牌的产品,并常对其他人称赞这产品,这种称赞往往比广告宣传更有效。反之,他们则会失望或不满意,除了可能要求退货或寻找能证实产品优点的信息来减少心理不满以外,有可能还会采取公开投诉或私下的行动发泄不满的倾向,如向生产或经营企业、新闻单位和消费者团体反映意见,向家人、亲人和熟人抱怨,劝说他们不要购买该种产品,甚至不会购买该企业的其他产品,这势必会影响企业的顾客满意度,从而影响企业生产的整体形象和市场销售。

企业应采取各种措施,尽可能使顾客购买后感到满意。首先,企业的产品宣传应实事求是;其次,企业还应该经常征求顾客意见,加强售后服务。例如,同顾客保持联系,确保意见反馈渠道畅通;当顾客有不满情绪时,应迅速采取补救措施。

第二节　组织市场分析

案例4-4

政府采购方式变革给企业带来什么?

据有关资料测算,我国事业单位一年的采购金额约为7000亿元,政府实际上成为国内最大的单一消费者。为适应市场经济体制的新形势,政府采购方式将发生变革。

以前,北京市海淀区下属单位要购买设备,首先向财政局上报预算,经财政局行财科按市场价格核定后给予拨款,再由各使用单位自行购买,但是行财科的职员们时常心里打鼓:商品价格究竟是多少?他们没有底,因为采购环节的伸缩性实在太大了。后来,北京市海淀区出台了《海淀区采购试行办法》,规定区属各行政事业单位由区财政安排专项经费,购置设备单项价值在10万元以上,或全区范围内一次集中配置的批量采购总价值在29万元以上,均需采取公开的竞争性招标、投标。海淀区专门成立了政府采购领导小组,区属两家机关购买133台空调的工作成为区政府采购方式改革的第一个试点。当年5月26日召开招标大会,有6家公司投标。开标后,投标商单独介绍了产品技术、质量、价格等内容,并接受由空调专家、高级会计师和使用单位人员组成的评审委员会的质询。经专家们反复比较论证,科龙空调以较好的性能价格比中标。此次购买的预算资金为177万元,实际支出为108万元,节约了69万元。采购部门负责人说:"想都没有想到,效果好得出奇。"

据悉,国家财政部的有关专家正在积极制定我国统一、规范的政府采购制度,他们认为,政府采购是加强采购支出管理的必由之路,但一定要做到规范、统一,使制度在各地不走样;要建立采购主管机构,明确采购模式,设立仲裁机构,财政部门不直接主管采购,防止由分散采购改为集中采购后出现新的"集中腐败"。

资料来源:原创力文档.组织者市场行为案例分析[EB/OL].(2016-06-12).https://max.book118.com/html/2016/0610/45249058.shtm.

一、组织市场的概念

组织市场是指各类组织为从事生产、销售业务活动或履行职责而购买产品和服务所构成的市场,包括生产者市场、中间商市场、非营利组织市场和政府市场,如图4.3所示。

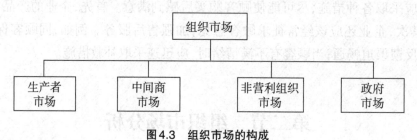

图4.3 组织市场的构成

二、组织市场的类型

(一)产业市场

产业市场是指所有购买产品和服务,并将它们用于生产其他产品或服务,以供销售、出租或供给他人,以及用于转卖或租赁,以获取利润的组织和个人。它包括生产者市场(或产业市场)和中间商市场(或转卖者市场)。组成产业市场的主要行业有:农业、林业和渔业,矿业,制造业,运输业,通讯业,公用事业,银行、金融和保险业,分销业,服务业等。

(二)非营利组织市场

非营利组织是不以营利为目的向社会提供产品和服务的组织,是与政府机构、市场机制相平行的一种制度安排,是介于政府与企业以外的第三种组织。非营利组织市场指为了维持正常运作和履行职能,而购买产品和服务的各类非营利组织所构成的市场。其主要是由学校、医院、疗养院、社会团体和其他机构组成。

(三)政府市场

政府市场是指为了执行政府职能而购买或租用产品和服务的各级政府单位。大多数国家政府是产品和服务的主要购买者。在某些情况下,政府要考虑供应商良好的资质或能否按时履行合同义务;另一些情况下,政府通过协议合同进行采购。一般情况下,政府喜欢向国内供应商采购物品。

三、组织市场的特点

组织市场和消费者市场虽然相关,但两者截然不同。因此,搞清楚组织市场的特征有助于区分组织市场和消费者市场,特别是那些与消费者市场特别相似的组织市场。组织市场与消费者市场相比,具有一些鲜明的特征。

(一)购买者少,购买规模大

组织市场上的购买者比消费者市场上的购买者要少得多。例如,美国固特异轮胎公司的订单主要来自通用、福特、克莱斯勒三大汽车制造商,但当固特异公司出售更新的轮胎给消费者时,它就要面对全美1.71亿汽车用户组成的巨大市场了。组织市场不仅买主人数少,而且其购买次数也少。例如,一家生产企业的主要设备需要若干年购买一次,原材料与零配件也大都只签订长期合同;而文具纸张等日用品也常常是八个月集中购买一次。购买次数少就决定了每次采购量将十分巨大。特别在生产比较集中的行业里更为明显,通常少数几家大企业的采购量就占该产品总销售量的大部分。

(二)购买者在地域上相对集中

由于资源和区位条件等原因,各种产业在地理位置的分布上具有相对的集聚性,所以组织市场的购买者往往在地域上也是相对集中的。例如,中国的重工产业大多集中在东北地区,石油化工企业云集在东北、华北以及西北的一些油田附近,金融保险业在上海相对集中,而广东、江苏、浙江等沿海地区集聚着大量轻纺和电子产品的加工业。这种地理区域集中有助于降低产品的销售成本,这也使得组织市场在地域上形成了相对集中。

(三)着重人员销售

由于仅存在少数大批量购买的客户,企业营销部门往往倾向于通过销售人员宣传其优惠政策而不是通过广告。一个好的销售代理可以演示并说明不同产品的特性、用途以吸引买方的注意力,并根据及时得到的反馈,立即调整原有的政策。当然这种快速反馈是不可能通过广告获得的。

(四)直接销售

消费品的销售通常都经过中间商,但组织材料的购买者大多直接向生产者购买。这是因为购买者数量有限,而且大多属于大规模购买,直接购买的成本显然低得多。此外,组织市场的购买活动在售前、售后都需要由生产者提供技术服务。因此,直接销售是组织市场常见的销售方式。

(五)实行专业采购

组织机构通常比个人消费者更加系统地购买所需要的商品,其采购过程往往是由具有专门知识的专业人员负责,如采购代理商。他们的专业方法和对技术信息评估能力致使他们的购买建立在对商品价格质量比、售后服务及交货期的逻辑分析基础之上。这意味着组织营销者必须具有完备的技术知识,并能提供大量的有关自身及竞争者的数据。

(六)衍生需求,需求波动大

对组织市场上的购买需求最终来源于对消费品的需求,企业之所以需要购买生产资料,归根到底是为了用来作为劳动对象和劳动资料以生产出消费资料。例如,由于消费者购买皮包、皮鞋才导致生产企业需要购买皮革、钉子、切割刀具、缝纫机等生产资料。因此,消费者市场需求的变化将直接影响组织市场的需求。有时消费品需求仅上升10%,就可导致生产这些消费品的企业对有关生产资料的需求增长200%;而若需求下降10%,则可导致有关生产资料需求的全面暴跌。这种现象在经济学上被称为"加速原理",这导致许多企业营销人员促使其产品线和市场多样化,以便在商业波动周期中实现某种平衡。

(七)需求缺乏弹性

组织市场的需求受价格变化的影响不大。皮鞋制造商在皮革价格下降时,不会打算采购大量皮革;同样,皮革价格上升时,他们也不会因此而大量减少对皮革的采购,除非他们发现了某些稳定的皮革替代品。需求在短期内特别无弹性,因为厂商不能对其生产方式做许多变动。对占项目总成本比例很小的业务用品来说,其需求也是无弹性的。例如,皮鞋上的金属鞋孔价格上涨,几乎不会影响其需求水平。

(八)互惠购买原则

互惠现象在消费营销过程中不会发生,但在组织营销过程中非常常见。也就是"你买我的产品,那么我也就买你的产品"。更通俗地讲,叫互相帮忙。由于生产资料的购买者本身总是某种产品的出售者,因此,当企业在采购时就会考虑为其自身产品的销售创造条件。但这种互惠购买的适用范围是比较狭窄的,一旦出现甲企业需要乙企业的产品,而乙企业并不想购买甲企业的产品时,就无法实现互惠购买了,于是就出现了三角互惠或多角互惠。例如,甲企业向乙企业提出,如果乙企业购买丙企业的产品,则甲企业就购买乙企业的产品,因为丙企业以甲企业推销其产品作为购买甲企业的产品的条件。虽然这类现象极为常见,但大多数经营者和代理商反对互惠购买原则,并视其为不良习俗。

(九)租售现象

一些组织购买者乐于租借大型设备,而不愿意全盘购买。租借对于承租方和出租方有诸多好处。对于出租方而言,当客户不能支付购买其产品的费用时,他们的优惠出租制度为其产品找到了用武之地;对承租方而言,租借为他们省下了大量资金,又可使用最新型的设备,租期满后还可以购买折价的设备。这种方式目前在工业发达的国家有日益扩大的趋势。特别适用于电子计算机、包装设备、重型工程机械、运货卡车、机械工具等价格昂贵、容易磨损或不经常使用的设备。在美国,租赁方式已扩大到小型次要设备,甚至连办公室家具、设备也都可以租赁。

(十)谈判和投标

组织机构在购买或出售商品时,往往会在意价格和技术性能,如果营销人员能预先获知客户正在研究新产品的有关信息,他们就可在谈判开始之前修改某些技术参数;卖方得知买方愿意接受耐用性较差和服务也一般的商品时,就会提出一个较低的价格。当双方在价格上都有较大的回旋余地时,而且此次交易对双方都是至关重要时,谈判就成为双方交涉中最重要的部分。谈判的风格,或对抗,或合作,一般来说,绝大多数买方倾向于后者。

有远见的买方通常在诸多投标卖方间进行精挑细选。在公开投标的基础上,可以参阅其他投标商的标书。然而在保密投标的情况下,标书的条款是不公开的。所以供方会尽量提供好的设备和较低的价格。政府购买设备往往用保密投标的方式。

在研究组织市场购买行为一般特征的基础上,在具体的营销活动中还应当注意对特定时间上特定购买者行为特点的研究和分析。这是由于相对数量众多的个人消费者而言,数量有限的组织购买者行为特征的个性更为明显。

四、组织市场的购买类型和过程

(一)组织市场购买类型

1. 直接重购

直接重购是指在生产资料购买活动中,用户根据常规的生产需要和过去的供销关系进行重复性采购。这种购买活动的特点是采购者按常规与以往的供应者续签供销合同,基本上不需要制定新的采购决策。

2. 修正重购

修正重购是指在生产资料购买活动中,用户部分地改变采购产品的规格、数量、价格以及其他供货条件或重新选择供应者。这种购买活动较为复杂,因此,采购企业会有更多的人参与购买决策过程。

3. 新购

新购是指采购企业首次购买某种生产资料的活动。在新购活动中,购买者需要制定很多的购买决策,如产品规格、价格幅度、交货条件和时间、服务项目、付款方式、订货数量、供应者等,并且不同的决策参与者会对每一细分决策产生不同的影响。它是生产资料购买活动中最复杂的购买行为。

4. 自制

企业自己生产制造所需要的材料和零部件。这是组织市场和消费者市场一个非常重要的差别,因为这意味着供应商除了要面对同行竞争外,还要面对来自客户的竞争。例如,莲花味精不仅是国内最大的味精生产商,而且也是最大的淀粉生产商,淀粉是味精生产的主要原材料;五粮液酒的包装是自己生产的,而且其包装材料生产部门为五粮液贡献了不少利润。

(二) 购买过程

1. 购买过程的参与者

在直接重购时,采购代理人的作用较大;而在全新采购时,其他组织人员所起的作用较大。在做产品选择决策时,通常是工程技术人员影响最大。采购代理人控制着选择供应商的决策权。这说明在全新采购时,产业营销者必须把产品信息传递给工程技术人员,在重购和全新采购的选择供应商阶段必须首先把信息传递给采购代理人。对于产业购买,一般有以下几种角色:

① 发起者。即提出和要求购买的人。他们可能是组织内的使用人或其他人。

② 使用者。即组织中将使用产品或服务的成员。在许多场合中,使用者首先提出购买建议,并协助确定产品规格等。

③ 影响者。即影响购买决策的人,他们常协助确定产品规格,并提供方案评价的情报信息。作为影响者,技术人员尤为重要。

④ 决定者。即一些有权决定产品要求和供应商的人。

⑤ 批准者。即有权批准决定者或购买者所提方案行动的人。

⑥ 购买者。即正式有权选择供应商并安排购买条件的人,购买者可以帮助企业制定产品规格,其主要任务是选择经销商和交易谈判。在较复杂的购买过程中,高层管理人员与购买者一起参加交易谈判。

产业营销人员必须判断谁是主要决策的参与者?对哪些决策他们具有影响力,且影响决策的程度如何?每一决策参与者使用的评价标准是什么?营销人员应当定期回顾他们对各不同决策参与者的影响及其作用的假设。在全球市场上经营的产业营销者还必须对产业购买的国际化实践问题进行深入了解。

2. 购买过程

在新购情况下,购买过程的阶段最多,大约需要经过六个阶段,如图4.4所示。

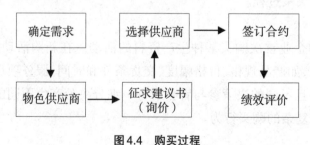

图4.4 购买过程

（1）确定需求

需求的提出，既可以是内部的刺激，也可以是由外部刺激引起的。内部刺激，如因企业决定生产新产品，需要新的设备和原材料；或因存货水平开始下降，需要购进原材料。外部刺激包括产品广告、营销人员的上门推销等。

（2）物色供应商

为了选购满意的产品，采购人员要物色服务周到、产品质量高、声誉好的供应商。采购人员应对所需原材料、标准件的供应者做出深入的调查、了解、分析和比较后才能确定。

（3）征求建议书（询价）

候选供应商向购买者提交供应建议书，尤其是对价格昂贵的产品，应进行详细说明。对经过筛选后留下的供应商，采购人员可要求他们进一步完善供应建议书的内容。

（4）选择供应商

在收到多个供应商的有关资料后，采购者将根据资料选择比较满意的供应商。遴选标准是：交货及时、产品质量、产品价格、企业信誉、产品品种、技术能力、服务质量、付款结算方式、财务状况、地理位置等。

（5）签订合约

最后确定供应商后，买方正式发出订单，在订货单上列出产品的技术说明、需要数量、交货时间、地点、退货条款、保修条件等。现在很多企业日趋采用"一揽子合同"。这种"一揽子合同"给供求双方都带来了方便，提高了交易效率。

（6）绩效评价

产品购进后，采购者还应及时向使用者了解其对产品的评价，考察各个供应商的履约情况，并根据了解和考察的结果，决定今后是否继续采购某供应商的商品。

（三）影响购买决策的因素

对组织采购人员的影响有四个因素：环境因素、组织因素、人际因素和个人因素。供应商应了解和运用这些因素，引导买方购买行为，促成交易。

1. 环境因素

环境因素指组织无法控制的环境因素，包括经济发展状况，政治、法律制度，市场需求水平，技术发展，竞争态势等。组织购买者必须密切关注经济环境因素，同时预测经济环境变化，包括经济状况、生产水平、投资、消费开支和利率等，从而在不同的经济发展状况下，组织能合理地安排投资结构并进行有效的存货管理。在经济衰退时期，生产企业会减少对厂方或设备的投资，并减少存货。同时，供应企业的营销人员对刺激总需求量是无能为力的，他们只能在增加或维持其需求份额上作艰苦的努力。

组织购买者也要重视技术因素、政治-法律因素、以及竞争发展状况的影响。例如，对环境的关注会改变组织购买者的行为。新闻界中的许多组织开始偏好用再生纸张，以及通过了环境测试的墨水，并向提供这些产品的供应商购买。在竞争激烈的行业中，组织更注重提升自身的相对竞争优势,同时不断地保持、改善与供应商的合作关系,使其与供应商讨价还价的能力更优于竞争对手。

2. 组织因素

组织因素是指与购买者自身有关的因素,包括采购组织的经营目标、战略、政策、程序、组织结构和制度等。供应商的营销人员必须尽量了解这些问题:采购组织的经营目标和战略是什么;他们需要采购什么;他们采购的方式和程序是什么;有哪些人参与采购或对采购产生影响;他们评价采购的标准是什么;该组织对采购人员有哪些政策和限制,等等。

由于各组织的经营目标和战略的差异,所以其对采购产品的款式、功效、质量和价格等因素的重视程度、衡量标准不同,从而导致他们的采购方案呈现差异化。组织采购包括:集中采购或分散采购,是否利用互联网采购等方式,供应商销售的模式应随之而变,以及销售人员队伍的组成结构也必须与之相对应。例如,采购组织若集中采购,可能要用大客户销售队伍的销售模式与之谈判。

3. 人际因素

人际因素是指购买中心的各种角色间的不同利益、职权、地位、态度和相互关系。这些因素间关系的变化会对组织购买决策产生影响。供应商的营销人员应尽量了解购买过程中的每个人所扮演的角色,以及他们的相互关系,充分地利用这些因素促成与采购组织的合作。

4. 个人因素

个人因素是指购买决策中每个参与者都有个人动机、直觉和偏好。受年龄、收入、教育、专业、个性、偏好、风险意识等因素的影响,采购中心的相关人员明显表现出不同的购买类型。有些是"简练"型购买者,有些是"外向"型购买者,有些是"完美"型购买者,有些是"理智"型购买者,有些是"强硬"型购买者。

第三节　竞争者分析

案例4-5

可口可乐和百事可乐的"红蓝之争"

世界上第一瓶可口可乐于1886年诞生于美国,距今已有110多年的历史,是"世界饮料之王"。可口可乐公司是全世界最大的饮料公司,也是软饮料销售市场的领袖和先锋。通过全球最大的分销系统,可口可乐畅销世界超过200个国家及地区,其每日饮用量达10亿杯,占全世界软饮料市场的48%,品牌价值已超过700亿美元,是世界第一品牌。拥有百年历史的可口可乐,品牌一直是它最重要的资产。2001年,美国《商业周刊》将其评选为全球价值最高的品牌。中国也成为可口可乐的全球第五大市场。

但是,就在可口可乐如日中天之时,竟然有另外一家同样高举"可乐"大旗,敢于向其挑战的企业,它宣称要成为"全世界顾客最喜欢的公司",并且在与可口可乐的交锋中越战越强,最终形成分庭抗礼之势,这就是百事可乐。百事品牌从1898年诞生至今已有100多年历史,其间也曾濒临破产,惨淡经营,但终归还是能化险为夷,大步前行,迎来今日的辉煌。百事品牌的理念是"渴望无限",倡导年轻人积极进取的生活态度。百事可乐的广告也全部以时尚新潮的青年或者运动人士为诉求重点。"百事的一代其核心在于针对青少年,选择他们作为攻坚点,而这也是可口可乐的软肋。"

资料来源:豆丁网.百事可乐大战可口可乐:《市场营销》案例分析[EB/OL].(2020-05-24).http:www.docin.com/p-1603284479.html.

从上述案例可以看出,两家可乐生产商为占有市场份额绞尽脑汁,竞争异常激烈。那么,市场竞争的激烈程度是由什么决定的呢?企业的竞争对手究竟在什么地方?企业该如何制定自己的竞争战略呢?

一、竞争者

竞争者是指那些与自己具有相同目标顾客或提供相同(类似)产品(服务)的企业。竞争者之间通过用各种方式争夺消费者来完成各自的战略目标。一般情况下竞争者可以分成以下四类:

(一)品牌竞争者

品牌竞争者是指在行业内部以相似价格向相同顾客提供相同产品或服务的企业。由于品牌几乎是区分产品或服务的唯一因素,所以这类竞争对手是企业的主要竞争对手,如可口可乐与百事可乐、国美与苏宁。

(二)行业竞争者

行业竞争者是指向市场提供同种或同类产品的企业,其所生产的产品档次、规格、款式与本企业是有差异的,如蒙牛乳业的行业竞争对手是所有生产奶制品的企业。

(三)形式竞争者

形式竞争者是指向消费者提供不同种类产品或服务,但其产品或服务满足消费者同种需要的企业,如航空公司、铁路客运公司、长途客车汽运公司都可以满足消费者的出行需要,它们互为形式竞争者。

(四)一般竞争者

一般竞争者是指提供不同种类产品,满足消费者不同需要,但目标客户群相同的企业。这是因为消费者每年的可支配收入是固定的,当人们的收入水平提高之后,是选择出行旅游,还是购买汽车,抑或是购买房产呢？为相同收入阶层准备产品或服务的企业就成了竞争对手。

二、竞争者分析

案例4-6

"只要比你快"

二人爬山,路上见老虎来,一个人立即蹲下来绑鞋带,另一个人笑话他:"难道你能够比老虎跑得快？"另一个人说:"不,我不用比老虎快,我只要比你快就好了！"

许多人不知道竞争"目标"何在,故不能掌握工作或生活上的重点。不能掌握重点,则会浪费时间、精力、金钱等。企业只有把握竞争的重点,才能在市场竞争中战胜对手,获得生存与发展。

竞争对手对企业而言,有利有弊。一方面,竞争对手总在与自己争夺客户,抢占有限的市场份额,降低行业的盈利水平,所以许多企业都将竞争对手视为一种威胁。另一方面,竞争对手迫使企业增强变革动力,为市场提供差异化产品或服务,有利于企业扩大整个市场占有率等。所以企业必须正确对待竞争对手,应该关注如何更好地参与市场竞争并使自己在市场竞争中拥有优势,也应该积极寻求与竞争对手的良性合作。一旦确定了竞争对手,需要对竞争对手作以下四个方面的分析:

(一)竞争对手的营销目标和战略

企业在营销活动中所承担的营销任务不同,营销目标也不尽相同。然而不管企业的营销目标如何,终会形成一定的目标体系,并且在实际操作中显示出来。对市场竞争者营销目标的分析,有助于企业了解自己的市场地位和财务状况,从而可以推断竞争对手是否会改变营销战略,帮助企业提高对外部营销环境变化的反应能力。比如,一个注重销售稳步增长的企业和一个对保持投资回报率感兴趣的企业,两者对某种市场下降趋势或对于某个企业市场占有率增加的反应可能会完全不同。当竞争对手为了达到关键营销目标而采取战略行为时,企业必须认真对待,及时调整自己的营销战略。

(二)经营状况和财务状况分析

包括竞争对手在长期和短期营销业绩之间的权衡,以及在利润和收入增长之间的权衡,竞争对手在获利能力、市场占有率、销售增长率、风险期望水平等因素之间的权衡,等等。

(三)技术经济实力分析

包括竞争对手各职能部门的实力如何？竞争对手的最佳能力在哪个部门？最薄弱

环节在何处？随着企业发展,竞争对手具体能力的发展趋势如何？竞争对手是否存在潜在的能力？这种能力发展的潜能在何处？竞争对手在人员、技能、营销能力、财政方面能承受的增长速度和幅度如何等。

（四）领导者和管理者背景分析

包括竞争者是否想成为市场领导者、行业的发言人、行业标新立异者、技术领导者？竞争者是否重视产品开发和产品质量？竞争者是否对营销地区有特殊偏好？经营理念是否成为全体员工的行为指南？是否存在已成为企业惯例化行为的特定营销战略或职能方针,等等。

三、市场竞争者地位分析

企业依据自己在行业所处的地位,通常会选择不同的竞争方式。在一个不完全竞争的市场上,根据企业的市场地位不同,一般可分为四种不同的类型,每种类型的企业可以选择不同的营销策略。

（一）市场领导者分析

市场领导者是指在特定市场中占有较高的市场份额,在价格变动、技术革新、新产品开发、分销渠道的控制、促销力量等方面起着领导作用的企业,它既是市场竞争的先导者,也是企业挑战、模仿和逃避的对象,消费者对其品牌的忠诚度高。如我国洗衣机行业的海尔公司、空调行业的格力公司等。企业为了维持自己的竞争优势,保持领先地位,应注意以下三个方面：一是扩大市场总需求；二是保护市场占有率；三是提高市场占有率。

1. 扩大市场总需求

当一个产品的市场需求量扩大,会有益于整个行业的所有经营者,但由于市场领导者所占市场份额最大,所以该企业就会受益最大,故而处于市场领导者地位的企业会急于扩大市场总需求,常用的方法有：发现新用户、开辟产品新用途、增加产品使用频率和使用量。

（1）发现新用户

每一种产品在市场上都有增加新用户的潜力,企业可以通过开发新用户来扩大需求量。作为一种产品,可能潜在消费者对该种产品了解不够或产品的功能还有一定的缺陷以及企业的广告宣传不到位、分销网络不够完善、产品的定价不合理等,都会让消费者对产品的了解不够透彻。企业可以从以下三个方面入手：

第一,市场渗透。市场渗透是指通过一系列的方式方法,使目标市场中的潜在消费者成为现实的消费者。如移动公司和联通公司尽力劝说那些未使用手机的消费者购买手机,并使用它们的通信网络。

第二,开拓新市场。开拓新市场是指将产品打入新的细分市场,以此来扩大总市场。如我国"黄金搭档"保健品开发了适合儿童使用的儿童型"黄金搭档",满足许多家长调节儿童饮食习惯的需要,从而进一步提高市场的销售份额。

第三,地理扩张。地理扩张是指企业寻找尚未使用本产品的地区并把产品推向该地区。我国家电市场发展较为完善,国内的市场竞争日益激烈,许多彩电企业都把市场从国内转向国际,如康佳、创维彩电进入欧洲市场,既打开了欧洲市场,又摆脱了国内市场恶性竞争的局面。

(2) 开辟产品的新用途

企业可以通过开发产品的新用途来扩大市场总量,使产品保持畅销。如德国拜尔公司的阿司匹林药品从退烧功效发展到预防心脏病功效,增加了药品性能;我国海尔公司了解到四川德阳市的部分消费者使用洗衣机洗红薯时造成了下水管堵塞,而开发出一种既能洗衣服,又能洗水果、蔬菜的多用洗衣机——"小神童水果、地瓜洗衣机",短期内迅速占领市场,扩大了销售量,取得了很好的效果。

(3) 增加使用频率和使用量

提高消费者对产品的使用频率或使用量是扩大市场需求的一种销售手段。在我国牙膏市场中,厂家借用牙医专家建议,在包装盒上打出"消费者每天至少要刷两次牙,早上一次,晚上一次"的广告语;并且加大牙膏挤出口,这一切都极大促进了牙膏的使用量。同时也有牙刷厂家借助这种策略,如扬州明星牙刷有限公司在产品包装上使用了牙医建议,即"每3个月应更换一次牙刷",从而达到了提高消费者购买频率的极好效果。

2. 保护市场占有率

处于市场领先地位的企业,在力图扩大市场总需求的同时,必须时刻防备竞争者的挑战,保卫自己的市场阵地。作为市场领导者的企业,如何才能防御竞争者的进攻呢?企业要想使自己立于不败之地,不仅要加快企业创新的步伐,更要培育大量忠诚的顾客群。企业不能被现状所束缚,必须加快技术革新和产品创新,提高产品的质量性能,提高企业的服务水平,加快企业分销渠道建设和管理,降低企业总的生产成本,提高企业的整体竞争力。企业不仅要抓住竞争对手的弱点主动出击,还要集中力量确保自己的"主阵地"不受攻击,这才是至关重要的。处于市场领导者地位的企业,常用的防御战略有以下六种:

(1) 阵地防御

阵地防御是指企业在现有的主营产品或服务的周围建立防线,并根据竞争对手可能采取的进攻战略而制定的一种预防性战略。阵地防御并不能作为防御的唯一形式,这只是一种静态防御方法,若单纯依赖这种防御战略,可能会导致企业形成一种"市场营销短视症",看不到市场的变化。20世纪初,美国的亨利·福特汽车公司因为固守"T"型车阵地,使得年盈利10亿美元的公司濒临破产。企业应加强业务创新,采用多元化经营,如我国的白酒厂家中,茅台酒厂和五粮液酒厂都采用不仅生产高档酒,同时也生产中、低档酒的策略,扩大企业的影响面。

(2) 侧翼防御

侧翼防御是指处于市场领导者的企业在自己的主阵地外,建立相应的防御前沿阵地,或在必要时将其作为反攻基地。现在我国的许多超市都生产和售卖自己的冷冻食品和速食食品,防止快餐业的冲击,并逐渐向社区转型,以适应不同消费者的需要。

(3) 先发制人

先发制人是指在竞争对手尚未构成威胁或进攻前主动采取措施进行攻击,以此来削弱或击垮竞争对手,这是一种以攻为守的战略。"进攻是最好的防御",我国许多企业总是力求在竞争对手未做出重大措施之前抢先推出新型产品。例如,海尔公司在水用洗衣机市场上,先后推出不同种类、型号的洗衣机,特别是"不用洗衣粉的洗衣机"更让竞争对手望尘莫及;奇瑞汽车公司在家用小汽车上,通过降低生产成本,不断降阶,来确立自己的竞争优势。

(4) 反击防御

反击防御是指处于市场领导者地位的企业受到竞争对手攻击后采取反击的战略。反击防御时,企业可同时采用正面进攻、侧翼进攻及"钳式"进攻等策略。处于市场领导者地位的企业拥有雄厚的资金实力和较强的品牌影响力,在对手进攻自己的主阵地时,会立即向对方主阵地发起进攻。如我国康佳电视在向四川市场发动进攻时,长虹电视也进攻广东市场,让康佳把营销重心重新放回广东从而保卫自己原有的重要市场,这也是"围魏救赵"的策略。

(5) 运动防御

运动防御是指处于市场领导者地位的企业不仅要保护好目前的阵地,而且还要扩展新的市场领域,并作为未来防御进攻的中心。主要有以下两种方式:

第一,市场扩大化。就是企业将其注意力从目前的产品转移到有关该产品的其他基本需要,以及与该需要相关的科学技术上。如把石油公司看成能源公司就意味着该企业的市场范围扩大了。美国壳牌石油公司,不仅注意与石油的相关市场,而且将目标转向利用风能、太阳能和天然气运输等相关能源市场,并取得了成功。

第二,市场多角化。就是企业向与现行产品和服务无关的其他市场扩展,多角化经营。如我国巨人集团在20世纪90年代,不仅从事电脑设计开发、生产,同时还从事房地产和脑白金保健产品的开发。

(6) 收缩防御

无论何种企业,即使是处于市场领导者地位的企业也不能在所有阵地上进行全面防御,因为,防御成本太高,会拖垮企业,同时不同的竞争对手在不同的阵地展开进攻,企业是无法一一对付的。此时企业的明智之举,应是以退为进,主动放弃一些较为疲软的市场,集中力量在一些主要阵地上。

3. 提高市场占有率

在企业单位产品利润率不变的情况下,企业的利润会随市场占有率的提高而增加。所以,处于市场领导者地位的企业总是设法通过提高企业的市场占有率来增加企业收益,保持自身的成长和领先地位。对于企业而言,市场占有率是与投资收益率紧密相关的一个变量,市场占有率越高,投资收益率也越大。市场占有率高于40%的企业其平均投资收益率将达到30%,相当于市场占有率低于10%企业的3倍。所以,许多企业会尽力抢占市场占有率。如我国国美、苏宁、五星等几家电器企业,都在设法扩大规模和数量,以求在行业中占据更大的市场份额,从而获取较高的收益率。

但是,企业不能盲目提高市场占有率,还应注意以下三个因素:

(1) 经营成本

在一定范围内,企业的利润会随市场占有率的增加而增加;但超过一个限度,企业利润会随市场占有率的增加而降低,此时经营成本就会过高,即用于提高市场占有率的费用会增加很多。国际上普遍认为,市场占有率为50%是企业的最佳选择。

(2) 反垄断法规

国家为维护自由竞争,总是采取一些法规来制止那些市场占有率过高的企业,如美国微软公司就因在全球计算机操作系统所占市场份额太高经常遭到起诉。

(3) 营销组合策略

企业为提高市场占有率,采用了不同的营销组合策略,如降低产品价格、提高促销费用、加大分销费用、提供更多的服务项目和较高的服务质量等,结果可能导致支出成本过高,虽市场占有率增加,但利润却下降了。

总之,处于市场领导者地位的企业必须既要善于扩大市场需求总量,又能保护自己的市场阵地,并在保证收益增加的前提下,提高市场占有率,长期占据市场领导者的地位。

(二) 市场挑战者分析

市场挑战者是指那些紧随市场领导者,并在市场上处于次要地位(第二、三甚至更低地位),但又具有攻击性、紧随市场领导者能力的企业。这些处于次要地位的企业可采取两种战略:一是争取市场领先地位,向竞争者挑战,即市场挑战者;二是安于次要地位,在"共处"的状态下求得尽可能多的收益,即市场跟随者。市场挑战者不仅会攻击市场领导者,还会攻击与自己实力相当的竞争者,甚至可能攻击小企业以夺取它们的市场。作为市场挑战者,攻击市场领导者是为了夺取更大的市场份额,并且取而代之;攻击与自己实力相当的竞争者和小企业是为了壮大自己,增强自身实力,为攻击市场领导者做好准备。市场挑战者常用的进攻策略有以下五种:

1. 正面进攻

正面进攻是集中全力向对手的主要市场阵地发动进攻,即进攻对手的强项而不是弱项。在这种情况下,进攻者必须在产品、广告、价格等主要方面优于对手,才有可能成功,否则不可采取这种进攻战略。正面进攻的胜负取决于双方力量的对比,更是企业综合实力的较量。正面进攻的另一种措施是投入大量资金用于产品研究与开发,并采取各种措施降低产品成本,以相同的产品、较低的价格向对手发动进攻。这种策略以企业投入大量资金为前提,一旦竞争对手的防御能力较强时,企业可能会面临危险的局面。

2. 侧翼进攻

侧翼进攻就是寻找对手的弱点,并集中优势力量攻击该弱点。再强大的企业也有其防守的薄弱环节,市场挑战者可采取"声东击西"的战略,佯攻正面,实际攻击侧面或背面。侧翼进攻可分为两种情况:一是地理性侧翼进攻,即在全国或全世界寻找对手力量薄弱地区,发动攻击;二是细分性侧翼进攻,即寻找竞争对手尚未为之服务的细分市场,通过研究和开发,在这些细分市场上迅速填空补缺。这种策略对市场挑战者而言,风险较小且成功的机会较大。

3. 包围进攻

包围进攻是一个全方位、大规模的进攻战略,即在多个领域同时发动进攻,以夺取竞争对手的市场。与竞争对手相比较,市场挑战者必须具有绝对的资源优势、周密的进攻方案,方可采用这种战略。

4. 迂回进攻

这是一种最间接的进攻战略,即避开竞争对手的现有业务领域和现有市场,进入被对手忽视的业务领域和市场,努力经营壮大企业实力。具体做法有三种:一是发展和竞争对手业务无关的产品,实行产品多角化经营;二是以企业现有产品进入竞争对手尚未进入和占据的地区市场,实行市场多角化经营;三是运用新技术、新原料、新工艺生产新产品,取代现有产品。当市场挑战者在高新技术行业发展时,要避免简单的模仿和进攻,应逐步形成自己的技术优势,等待时机向竞争对手发起攻击,这样,成功的概率就会增大。

5. 游击进攻

这种战略主要适用于规模较小、力量较弱的市场挑战者。游击进攻是向竞争对手的有关领域和市场发动小型的、间断性的进攻,干扰对手的士气,力图长久占据这个市场。这是小企业向大企业发起的攻击,因为他们无力发动正面进攻或有效的侧翼进攻。

市场挑战者的进攻战略是多样的,一个挑战者不可能同时运用所有这些战略,但也很难单靠某一种战略取得成功。通常是设计出一套战略组合即整体战略,借以改善自己的市场地位。但是,并非所有居于次要地位的企业都可充当挑战者,如果没有充分的把握,不要贸然进攻领先者,最好的策略是跟随而不是挑战。

(三)市场跟随者分析

市场跟随者是指在目标市场中占有一定的市场份额,在产品、技术、价格、渠道等方面跟随市场领导者的企业。在很多情况下,市场领导者和挑战者为迅速占领市场,率先开发新产品,承担了信息收集和市场开发所需的大量经费,市场跟随者往往坐享其成,减少了支出,降低了风险。市场跟随者与挑战者不同,它不是向市场领先者发动进攻并图谋取而代之,而是跟随在领先者之后自觉地维持共处局面。这种"自觉共处"状态在资本密集且产品同质的行业(钢铁、化工等)中是很普遍的现象。在这些行业中,产品的差异性很小,但价格敏感度高,随时都有可能发生价格竞争,结果导致两败俱伤。因此,这些行业中的企业通常彼此自觉地不互相争夺客户，不以短期的市场占有率为目标，而是效法市场领先者，为市场提供类似的产品，确保市场占有率相对稳定。

当然，市场跟随者也不是被动地单纯追随领先者，它必须找到一条有利于自身发展而又不致引起竞争性报复的道路。主要有以下三种跟随战略：

1. 紧密跟随

紧密跟随是指企业在各个细分市场，以及产品、价格、广告和分销等市场营销组合方面，尽可能仿效领先者，不做任何改革和创新。这种跟随者有时好像是挑战者，但只要它不侵犯领先者的主要阵地，两者就不会发生直接冲突，有些甚至被看成是靠拾取领先者的"残余"谋生的寄生者。有些紧密跟随者甚至发展成"伪造者"，专门制造赝品。国内外众多知名企业都受到赝品的困扰，应该寻找行之有效的打击方法。

2. 距离跟随

距离跟随是指企业在主要方面模仿追随领导者，但是在产品包装、产品价格和广告等方面都仍与领先者保持差异。这种策略使跟随者对市场领导者构不成威胁，从而避免领导者的报复，使自己保持稳定的市场占有率；同时这种跟随者可通过兼并小企业而使自己发展壮大。

3. 选择跟随

这种跟随者在某些方面紧跟市场领导者，而在另一些方面又自行其是。也就是说，它们先接受市场领导者的产品、服务和营销战略，但它又不是盲目跟随，而是择优跟随，在跟随的同时发挥自己的独创性进行改进，不直接与市场领导者竞争。这类跟随者有些可能发展成为潜在挑战者。

虽然追随战略不冒风险，但是也存在明显的缺陷。一般情况下，市场份额处于第二、第三以后位次的企业与第一位的企业在投资报酬率方面有较大的差距。

（四）市场补缺者分析

在现代市场经济条件下，每个行业都有些小企业，他们专心关注市场上被大企业忽略的某些细小部分，在这些小市场上通过市场经济经营来获取最大限度的收益，也就是在大企业的夹缝中求得生存和发展。这种有利的市场位置在西方被称为"Niche"，即补缺基点。所谓市场补缺者，是指精心服务于总体市场中的某些细分市场，避开与市场领导者的竞争，通过发展独有的专业化经营来寻找生存与发展空间的企业。市场中较小的空缺位置不仅对小企业有重要意义，对大企业中相对独立的小部门也有意义。

一个理想的"补缺基点"应具有以下特征：有足够的市场潜力和购买力；利润有增长的潜力；对主要竞争者不具有吸引力；企业具备占有此补缺基点所必要的能力；企业既有的信息足以对抗竞争者。

作为市场补缺者要完成三个任务：创造补缺市场、扩大补缺市场、保护补缺市场。专业化经营是实施市场补缺战略的关键。一般市场补缺者的实力较弱，一旦竞争者入侵或目标市场顾客的消费习惯发生变化，企业就会陷入困境。所以，市场补缺者要争取不断创造多种利基市场,而且在多种利基市场上谋求发展,只有这样,才能避免风险,增加生存机会。

第四节 市场营销竞争战略选择

企业了解竞争环境、摸清市场竞争者的情况,分析企业自身的竞争能力等,其目的是要争取竞争优势。根据企业的营销目标、营销环境、营销资源及企业在目标市场、竞争性行业市场中的地位所确定的竞争战略,能恰当地促进企业制造和保持竞争优势,争取有利的市场地位,从而帮助企业实现营销目标。

为体现和保持自己的竞争优势,做到"比竞争对手更有效地满足市场需求",使自己的企业发挥核心优势,迈克尔·波特提出了三种基本的竞争战略:总成本领先战略、差异化战略和集中战略。

一、总成本领先战略

总成本领先战略是企业努力发现和挖掘所有的资源优势,强调规模生产和出售标准化的产品,在行业内保持整体成本领先地位,从而以行业最低价格为其产品定价的竞争战略。企业在保证产品和服务质量的前提下,通过有效途径不断降低成本,使企业的成本低于竞争对手的成本,使自己的产品价格低于竞争对手的价格,以迅速扩大的销售量提高市场占有率。

利用追求规模经济、专利技术、原材料的优惠待遇等途径,形成企业在同行业中的低成本优势。如果一个企业能够取得并保持全面的成本领先地位,那么它只要能使自己的价格相等或接近行业的平均价格水平,这种低成本优势就会转化为企业的高收益。

当然,对于一个成本上占领先地位的企业而言,在不断降低成本的同时还必须重视自己产品和服务的相对质量。如果企业一味地追求低成本而致使消费者失去了对企业产品和服务的信任度,那么企业所依赖的成本领先优势将无法让其取得满意的市场占有率,于是企业必须进一步提高降价幅度,然而这种实际营销状况已经抵消了原有成本优势给企业带来的竞争优势。

案例4-7

格 兰 仕

对格兰仕而言,降低成本的最有效方式是扩大规模。从生产的角度看,微波炉生产中重要的原材料和元器件采购成本都会随生产规模的扩大而迅速下降,加工成本和平均固定成本也会降低。于是,生产1万~10万台微波炉时,规模经济最为明显,单台成本可以降低20%以上；生产10万~50万台时，单台微波炉的生产成本可以降低15%左右；生产50万~100万台时，单台微波炉的生产成本可以降低10%左右；达到100万台之后，规模经济就不太明显了。而从销售角度来看，100万台以上规模效益则更显著，因为其销售渠道的维护费、品牌推广的费用将被分摊。

顺利实施总成本领先战略，一般要具有以下三个前提条件：

第一，企业具有很好的金融信誉和融资渠道。

第二，市场上的产品或服务基本上是标准化的，而且产品或服务差异化的途径并不多。

第三，企业具有获得低成本的优势。但降低成本的方法难以模仿，企业可以通过以下三种控制渠道进行成本控制，即采购控制、生产控制、分销渠道控制。

总成本领先战略是许多公司抢占市场的有效手段，但它存在一定的缺陷，公司在运用该战略时可能会危及企业自身的生存发展。总成本领先战略的风险很大，其主要风险往往来自于以下四个方面：

一是总成本领先战略的实施需要大量资金。总成本降低的一个重要手段是实现规模经济，这时企业须将大部分资金用于投资设备、厂房，扩大生产规模，提高生产效率。

二是现有技术变革及生产流程和工艺的改进会使竞争对手以更低的成本提供产品和服务，公司原本凭借较高投资获得的成本优势立刻消失殆尽，让自己处于不利的竞争地位。

三是由于公司追求低成本，可能会忽视顾客需求及市场趋势的变化，使得产品或服务过于平淡而无法吸引顾客，从而使顾客转向一些具有差异化、质量更高、价值更高，甚至价格更高的产品或服务，企业的销量和利润都会下降，使低成本优势失去意义。

四是采用总成本领先战略的企业较多时，彼此间以价格战作为主要竞争手段，使整体市场利润空间降低，甚至导致长期亏本经营，让企业走向衰亡。

二、差异化战略

企业向顾客提供的产品或服务与其他竞争者不同，从而使企业建立起独特竞争优势的一种战略。独特性可表现在技术、品牌形象、附加特性、特色服务、营销活动等方面。以独特性强化产品的特点，可使消费者产生兴趣，消除价格的可比性，增加消费者价值，使消费者愿意支付较高价格来购买产品或服务。

采用差异化战略的企业，利用产品设计、使用功能、外观、包装、品牌、服务、推销方式等途径，形成在同行业中别具一格的企业形象。如果一个企业能够取得并保持自己的差异化优势，并使消费者乐意接受其产品和服务的较高价格，那么这种价格便足以弥补其形成自身特色而发生的额外成本。

需要注意的是，想要充分发挥差异化战略的竞争优势，企业必须注意在形成自身独特性的同时，关注竞争对手的成本。企业既要争取市场对其独特性的认可，又要使自己的成本尽可能降低。

企业要取得差异化战略的成功,应当重视以下五个前提条件:

① 企业须加强创新观念,培育企业的核心竞争力。

② 目标市场上顾客的偏好具有多样化的特征,标准化的产品难以完全满足,同类的竞争对手也没有能力完全满足。

③ 将顾客的注意力主要集中于差异化的产品或服务特色,降低顾客对价格的敏感度。

④ 加大企业形象和知名度的宣传,培养顾客的忠诚度,使顾客认可产品或服务的差异化特征,并认为产品或服务的特色是有价值的。

⑤ 公司所实现的产品或服务的差异化特征必须与竞争对手的同类产品或服务有着明显的、顾客容易辨识的区别度,并且公司产品或服务差异化的特征和方式不易被竞争对手模仿和复制。

企业实施差异化战略应该考虑价值链的活动,认识到价值链活动的任何一个环节都有创造差异化的可能性。常见的差异化途径有:产品差异化、服务差异化、渠道差异化、采购差异化、制造差异化、形象差异化等。

企业实施差异化战略时,会出现以下几种问题:

① 差异化战略与高市场份额有时是相互矛盾的。企业为保持产品或服务的差异化,要不断革新,就需要放弃较高的市场份额目标。

② 差异化战略的成本较高。企业在实行差异化的过程中,需要做好广泛的市场调研、产品开发、高质量的原料采购和争取顾客的认可,这些成本较高。

③ 信息交流的加速,可能会使得竞争对手竞相模仿,甚至会推出更具特色的产品,使企业原有优势丧失。

④ 企业实施差异化战略时所付出的成本通过产品或服务转移到消费者身上,但随着整个行业技术的提高,产品或服务的特色已不再是竞争优势时,消费者的偏好会发生改变,企业面临的风险很大。

三、集中战略

集中战略是指通过集中企业力量为一个或几个细分市场提供有效的服务,充分满足一部分消费者的特殊需要,以争取局部竞争优势的竞争战略。

企业采取集中战略,可以完善自身适应目标市场的能力,力争在局部市场上拥有全面的竞争优势。集中战略的运用既可以着眼于企业目标市场上的成本优势,在某些细分市场上成本领先而争取竞争优势;又可以着眼于企业市场上的差异化优势,从满足特定市场消费者的需求中获利。事实上,在一般的市场范围中都会存在部分未能得到满足的消费需求,而集中战略就是帮助企业专门致力于为这部分市场服务,从而在与竞争对手目标市场的差异中获得竞争优势。例如,美国劳斯莱斯公司设计生产高级轿车,只供应那些事业有成的人士。尽管公司所聚焦的目标市场的范围和规模并不大,但由于公司可以集中精力向特定的顾客提供更好的产品和服务,因而公司可以赢得局部竞争优势。

实施目标集中战略获得竞争优势的前提条件在于：

① 公司花在所服务的特定细分市场上的成本比竞争对手更低，由此建立局部市场的低成本优势。

② 公司可以向特定细分市场的顾客提供特殊的产品和服务，以满足他们的特殊要求，即建立差异化优势。

无论是基于低成本，还是基于差异化，公司的集中战略在下列情况下会更具吸引力，同时也更容易获得成功：

① 公司所聚焦的细分市场够大，而且具有较大的增长潜力，能够保证公司的盈利。

② 整个行业中有很多小的细分市场，没有一家公司具备足够的资源和能力进入整个市场中更多的细分市场。

③ 公司具备服务特定目标市场所需要的资源和能力。

④ 公司可以通过集中战略建立起的竞争优势，构筑一定的壁垒，以防御行业中的挑战者和潜在进入者。

⑤ 公司所聚焦的目标市场不是行业中主要竞争者的重点市场，而是被主要竞争者们忽视的市场，或者是公司在这一特定的细分市场并没有很强的竞争对手。

第五节 分析工具

案例 4-8

2015年全面战略讯息：投资人不能不知的上汽

中国上汽集团是世界500强企业，2015年，该集团的战略动态如下：

（1）上汽集团互联网汽车将于2016年投放市场，实施"新能源+互联网+X"战略

上汽集团与阿里巴巴合作推出的互联网汽车将在2016年10月投放市场。自主品牌和新能源汽车是上汽集团发展的两大重点方向。在2015年6月18日举行的2014年度股东大会上，上汽集团董事长陈虹透露，上汽集团自主品牌仍将定位为中高端市场，到2017年年底，上汽将推出13款自主品牌新车，其中包括4款新能源汽车，满足消费升级等的市场新要求。

（2）上汽集团已推出多元化发展战略，"新能源+互联网+X"战略将进一步深化

在对外合作的基础上，上汽集团也将推进自己的"跨界"战略。陈虹称，上汽同时在思索通过车辆入口建立自己的大数据平台等。

(3) 上汽打造全球"创新链",12个硅谷风投项目已在评估

上汽成立了前瞻技术部,在美国硅谷设立了风投公司,并推出相关创新基金。据悉,上汽集团还将"容错机制"写入了公司章程,并制定了具体的《创新项目容错管理办法》,以系统的制度和流程来保障容错机制的实施和效果。

(4) 上汽转型:"新"字当头

新常态指明新方向,谈及上汽未来发展方向时,陈志鑫形象地用"两条腿走路"作喻:"一条腿是合资合作,包括与大众、通用等跨国集团合作;另一条腿是自主品牌,包括荣威、MG等。需要强调的是,两条腿缺一不可。"

(5) 上汽集团欲重构话语权,更名计划启动

2015年6月12日,上海通用汽车有限公司发布公司名称变更通知函称,"因公司业务发展需要,上海通用汽车有限公司及其子/分公司将对其公司名称进行变更"。变更后的公司名称为"上汽通用汽车有限公司",从2015年7月1日起开始启用。

(6) 上汽集团打造全产业链,上汽集团金融是新增长点

上汽通过打造多元化的产业链来全面提升旗下自主品牌的竞争力。早前,上汽集团宣布成立金融事业部,其副总裁、财务总监谷峰被任命为上汽金融事业部总经理,同时被任命的还有金融事业部副总经理吴珩等10多名中高层管理人员。

(7) 上汽集团新一轮500MW分布式光伏发电项目建设启动

在监测、运维等系统中将充分运用互联网技术,使每个发电模块都可同步显示在监控平台和安装相应App的手机移动终端上。通过数据分析,可寻找最佳的设计运营维护方式。该项目是上汽集团整体500MW分布式光伏项目建设的"第一仗"。还将有江苏仪征和无锡、上海金桥和临港、山东烟台等一系列大体量的光伏项目等待开建。

资料来源:东方财富证券.上汽集团2015年全面战略讯息:投资人不能不知的上汽[EB/OL].(2015-06-27).http://guba.eastmoney.com/news,600104,180837941.html.

一、波特五力模型

波特五力分析模型(Michael Porter's Five Forces Model),又称波特竞争力模型,如图4.5所示。该模型是哈佛大学商学院的Michael E.Porter于1979年创立的用于行业分析和商业战略研究的理论模型。这五种力量决定了该行业现在以及未来竞争的激烈程度。竞争的五种主要来源是:供应商的议价能力、购买者的议价能力、新进入者的威胁、替代品的威胁和行业内现有竞争者的竞争。一种可行竞争战略的提出首先应该包括确认和评价这五种力量,不同力量的特性和重要性因行业和公司的不同而变化。

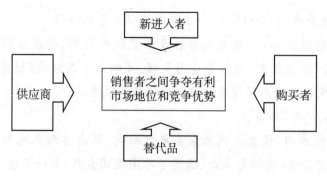

图4.5 波特五力分析模型

(一)供应商的议价能力

作为供应者,可以通过提高产品或劳务的价格、降低售出产品或提供劳务的质量的方式对采购方企业形成威胁,并以此作为议价的资本,迫使采购方无法降低采购成本。但是这样企业的产品要么无价格优势,要么无质量优势,从而影响企业在市场的竞争能力。供应方的议价能力较强,可能会有以下几种原因:① 供应商企业的产品具有一定特色,以至于购买者难以找到替代品;② 供应方是由几个大公司共同控制,且形成集团联盟,共同协作,从而对购买者形成重大要挟,如石油市场;③ 供应方具有比较稳固的市场地位,其产品市场占有率高,而购买者所需产品较少,每个单一购买者都不可能成为供方的重要客户,或购买者所需产品非供应方的主营业务。

(二)购买者的议价能力

现在绝大部分产品市场均属于买方市场,购买者主要通过压低价格和要求卖方提供较好的产品或较高的服务质量,来影响行业中现有企业的盈利能力。为此购买者常通过各种手段要求供应同类产品的企业相互竞争,为自己争取更多的利益。消费者的需要常迫使企业采取压低价格或投入大量资金研发特色产品等措施加大自己产品的竞争优势,从而降低了企业获利的空间。目前我国家电类企业就存在着这种情况,各供应企业相互倾轧,争取生存空间,获利能力逐渐下降。一般来说,满足如下条件的购买者可能具有较强的议价能力:购买者的总数较少,但每个购买者的购买量较大,占了卖方销售量的很大比例;卖方行业由大量相对来说规模较小的企业所组成;购买者所购买的基本上是一种标准化产品,可同时向多个卖主购买产品且资金充足。

(三)新进入者的威胁

行业的新进入者在给行业带来新生产能力、新资源的同时,也希望在现有企业服务的市场中分一杯羹,这就有可能会与现有企业发生竞争。比如,原材料竞争与市场份额的竞争,最终使行业中现有企业盈利水平降低,严重的话,还有可能危及这些企业的生存。

行业新进入者的威胁严重程度取决于两方面的因素：一是进入本领域的障碍（行业壁垒）大小，二是现有企业对于进入者的反应情况。进入障碍主要包括规模经济、产品差异、资本、转换成本、销售渠道开拓、政府行为与政策（如国家综合平衡统一建设的石化企业）、不受规模支配的成本劣势（如商业秘密、产供销关系、学习与经验曲线效应等）、自然资源（如冶金业对矿产的拥有）、地理环境（如造船厂只能建在海滨城市）等方面，其中有些障碍是很难借助复制或仿造的方式来突破的。现有企业对进入者的反应情况，主要是指采取报复行动的可能性大小，这取决于有关厂商的财力情况、报复记录、固定资产规模、行业增长速度等。总之，新企业进入一个行业的可能性大小，取决于进入者主观估计进入后所能带来的潜在利益、所需花费的代价与所要承担的风险这三者的相对大小情况。

（四）替代品的威胁

替代品是具有相同功能或类似功能的产品。两个处于不同行业中的企业，可能会由于所生产的产品可互为替代品，从而产生相互竞争行为。对于任何企业而言，替代品的价格往往会制约该企业产品价格的制定，从而削减企业的潜在利润空间。一旦价格更低、质量更好的替代品投放到市场，消费者就会考虑接受替代品，从而冲击现有产品。如电动摩托车因其使用成本低且环保，对原有燃油摩托车产生了威胁。

（五）行业内现有竞争者的竞争

对于特定市场而言，市场容量在特定时期是有限的，众多竞争对手想在该市场内争取更多的发展机会，抢占更大的市场份额，就会采取广告战、价格战，研发特色新产品，实施新的销售网络，增加更多的售后服务来吸引购买者。各企业竞争战略的目标都在于使自己的企业获得相对于竞争对手的优势，就必然会产生冲突与对抗的现象，这些冲突与对抗就构成了现有企业之间的竞争。一般来说，出现下列情况将意味着行业中现有企业之间竞争的加剧：① 行业进入障碍较低，势均力敌的竞争对手较多，竞争参与者范围广泛；② 市场趋于成熟，产品需求增长缓慢；③ 竞争者企图采用降价等手段促销；④ 竞争者提供几乎相同的产品或服务，用户转换成本很低；⑤ 一个战略行动如果取得成功，其收入相当可观；⑥ 退出障碍较高，即退出竞争要比继续参与竞争代价更高。在这里，退出障碍主要受经济、战略、感情以及社会政治关系等方面影响，具体包括：资产的专用性、退出的固定费用、战略上的相互牵制、情绪上的难以接受、政府和社会的各种限制等。

根据对上述五种竞争力量的分析，企业应尽可能地将自身的经营与竞争力量隔绝开来，努力从自身利益需要出发，通过影响行业竞争规则，先占领有利的市场地位，再发起进攻性竞争行动，来与这五种竞争力量分庭抗礼，以增强自己的市场地位与竞争实力。

二、SWOT分析法

SWOT分析法常常被用于制定集团发展战略和分析竞争对手情况，在环境战略分析中，它是最常用的方法之一。

（一）SWOT分析法的构成

SWOT是由strength（优势）、weakness（劣势）、opportunity（机会）、threat（威胁）四个英文单词的第一个字母组合而成。所谓SWOT分析法，就是对企业优势、劣势进行分析，发现机会，规避威胁，以采取有效的措施解决问题。优势和劣势是分析存在于企业内部的可以改变的因素；机会和威胁是指需要了解存在于企业外部的且无法施加影响的因素。

① 优势。优势是指企业优于其他竞争对手的地方。例如，比竞争对手的产品质量好、员工技术水平很高、地理位置非常便利等。

② 劣势。劣势是指企业较之竞争对手的弱点。例如，无法像竞争对手那样提供综合性的系列服务、没有足够的资金做广告等。

③ 机会。机会是外部环境变化趋势中对企业有利的因素。例如，附近没有类似的企业、产品逐渐成为主流等。

④ 威胁。威胁是外部环境变化趋势中对企业不利的因素。例如原材料价格上涨将导致商品价格上升、在这个地区有若干家相同的企业等。

值得注意的是，利用SWOT分析法分析问题时，不是简单地把每个因素相加后就能判断企业优劣势的大小和机会威胁的多少，而是注意这些因素在企业中的影响程度的大小。

一般来说，运用SWOT分析法是寻找四个方面中与企业营销决策密切相关的主要因素，通过SWOT分析，可帮助管理者制定四类战略，分别是优势-机会（SO）战略、劣势-机会（WO）战略、优势-威胁（ST）战略和劣势-威胁（WT）战略。如优势和劣势分析（SW）主要是着眼于企业自身的实力及其与竞争对手的比较。

（二）SWOT分析内容及步骤

运用各种调查研究方法，分析出公司所处的各种环境因素，即外部环境因素和内部能力因素。外部环境因素包括机会因素和威胁因素，它们是外部环境对公司的发展直接有影响的有利和不利因素，属于客观因素，一般归属为经济的、政治的、社会的、人口的、产品和服务的、技术的、市场的、竞争的等不同范畴；内部能力因素包括优势因素和弱点因素，它们是公司在其发展中自身存在的积极和消极因素，属于主动因素，一般归属为管理的、组织的、经营的、财务的、销售的、人力资源的等不同范畴。在调查分析这些因素时，不仅要考虑到公司的历史与现状，而且更要考虑公司的未来发展。

1. 企业的优势

一个企业的优势是指该企业相对于竞争对手而言所具有的良好的企业形象，完善的服务系统,先进的工艺设备,独特的经营技巧,稳定的市场地位,与买方、供方和企业员工之间诚信的协作关系以及企业所拥有的优势资源、技术、产品及其他特别的核心竞争力。

2. 企业的劣势

一个企业的劣势是指影响该企业经营效果和效率的不利因素和特征,例如,公司形象较差、内部管理混乱、缺乏明确的企业战略、缺少某些关键技能或能力、研究与开发工作滞后、设备陈旧、产品质量不高、成本过高、销售渠道不畅、营销技巧较差等,它能使企业在竞争中处于弱势地位。

3. 企业的机会

一个企业的机会是指从企业经营环境中可以获得的重大的有利形势,例如,出现新的细分市场、获得较快的市场增长、企业产品线的扩展、出现较多的新增顾客、竞争对手出现重大决策失误或因骄傲自满而停滞不前、企业实现纵向一体化、绕过有吸引力的外国市场的关税壁垒以及政府调控的变化、企业经营环境的变化、竞争格局的变化、技术的变化、客户和供应商关系的改善等。

4. 企业受到的威胁

一个企业受到的威胁是指环境中存在的重大不利因素,对企业经营发展产生约束力或障碍,如新的竞争对手的加入、市场发展速度的放缓、产业中买方或供应方的竞争地位的加强、政府政策的变化、关键技术的改变等都可以成为企业未来成功的威胁。与机会无处不在一样,对企业发展具有威胁作用的因素也一直存在。

在分析企业"机会"和"威胁"的同时,还应积极寻找与企业"优势"与"弱势"有关的问题加以解决。因此,在现代企业管理中,如何认清企业所面临的机遇与挑战、优势与弱势以及如何将威胁转化为机会,把弱势转化为优势,是每一个企业和企业管理者所必须认真思考且随时准备付诸行动的一个不容忽视的问题。

(三) 构建SWOT矩阵

将调查得出的各种因素根据轻重缓急或影响程度等排序,构造SWOT矩阵。在此过程中,将那些对公司发展有直接的、重要的、大量的、迫切的、久远的影响因素优先排列出来,而将那些间接的、次要的、少许的、不急的、短暂的影响因素排列在后面。

SWOT分析有四种不同类型的组合:优势-机会(SO)战略、劣势-机会(WO)战略、优势-威胁(ST)战略和劣势-威胁(WT)战略。

1. 优势-机会战略

优势-机会战略是一种发展企业内部优势与利用外部机会的战略,是一种理想的战略模式。当企业具有特定方面的优势,而外部环境又为发挥这种优势提供有利机会时,可以采取该战略。例如,良好的产品市场前景、供应商规模扩大和竞争对手有财务危机等外部条件,配以企业市场份额提高等内在优势可成为企业收购竞争对手、扩大生产规模的有利条件。

2. 劣势-机会战略

劣势-机会战略是利用外部机会来弥补内部弱点,使企业改变劣势而获取优势的战略。面对外部机会,由于企业内部的弱点而妨碍其利用该机会时,应先采取措施克服这些弱点。例如,若企业的弱点是原材料供应不足和生产能力不够,从成本角度看,前者会导致开工不足、生产能力闲置、单位成本上升,而加班加点会导致一些附加费用。在产品市场前景看好的前提下,企业可利用供应商扩大规模、新技术设备降价、竞争对手财务危机等机会,实现纵向整合战略,重构企业价值链,以保证原材料供应;同时,还可考虑购置生产线来克服生产能力不足及设备老化等缺点。通过克服这些弱点,企业可以进一步利用各种外部机会,降低成本,取得成本优势,最终赢得竞争优势。

3. 优势-威胁战略

优势-威胁战略是指企业利用自身优势,回避或减轻外部威胁所造成的影响的战略。如竞争对手利用新技术大幅度降低成本,给企业造成很大成本压力;同时,材料供应紧张,其价格可能上涨;消费者要求大幅度提高产品质量;企业还要支付高额的环保成本;等等,这些都会导致企业经营状况进一步恶化,使其在竞争中处于非常不利的地位,但若企业拥有充足的现金、熟练的技术工人和较强的产品开发能力,便可利用这些优势开发新工艺,简化生产工艺过程,提高原材料利用率,从而降低材料消耗和生产成本。另外,开发新技术产品也是企业可选择的战略。新技术、新材料和新工艺的开发与应用是最具潜力的降低成本的措施,同时它还可提高产品质量,从而回避外部威胁影响。

4. 劣势-威胁战略

劣势-威胁战略是一种旨在减少内部弱点,回避外部环境威胁的防御性技术。当企业存在内忧外患时,往往面临生存危机,降低成本也许成为改变劣势的主要措施。当企业经营状况恶化,原材料供应不足,生产能力不够,无法实现规模效益,且设备老化,使得企业在经营方面难以有大作为,这时将迫使企业采取目标聚集战略或差异化战略,以回避资本方面的劣势及其带来的威胁。

SWOT分析法运用于企业成本战略分析可发挥企业优势,利用机会克服弱点,回避风险,获取或维护成本优势,将企业成本控制战略建立在对内外部因素分析及对竞争势态的判断等基础上。企业应充分认识自身的优势、机会、弱点及正在面临或即将面临的风险,主要通过以下两种途径,即价值链分析和标杆分析。

(四)制订战略行动计划

在完成环境因素分析和SWOT矩阵的构造后,便可以制订出相应的行动计划。制订计划的基本思路是:发挥优势因素,克服弱点因素,利用机会因素,化解威胁因素;考虑过去,立足当前,着眼未来。通过系统分析,将各种环境因素相互匹配起来,并加以组合,得出一系列企业未来发展的可选择对策。表4.2就是某房地产企业SWOT战略分析情况。

表4.2 某房地产企业SWOT战略分析

	优势——S (1) 反应比较灵活,制定决策快速 (2) 整合资源能力强 (3) 比外来企业更能把握当地市场的客户心理 (4) 企业文化浓厚 (5) 聚集了一批房地产管理人才	劣势——W (1) 规模小,融资困难,开发实力弱 (2) 土地不能连续开发 (3) 企业研究开发意识较薄弱 (4) 研发经费投入不足 (5) 未形成有效的内部控制机制 (6) 管理的提升只停留在口号阶段
机会——O (1) 当地经济快速发展,增加了房地产需求 (2) 城市化进程与城乡一体化进程加快 (3) 商品房住宅存在大量需求缺口 (4) 国外黄金大量进入 (5) 外来企业的进入可以提高本土企业的管理开发能力	SO战略 (1) 充分利用整合资源的能力,反应比较灵活,制定决策快速,使城市化进程与城乡一体化进程加快[S(1),S(2),O(2)] (2) 抓住当地市场客户的心理,同意外来企业进入,提高本土的企业的管理开发能力,引入国外黄金的流入[S(3),O(4),O(5)]	WO战略 (1) 商品房的大量需求,带动土地的开发,改变企业的开发意识,使企业进入正常的开发轨道[O(3),W(2),W(3)] (2) 国外资金的流入和外来企业的管理开发能力的引进,使企业的开发实力变强,并有了足够的资金支持,改善了企业的管理开发能力[O(4),O(5),W(1),W(4),W(6)]
威胁——T (1) 大量业外企业进入房地产投资领域 (2) 人民币汇率提高使大量外国资本进入房地产领域 (3) 新一轮以品牌、资金、人才为焦点的房地产行业竞争展开 (4) 银行对房地产企业的贷款融资收紧 (5) 政策上倾向于大型房地产企业,致使中小企业面临出局的境地	ST战略 (1) 快速制定决策,聚集房地产管理人才和资金,进行房地产的投资和开发。[S(1),S(5),T(3),T(4)] (2) 浓厚的企业文化,强大的资源利用能力,在当地的房地产客户心中留下良好的印象,企业稳定发展[S(2),S(3),S(4),T(1),T(5)]	WT战略 改善融资和开发能力,强化与银行的利益共享关系,还可以与大型房地产企业建立战略联盟[W(1),W(4),T(4),T(5)]

本章小结

本章内容主要讲述了:消费者市场分析概念、特点、内容,影响消费者购买行为的因素,以及消费者购买行为的过程;组织市场概念、基本类型及组织市场的购买决策过程;竞争者的概念、如何分析竞争者;竞争战略的选择及竞争分析的常用工具等内容。

一、知识测试(单项选择题)

1. 生活消费是产品和服务流通的(　　)。
   A.起点　　B.中间点　　C.终点　　D.极点
2. 某种相关群体有影响力的人物称为(　　)。
   A."意见领袖"　　B."道德领袖"　　C."精神领袖"　　D."经济领导者"
3. 消费者的买后评价主要取决于(　　)。
   A.心理因素　　B.产品质量和性能发挥状况　　C.付款方式　　D.他人态度
4. 一般来说,消费者经由(　　)获得的信息最多。
   A.公共来源　　B.个人来源　　C.经验来源　　D.商业来源
5. 消费者购买过程是消费者购买动机转化为(　　)的过程。
   A.购买心理　　B.购买意志　　C.购买行为　　D.购买意向

二、课堂实训

1. 如何识别竞争者?
2. 列举一个企业选择的竞争战略。
3. 你认为,作为市场领导者应如何保卫自己的市场?

三、案例分析

价格战是一把双刃剑

很久以前就有个假设,假如有一天苹果降价,华为、OPPO该如何应对?从竞争战略角度上讲,苹果降价,凭借苹果强大的产品竞争力,能有效地把三星、华为、OPPO的价格阻止在较低价格带,从而阻止竞争对手向中高端产品发展,阻止竞争对手崛起。但是,这样的战略行为也有副作用,降低价格会降低自己的销售额,也更大幅度地降低自己的利润。

苹果面临一个两难选择。苹果是该降价,还是不该降呢?

纵观商业历史,20世纪60年代,通用汽车面对丰田的入侵,仰起高昂的头,嗤之以鼻,认为丰田只不过是廉价的、丑陋的低档车,根本无视丰田的存在。1973~1974年,石油危机导致油价大幅上升,小巧玲珑的丰田汽车受到了消费者的青睐,丰田公司也因此一崛而起。当通用汽车意识到丰田的威胁时,已经没有无法阻止其崛起。丰田从低端汽车,做到中端汽车,再到高端汽车,推出了高端品牌雷克萨斯,直捣通用的"龙门",最终造成了美国汽车工业的衰落和日本汽车企业的崛起。

20世纪70年代,瑞士手表在面对日本天美时、西铁城、精工和卡西欧石英手表竞争时,采取了一种新的战略应对。日本石英手表与瑞士机械手表相比,不仅成本更低,而且时间更准确。瑞士SMH手表公司没有在成本与准确度方面与日本企业竞争,而是设计了一个称为"生日蛋糕"产品金字塔组合,它在原来产品线下,增加了更加便宜的手表产品,也采取石英表技术,命名为Swatch。重新设计的产品金字塔结构是一个三层结构的产品组合:低档手表价格约为91欧元;中档价格约为913欧元;高档和豪华型的价格可达到91万欧元,甚至更高。

加设的低档Swatch表定位为金字塔底端的防火墙产品,有效地阻止了竞争对手的入侵,保护了高端产品的价格和利润。这一做法,还有效地保护了瑞士的制表工业,巩固了其世界手表王国的地位。

今天仿佛是历史的重演,本以为苹果会比较早地采取产品金字塔组合战略应对三星、华为、OPPO的竞争,特别是推出iPhone 5C的价格远远低于iPhone 5S时,会让华为、OPPO企业措所不及。但苹果公司并没有把这一战略执行彻底,让华为、OPPO有了喘息的机会,让他们有机会通过高端化战略,提高手机价格,提升手机形象,获得较高的利润,为企业的进一步发展打下了基础。

最近,由于受到销量萎缩的影响,在售iPhone全系列降价,在深圳华强北市场,最高单品的渠道价下降了450元。其中,批发市场的iPhone手机价格出现了不同程度的全线下跌。

渠道价格方面,华强北批发市场方面提供的报价显示:
iPhone XR 64GB 批发价下跌450元,报价为5250元;
iPhone X 64GB 批发价下跌100元,报价为5630元;
iPhone 8 64GB 批发价下跌420元,报价为3880元;
iPhone 8 Plus 64GB 批发价下跌450元,报价为4800元;
iPhone XS 64GB 渠道价跌破8000元,报价为7610元;
iPhone XS Max 64GB 渠道价跌破9000元,报价为8520元。

苹果降价,华为、OPPO该如何应对?

苹果降价,势必抢夺华为、OPPO的高端客户,进而影响华为、OPPO的利润。与苹果竞争,华为、OPPO高端机的竞争优势在哪呢?

原来存在的价格优势还在吗?

虽然这次价格下降的幅度还相对不大,但如果苹果再对产品做进一步分层,推出更低价格层的产品,直接攻击华为、OPPO的高端价格带,华为、OPPO该怎么办呢?

结合上述案例,请思考:
华为、OPPO应该采用什么战略应对苹果降价的局面?

第五章　目标市场营销

(1) 了解市场细分的概念、作用、方法和程序,明确市场细分的原则和标准。
(2) 熟悉目标市场选择的策略和影响因素。
(3) 掌握市场定位的概念、方法与程序。

(1) 具备基本的市场分析洞察技能。
(2) 具备分析研判目标市场的技能。
(3) 具备常规的市场定位技巧。

"三只松鼠"的市场选择和定位

"三只松鼠"是在2012年推出的第一个互联网森林食品品牌,产品很小清新,品牌名称代表着天然、新鲜以及非过度加工。上线仅仅65天,"三只松鼠"的销售就跃居淘宝天猫坚果行业的第一名。在近两年天猫"双十一"大促中,"三只松鼠"都夺得了坚果类目的冠军宝座,创造了中国互联网食品的一个奇迹,成为农产品行业中的翘楚。是什么促成了"三只松鼠"今日的成就?与传统农产品的营销相比,"三只松鼠"有哪些特别之处呢?

(1) 目标消费人群

三只松鼠的目标人群定位非常明确,它的客户群体定位是"80后""90后"互联网用户群体。"80后""90后"个性张扬,有自己的主见和行为准则,他们追求时尚、享受生活、善待自己,对细节挑剔,习惯网购,注重全方位的消费体验。"三只松鼠"从命名开始,就很注重契合目标消费者的特点。"三只松鼠"的CEO章燎原介绍,互联网的主流群体是"85后",非常年轻,所以互联网化的品牌名称,除了要能很好记忆,也要好玩些。而当这两者合为一体,就很容易联想到动物,这就是"三只松鼠"名称的由来。

（2）准确的市场定位

"三只松鼠"的形象和包装也是根据消费者的需求定位出来的。三只小松鼠色彩鲜丽、活泼可爱，而且每个还有自己的名字，代表着一种典型性格。松鼠小贱，又萌又贱，略带屌丝气质，迎合当下社会"屌丝"人群的心态；松鼠小酷，技术宅一枚，喜欢发明创作，对一切新奇的事情充满了兴趣，符合大多数宅男的状态；松鼠小美，温柔美丽，是年轻女性的典型代表。如今，这三只小松鼠正逐步笼络"80后""90后"互联网用户群体，尤其是针对女性，设有品茶、赏花、看书、写作等专区，极大地吸引了年轻一代女性的注意力，拉动产品消费。

不仅如此，"三只松鼠"还基于"80后""90后"互联网用户群体的定位，适应顾客的各种口味，特意将位于销售链前端的售前客服进行分组，分组的标准则是根据客服的性格与个人偏好决定。想听高端大气上档次、奔放洋气有内涵的话题，可以找"小清新文艺骚年"组松鼠接待；而热衷各种段子，重口味、无底线和无下限的，则由"丧心病狂"组负责招待。这些定位于目标消费群体的营销方式，极大地满足了顾客的消费体验。如此一来，增加了很多回头客，二次购买率不断提升。

资料来源：原创力文档.三只松鼠案例分析[EB/OL].（2016-12-20）.https://max.book118.com/html/2016/1215/72233517.shtm.

营销就是要对目标消费群体进行精准的定位，明确产品与消费者之间的关系，分析挖掘他们内在的爱好、需求和兴趣点，抓住目标人群的某些特点元素，并与之结合，从而增加消费者对品牌的认可度。

第一节 市场细分

一、市场细分的概念及作用

市场细分（market segmentation）是目标市场选择和市场定位的前提，企业通过市场细分，可以发现新的市场机会，进而开拓新的市场，增加企业收益。消费市场是一个庞大的市场，我国是一个14亿人口的大国，每一个人都是消费市场中的一员。由于每个人的受教育程度、性别、收入、职业、兴趣等存在差异，从而形成了不同类型的市场需求，任何一个企业也无法满足市场中所有消费者的需求，只有从中选择自己产品的消费群体，市场营销活动才会更有针对性。

（一）市场细分的概念

市场细分的概念是美国市场学家温德尔·史密斯（Wendell R.Smith）于1956年提出来的。

市场细分是企业根据消费者需求的差异性,把整体市场划分成若干个不同的消费者群,以便选择确定自己的目标市场的过程,其客观基础是消费者需求的差异性。进行市场细分的主要依据是异质市场中需求一致的顾客群,实质就是在异质市场中求同质。如按性别,可把服装市场划分为男性服装市场和女性服装市场。

按照消费者欲望与需求把因规模过大导致企业难以服务的总体市场划分成若干具有共同特征的子市场,处于同一细分市场的消费群被称为目标消费群,相对于大众市场而言,这些目标子市场的消费群就是分众了。它不是对商品进行分类,而是对需求各异的消费者进行分类,是识别具有不同需求和欲望的购买者或用户群的活动过程。

(二)市场细分的原因

1. 消费者需求的差异性

市场细分的过程实际上就是对消费者需求差异进行分类的过程。消费者的需求存在相同和差异两个方面:

首先,从相同方面来看,对于有些产品来说,消费者的需求是十分相似的,对企业的产品和营销策略的反应具有一定的一致性。如消费者对自来水的需求,就具有相似性。因此,这种市场一般称为"同质市场",即消费者对某一产品的需求、购买行为、对企业市场营销组合策略的反应等基本相同或相似的市场。在同一地区,由于文化等因素具有相同性,消费者的需求也具有相似性。对于同质市场,企业的市场营销活动比较简单。

其次,面对异质市场,即消费者对某一产品的需求、购买行为、对企业市场营销组合策略的反应等存在差异的市场。在现代市场中,消费者对绝大多数产品和服务的需求是存在差异的,主要是消费者的个性、爱好、动机、经济能力、价值观等存在差异,导致出现追求不同利益、具有不同需求特点和购买习惯,以至于对产品的数量、规格、型号、外观、价格等都会有不同的要求。因此,企业要很好地去满足市场中不同的消费者的需求,就必须要对整个市场进行细分,把类似需求的消费者划归为一个群体,然后根据自身条件,选择自己能够满足的细分市场作为自己的目标市场。企业进行了市场细分之后,其市场营销活动就不再具有盲目性。

2. 企业资源的有限性

由于市场外部的不可控制性和企业资源的有限性,使得任何一个企业都不可能满足市场上所有顾客的要求;即使是在市场上处于绝对优势的企业也不可能满足所有消费者的需求。所以,企业必须进行市场细分,集中资源,制定有效的竞争策略,取得市场中的竞争优势。

(三)市场细分的意义

1. 有利于企业发掘和开拓新的市场机会

通过市场细分,企业可以对每一个细分市场的购买潜力、满足程度、竞争情况等进行分析对比,探索出有利于本企业的市场机会,使企业及时做出投产、移地销售决策或根据本企业的生产技术条件编制新产品开拓计划,进行必要的产品技术储备,掌握产品更新换代的主动权,开拓新市场,以便更好地适应市场的需要。

2. 有利于选择目标市场和制定市场营销策略

市场细分后的子市场比较具体,企业比较容易了解消费者的需求,并可以根据自己的经营思想、方针、生产技术和营销力量,确定自己的服务对象,即目标市场。针对较小的目标市场,可制定特殊的营销策略。同时,在细分的市场上,信息容易了解和反馈,一旦消费者的需求发生变化,企业可迅速改变营销策略,制定相应的对策,以适应市场需求的变化,提高企业的应变能力和竞争力。

3. 有利于集中人力、物力投入目标市场

任何一个企业的资源、人力、物力、资金都是有限的。企业通过市场细分,选择适合自己的目标市场,再集中人、财、物各种资源优势,占领目标市场。

4. 有利于企业提高经济效益

企业通过市场细分后,可以面对自己的目标市场生产出适销对路的产品,既能满足市场需要,又可增加企业的收入;产品适销对路可以加速商品流转,加大生产批量,降低企业的生产销售成本,提高生产工人的劳动熟练程度,提高产品质量,全面提高企业的经济效益。

案例5-2

家电细分是蓝海,市场细分存分歧

随着"二胎"政策的实施,许多家电厂商开始瞄准了儿童家电这一市场。孩子是每个家庭的珍宝,特别是如今生活条件提高,很多的家长都愿意为孩子一掷千金,儿童家电在起初也享受了一阵政策红利。儿童空调、儿童电视、儿童洗衣机诸如此类打着"儿童家电"名号的产品出现在市场,这些产品多数刻意调高价格,而功能性一般,无法真正地做到有的放矢,令消费者大失所望。但是细分市场仍然有着巨大的潜力,特别为孩子设计的产品,需要厂商更多地钻研技术。

过分在意外观会忽略本质需求,例如,大部分儿童产品都很可爱,它们的颜色以粉色、蓝色以及各种鲜艳的色彩为主,但是其配置和功能性又与普通家用电器没有太大区别,价格却高出许多,所以大部分消费者并不买账。

早在几年前,儿童家电就开始亮相,儿童电视、儿童洗衣机、儿童空调,今年又有儿童空气净化器等产品,但关于儿童家电的质疑声一直存在。有家长认为,当初听了广告宣传,购买了儿童洗衣机,该产品宣称有高温杀菌功能,但实际使用起来,除了高温杀菌并没有其他针对儿童衣物特点的设置,而普通的洗衣机也具有高温杀菌功能,因此觉得购买儿童洗衣机并没有必要。再如,儿童电视的初衷是保护儿童眼睛,但在家长看来,只需要严格控制孩子的看电视时间,就可以达到保护儿童眼睛的目的。儿童家电目前

还只是停留在外观设计层面,很多定制化的功能没有一定的"必须性",需求的减弱也导致一些家电厂商开始退出儿童家电市场,那么,这个细分市场真的没有潜力吗?

消费升级带来后坐力,儿童家电市场仍是一块"大蛋糕"。如今,消费升级已经渗透到老百姓生活的方方面面,个性化、多样化消费渐渐成为主流,麦肯锡中国消费者调查报告就显示,中国消费者的选择正在从大众产品向高端产品升级,50%受访的消费者表示更愿意追求最优质的产品,这一比例仍然在不断提高。中国贸促会研究院国际贸易研究部主任赵萍分析说,消费升级背后主要有两个原因:一是收入提高;二是消费意愿增强。

根据调查显示,母婴家庭人群在购买母婴产品时,对价格的敏感性相对较低,重视度仅为33%,远低于进行普通消费时对价格的重视度。也就是说,准妈妈和妈妈们在购买母婴家电产品时,并不只看重价格,而是更关注质量和材质。

有针对的创新企业和建立在用户需求基础上的更新迭代产品才能真正走进妈妈们的心。同时摒弃形象化的宣传,而是有针对性地对母婴家庭在生活中遇到的具体问题提出解决方案,让产品真的为消费者所用,才是立足于细分市场的根本。

资料来源:金融界网.家电细分市场仍是蓝海 儿童家电行业存分歧[EB/OL].(2017-10-23).http://finance.jrj.com.cn/tech/2017/10/23100923269514.shtml.

二、市场细分的原则

企业进行市场细分的目的是通过对顾客需求差异予以定位,来取得较大的经济效益。众所周知,产品的差异化必然导致生产成本和推销费用的相应增长,所以,企业必须在市场细分所得收益与市场细分所增成本之间权衡。

一般而言,成功的市场细分应遵循以下基本原则:

(一)差异性

差异性,是指市场细分后,各个细分市场的消费需求具有明显差异性,并对不同的营销组合因素和方案有不同的反应。如果细分之后各子市场之间消费者需求没有太大差异,那么该市场细分是无效的。

(二)可衡量性

可衡量性,是指各个细分市场的购买力和规模能被衡量的程度。如果细分变量很难衡量的话,就无法界定市场。需要强调的是选择的细分变量,即细分标准,必须是使细分之后的市场有意义,细分市场中的特定需求确实存在,且不可替代。这样才会使得企业通过对特定需求的满足来达到对该细分市场的控制。

(三)可进入性

可进入性,是指所选定的细分市场必须与企业自身状况相匹配,企业有优势占领这一市场。可进入性具体表现在信息进入、产品进入和竞争进入三个方面。考虑市场的可进入性,实际上是研究其营销活动的可行性。如果一个市场细分之后,不能满足企业的产品信息传递、产品销售和与竞争对手进行竞争,那么即使市场有再大的吸引力也是无效的,只能放弃。

(四) 可赢利性

可赢利性,是指采用某种标准进行市场细分之后,各子市场拥有足够的购买潜力,能够使企业有利可图,实现其利润目标。如果细分的市场规模过小,那么市场容量有限,对于企业就没有开发的价值。

(五) 相对稳定性

相对稳定性,是指市场细分应具有相对的稳定性,以便企业制定较长期的市场营销策略,从而有效地开拓并占领市场,获得预期的收益。如果目标市场变化过快、变动幅度过大,可能会给企业带来经营风险和损失。

三、市场细分标准

(一) 消费者市场细分标准

随着市场细分化理论在企业营销中的普遍应用,消费者市场细分标准可归纳为四类:地理、人口、心理和购买行为因素。这些因素中,有些相对稳定,有些则处于动态变化中。

1. 地理细分标准

地理细分标准,是按照消费者所处的地理位置、自然环境来细分市场。具体变量包括:国家、地区、城市规模、气候及人口密度等。处于不同地理位置的消费者,对同一类产品往往呈现出差别较大的需求特征,对企业营销组合的反应也存在较大的差别。例如,对防暑降温、御寒保暖之类的消费品按照不同气候带细分市场是很有意义的。地理细分有利于企业识别不同阶段市场的特征,制定具有针对性的营销策略。但是,就总体而言,地理环境中的大多数因素是一种相对静态的变量,企业营销必须明白处于同一地理位置的消费者和用户对某一类产品的需求或偏好仍然会存在很大的差异。因此,对消费者市场进行细分时,还必须同时依据其他因素进行市场细分。

2. 人口细分标准

人口细分标准,是指各种人口统计变量,包括年龄、婚姻、职业、性别、收入、受教育程度、家庭生命周期、国籍、民族、宗教、社会阶层等。一般情况下,大多数企业采用两个或两个以上人口统计变量来细分市场。

① 性别。由于生理上的差别,男性与女性在产品需求与偏好上有很大不同,如在服饰、发型、生活必需品等方面均有差别。例如,美国的一些汽车制造商过去一直是迎合

男性要求设计汽车,现在,随着越来越多的女性参加工作和拥有自己的汽车,这些汽车制造商着手研究市场机会,设计具有吸引女性消费者特点的汽车。

② 年龄。不同年龄的消费者有不同的需求特点,例如,年轻人对服饰的需求与老年人差异较大:年轻人喜欢鲜艳、时髦的服装,老年人则喜欢端庄素雅的服装。

③ 收入。高收入消费者与低收入消费者在产品选择、休闲时间的安排、社会交际与交往等方面都会有所不同。例如,同是外出旅游,在交通工具以及食宿地点的选择上,高收入者与低收入者会有很大的不同。正因为收入是引起需求差别的一个直接而重要的因素,在诸如服装、化妆品、旅游服务等领域根据收入细分市场相当普遍。

④ 职业与教育。这主要指按消费者职业的不同,所受教育的不同以及由此引起的需求差别细分市场。比如,农民购买自行车偏好载重的,而教师则是喜欢轻型的、样式美观的;又如,由于消费者所受教育水平的差异所引起的审美观具有很大的差异,诸如不同消费者对居室装修用品的品种、颜色等会有不同的偏好。

⑤ 家庭生命周期。一个家庭,按年龄、婚姻和子女状况,可划分为八个阶段。在不同阶段,家庭购买力、家庭人员对商品的兴趣与偏好会有较大差别。

案例 5-3

家庭生命周期的八个阶段

家庭生命周期概念最初是美国人类学学者 P.C.格里克于1947年首先提出来的。消费者随着年龄的增长,对产品和服务的需求不断地发生变化,对食品、衣着、家具、娱乐、教育等方面的消费会有明显的年龄特征。

消费者的家庭状况,因为年龄、婚姻状况、子女状况的不同,可以划分为不同的生命周期,在生命周期的不同阶段,消费者的行为呈现出不同的主流特性。

(1) 单身阶段:处于单身阶段的消费者一般比较年轻,几乎没有经济负担,消费观念紧跟潮流,注重娱乐产品和基本的生活必需品的消费。

(2) 新婚夫妇:经济状况较好,具有比较大的需求量和比较强的购买力,耐用消费品的购买量高于处于家庭生命周期其他阶段的消费者。

(3) 满巢期(Ⅰ):指最小的孩子在6岁以下的家庭。处于这一阶段的消费者往往需要购买住房和大量的生活必需品,常常感到购买力不足,对新产品感兴趣并且倾向于购买有广告的产品。

(4) 满巢期(Ⅱ):指最小的孩子在6岁以上的家庭。处于这一阶段的消费者一般经济状况较好但消费慎重,已经形成比较稳定的购买习惯,极少受广告的影响,倾向于购买大规格包装的产品。

(5) 满巢期(Ⅲ):指夫妇已经上了年纪但是有未成年的子女需要抚养的家庭。处于这一阶段的消费者经济状况尚可,消费习惯稳定,可能会购买富余的耐用消费品。

(6)空巢期(Ⅰ):指子女已经成年并且独立生活,但是家长还在工作的家庭。处于这一阶段的消费者经济状况最好,可能会购买娱乐品和奢侈品,但对新产品不感兴趣,也很少受到广告的影响。

(7)空巢期(Ⅱ):指子女独立生活,家长退休的家庭。处于这一阶段的消费者收入大幅度减少,消费更趋谨慎,倾向于购买有益健康的产品。

(8)孤独期:老年单身人士,收入不多,消费量很小,主要需要医疗产品。

资料来源:吴勇.市场营销[M].5版.北京:高教出版社,2017.

3.心理细分标准

心理细分标准,是指按照消费者的心理特征细分市场。按照上述地理和人口等标准划分的处于同一群体中的消费者对同类产品的需求仍会显示出差异性,这可能是消费心理因素在发挥作用。心理因素包括社会阶层、生活方式、个性特征、购买动机、价值观念等变量。

(1)社会阶层

社会阶层是指在某一社会中具有相对同质性和持久性的群体。处于同一阶层的成员具有类似的价值观、兴趣爱好和行为方式,不同阶层的成员则在上述方面存在较大的差异。很显然,识别不同社会阶层的消费者所具有的不同特点,将会为很多产品的市场细分提供重要的依据。

(2)生活方式

通俗地讲,生活方式是指一个人怎样生活。人们追求的生活方式各不相同,如有的人追求新潮时髦;有的人追求恬静、简朴;有的人追求刺激、冒险;有的人追求稳定、安逸。西方的一些服装生产企业为"简朴的妇女""时髦的妇女"和"有男子气的妇女"分别设计了不同的服装;烟草公司针对"挑战型吸烟者""随和型吸烟者"及"谨慎型吸烟者"推出了不同品牌的香烟,企业可依据生活方式,进行市场细分。

(3)个性特征

个性是指一个人比较稳定的心理倾向与心理特征,它会导致一个人对其所处环境做出相对一致和持续不断的反应。通常,个性会通过自信、自主、支配、顺从、保守、适应等性格特征表现出来。因此,个性可以按这些性格特征进行分类,从而为企业的市场细分提供依据。

案例5-4

Swatch手表的心理细分

Swatch作为瑞士名表的典范,有着世界名表中的"青春力量"的称号。该品牌手表以其时髦缤纷的色彩,活泼的设计以及颠覆传统的造型,滴答地随着摩登生活的节奏向前迈进。在Swatch之前,没有任何流行品牌获得这样的成就:在极短的时间内,占据全球爱好者的心,地位屹立不摇;除了维持既有的版图,同时还持续向其他领域延伸度发展。Swatch成功的原因并不是秘密:Swatch不只是报时的手表。

(1) 注重情感表达

Swatch手表一直以来传达着高质量、低成本,时尚与纪念并重的信息,让每一位消费者都能拥有属于自己的名表。Swatch所代表的含义更是一份珍贵纪念品、每一段历史的回忆、甚至一份情感的寄托。Swatch缔造了世界级品牌的神话,成为消费者心中的标志,同时延续了瑞士制表业百年的辉煌。

(2) 生产工艺改进

Swatch对生产制造工艺进行改进,并实现了一系列突破。例如,把手表零件从155个减少到51个,减少转动部分,也就降低了损坏概率,并且组装手表所需人手也少多了;新建自动装配线,每天能生产35000块手表和上百万的零部件,劳动力成本从30%降到10%;保证质量,手表的最低返修率是不到3%,而Swatch手表的返修率不到1%。

(3) 手表造型青春洋溢

哈耶克对低档市场进行细分,研究了年龄18~30岁的消费者的爱好。他认为,要在这个市场上取得成功,必须能够感知消费者口味的变化,这比掌握新的生产技术更重要。年轻人没有很多钱购买高档表,但需要一种时尚来满足个性化,跨过"经济型手表"门槛,进入"风格时尚型"。

作为时尚的弄潮儿,Swatch形状异趣,设计独特,名字高雅(每款手表都有中英文名字)。它是一种变幻莫测的潮流,蕴含着无穷的艺术魅力。

Swatch手表适合18~35岁的消费群,甚至扩展到崇尚年轻心态的中年人。哈耶克给予Swatch手表加注了情感。不仅是高质量的产品,更是一种有滋味的招人喜爱的装饰品,像耳环或领带一样。这给戴表者一种反传统的独特形象,并传达了"时尚、刺激、情趣、纪念、高质量、低成本"的信息。

(4) 手表价格优惠

Swatch作为瑞士名牌,虽然比不上欧米茄、万宝龙这些名表,不过面向年轻时尚前卫的消费群体,还是具有很大的吸引力。

Swatch手表价格优惠,采用统一价格策略,由瑞士总部定价,且不打折,无论消费者在世界上任何一个Swatch授权专场,均可参加Swatch全球联保。该手表性价比在所有的瑞士手表中占有绝对优势,Swatch爱好者可以根据自己不同的心情、喜好、着装、场合,佩带或收藏不同的手表。潮流不断转变,Swatch追求"永远不变的是永远在变",Swatch因而永在时尚之巅。

在低价位市场,Swatch以独特饰物的形象出现,以"新""奇"来推动市场,迅速吸引消费者的眼光。正如哈耶克所倡导的,Swatch不仅是一种新型的优质手表,同时还将带给人们一种全新的观念;手表不再只是一件昂贵的奢侈品和单纯的计时工具,而是一件"戴在手腕上的时装"。Swatch手表这一系列优势造就了其如今的时尚霸主地位。

资料来源:豆丁网.Swatch为什么会成为世界级名牌[EB/OL].(2011-06-21).http://www.docin.com/p-222990535.html.

4. 购买行为细分标准

根据购买者对产品的了解程度、态度、使用情况及反应等将他们划分成不同的群体,叫行为细分。许多人认为,行为变量能更直接地反映消费者的需求差异,因而成为市场细分的最佳起点。按行为变量细分市场主要包括:

(1) 购买时机

根据消费者提出需要、购买和使用产品的不同时机,将他们划分成不同的群体。例如,城市公共汽车运输公司可根据上班高峰期和非高峰期乘客的需求特点划分不同的细分市场并制定不同的营销策略;生产果珍之类清凉解暑饮料的企业可以根据消费者在一年四季对果珍饮料口味的不同,将果珍市场消费者划分为不同的子市场。

(2) 追求利益

消费者购买某种产品总是为了解决某类问题,满足某种需要。然而,产品提供的利益往往并不是单一的,而是多方面的。消费者对这些利益的追求时有侧重,如对购买手表有的追求经济实惠、价格低廉,有的追求耐用可靠和使用维修的方便,还有的则追求社会身份和地位的象征等。

(3) 使用者状况

根据顾客是否使用和使用程度细分市场。通常可分为:经常购买者、首次购买者、潜在购买者、非购买者。大企业往往注重将潜在使用者变为实际使用者,较小的企业则注重于保持现有使用者,并设法吸引使用竞争产品的顾客转而使用本公司产品。

(4) 使用数量

根据消费者使用某一产品的数量大小细分市场。通常可分为大量使用者、中度使用者和轻度使用者。大量使用者人数可能并不很多,但他们的消费量在全部消费量中占很大的比重。美国一家调研公司发现,80%的美国啤酒是被50%的顾客消费掉的,另外一半顾客的消耗量只占消耗总量的12%。因此,啤酒公司宁愿吸引重度饮用啤酒者,而放弃轻度饮用啤酒者,并把重度饮用啤酒者作为目标市场。公司还进一步了解到大量喝啤酒的人多是工人,年龄在25~50岁,喜欢观看体育节目,每天看电视的时间不少于3~5小时。很显然,根据这些信息,企业可以大大改进其在定价、广告传播等方面的策略。

(5) 品牌忠诚程度

企业还可根据消费者对产品的忠诚程度细分市场。有些消费者经常变换品牌,另外一些消费者则在较长时期内专注于某一或少数几个品牌。通过了解消费者品牌忠诚情况和品牌忠诚者与品牌转换者的各种行为与心理特征,不仅可为企业细分市场提供一个基础,同时也有助于企业了解为什么有些消费者忠诚本企业产品,而另外一些消费者则忠诚于竞争企业的产品,从而为企业营销决策提供启示。

(6) 态度

企业还可根据市场上顾客对产品的热心程度来细分市场。不同消费者对同一产品的态度可能有很大差异,如有的很喜欢持肯定态度,有的持否定态度,还有的则处于既不肯定也不否定的无所谓态度。通过对持不同态度的消费群体进行市场细分发现，企业在广告、促销等方面也有所不同。

（二）生产者市场细分标准

许多用来细分消费者市场的标准，同样可用于细分生产者市场，如根据地理位置、追求的利益和使用率等变量加以细分。不过，由于生产者与消费者在购买动机与行为上存在差别，所以，除了运用上述消费者市场细分标准外，还可用一些新的标准来细分生产者市场。

1. 用户规模

在生产者市场中，有的用户购买量很大，而另外一些用户购买量很小。许多情况下，企业需要根据用户规模大小来细分市场，并根据不同的用户规模，采用不同的营销组合策略。比如，对于大客户，宜于直接联系，直接供应，在价格、信用等方面给予更多优惠；而对众多的小客户，则宜于使产品进入商业渠道，并由批发商或零售商去组织供应。

2. 产品的最终用途

产品的最终用途不同也是工业者市场细分标准之一。工业品用户购买产品，一般都是供再加工之用，对所购产品通常都有特定的要求。比如，同是钢材用户，有的需要圆钢，有的需要带钢；有的需要普通钢材，有的需要硅钢、钨钢或其他特种钢。企业此时可根据用户要求，将要求大体相同的用户集合成群，并据此设计出不同的营销策略组合。

3. 购买状况

根据购买方式来细分市场。购买的主要方式包括直接重购，修正重购及新任务购买。不同购买方式的采购程度、决策过程等不相同，因而可将整体市场细分为不同的小市场群。

第二节 目标市场选择

一、目标市场

所谓目标市场就是企业决定要进入的市场，即企业的目标消费群体。企业在划分好细分市场之后，可以进入既定市场中的一个或多个细分市场。目标市场选择是指估计每个细分市场的吸引力程度，并选择进入一个或多个细分市场。企业在选择目标市场时一般遵循以下原则：

（一）目标市场有一定的规模和发展潜力

企业进入某一市场是期望能够有利可图，如果市场规模狭小或者趋于萎缩状态，企业进入后难以获得发展，此时，应审慎考虑，不宜轻易进入。当然，企业也不宜以市场发展潜力作为唯一取舍标准，特别是应力求避免"多数谬误"，即与竞争企业遵循同一思维逻辑，将规模最大、发展潜力最大的市场作为目标市场。大家共同争夺同一个顾客群的结果是造成过度竞争和社会资源的无端浪费，同时使消费者一些本应得到满足的需求遭受冷落和忽视。现在国内很多企业动辄将城市，尤其是大中城市作为其首选市场，而对小城镇和农村市场不屑一顾，很可能就步入误区。如果转换一下思维角度，一些目前经营尚不理想的企业说不定会出现"柳暗花明"的局面。

（二）目标市场有一定的吸引力

细分市场可能具备理想的规模和发展特征，然而从赢利的观点来看，它未必有吸引力。波特认为有五种力量决定整个市场或其中任何一个细分市场的长期的内在吸引力，即同行业竞争者、潜在的新参加的竞争者、替代产品、购买者和供应商议价能力。

细分市场激烈竞争，如果某个市场上已有很多实力很强的竞争者，该市场就会失去吸引力；如果某个市场可能吸引新的竞争者进入，这些竞争者又会投入大量的生产能力和大量资源，并争夺市场占有率，这个市场也没有吸引力。所以，必须充分考虑市场的吸引力。

（三）细分市场符合企业目标和能力

某些细分市场虽然有较大吸引力，但不能推动企业实现发展目标，甚至分散企业的精力，使之无法完成其主要目标，这样的市场应考虑放弃。另一方面，还应考虑企业的资源条件是否适合在某一细分市场经营。企业只有选择那些有条件进入、能充分发挥其资源优势的市场作为目标市场，才会立于不败之地。

二、目标市场选择模式

一般来说，企业选择目标市场的模式有以下五种：

（一）密集单一模式

这是一种典型的集中化模式，如图5.1所示。无论是从产品角度，还是市场角度来看，企业的目标市场高度集中在一个市场面上，企业只生产一种产品，供应一个顾客群。许多小企业由于资源有限，往往采用这种模式。而一些新成立的企业，由于初次进入市场，缺乏生产经营经验，也可能把一个细分市场作为继续发展、扩张的起始点。如联通在初进入市场时，只经营移动通信业务，而且集中力量主要在北京、上海、广州等大城市推广业务，并取得了不俗的经营业绩。单一市场集中模式使企业的经营对象单一，企业可以集中力量在一个细分市场中获得较高的市场占有率。如果细分市场选择恰当的话,也可获得较高的投资收益率。但是,在这种模式下,由于目标市场范围较窄,因而企业的经营风险较高。

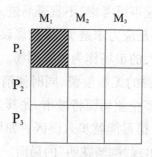

图5.1　密集单一模式

(二) 产品专门化模式

企业生产一种产品,向所有顾客群体销售,如图5.2所示。通信企业便是这样,服务的宗旨是普遍服务,面对的是社会各阶层所有的用户。单从产品的角度来看,虽然有不同的业务,但都起到了传递信息的作用。采用这种模式,企业的市场面广,有利于摆脱对个别市场的依赖,降低风险。同时,生产相对集中,有利于发挥生产技能,在某种产品(基本品种)方面树立较好的声誉。

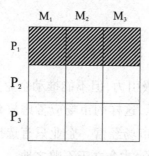

图5.2　产品专门化模式

(三) 市场专门化模式

企业面对同一顾客群,生产和销售他们所需要的各种产品,如图5.3所示。如专门从事福特汽车零配件的企业,他们只为福特汽车公司服务,生产该公司需要的各种零配件,品种可能有很多,但是面对的顾客只是福特汽车公司。采用这种模式,有助于发展和利用与顾客之间的关系,降低交易成本,并在这一类顾客中树立良好的形象。但是,一旦这类顾客的购买力下降,企业的收益就会受到较大影响。

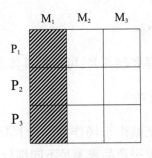

图5.3　市场专门化模式

（四）选择性专门化模式

企业在对市场细分的基础上，经过仔细考虑，结合自身的长处，有选择地生产几种产品，有目的地进入某几个市场面，满足这些市场面的不同要求，如图5.4所示。实际上，这是一种多角化的经营模式，可以较好地分散企业的经营风险。但是，采用这种模式，应当十分谨慎，必须以几个细分市场均有相当的吸引力为前提。

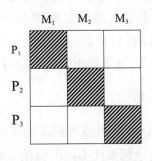

图5.4　选择性专门化模式

（五）全面覆盖市场模式

企业为所有细分以后的各个细分市场生产各种不同的产品，分别满足各类顾客的不同需求，以期覆盖整个市场，如图5.5所示。例如，国际商用机器公司(IBM)在计算机领域内全面出击的做法就属于这一模式。

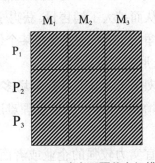

图5.5　选全面覆盖市场模式

三、目标市场营销策略

企业在决定目标市场的选择和经营时,可根据具体条件采取以下三种不同的策略:

(一)无差异市场营销策略

无差异市场营销策略,是把整个市场作为一个目标市场,着眼于消费需求的共同性,运用单一的营销手段,推出单一产品来满足不同细分市场的需求。

无差异营销策略的优点是可以降低成本。这是因为:① 由于产品单一,企业可实行机械化、自动化、标准化大量生产,从而降低产品成本,提高产品质量;② 无差异的广告宣传,单一的销售程序,降低了销售费用;③ 节省了市场细分所需的调研费用、多种产品开发设计费用,使企业能以物美价廉的产品满足消费者需要。

无差异营销策略也有其不足之处:① 不能满足不同消费者的需求和爱好。用一种产品、一种市场营销策略去吸引和满足所有顾客几乎是不可能的,即使一时被承认,也不会被长期接受;② 容易受到竞争对手的冲击。当企业采取无差异营销策略时,竞争对手会从这一整体市场的细微差别入手,参与竞争,争夺市场份额。

无差异性市场营销策略可以在消费者的需求差异不大,需求弹性较小的生活必需品和主要工业原料,经营企业不多,竞争性不强的产品等情况下使用。

(二)差异性市场营销策略

差异性市场营销策略是充分肯定消费者需求的异质性,在市场细分的基础上选择若干个细分子市场为目标市场,分别设计不同的营销策略组合方案,满足不同细分子市场的需求。

差异性市场营销策略是目前普遍采用的策略,这是科技发展和消费需求多样化的结果,也是企业之间竞争的结果。不少企业实行多品种、多规格、多款式、多价格、多种分销渠道、多种广告形式等多种营销组合,满足不同细分市场的需求。

差异性市场策略的优点是:① 由于企业面对多个细分市场,即使某一细分市场发生变化,也不会使企业全盘陷入困境,大大减少了经营风险;② 由于能较好地满足不同消费者的需求,争取更多的顾客,从而扩大了销售量,获得了更大的利润;③ 企业可以通过多种营销组合来增强企业的竞争力,有时还会因在某个细分市场上取得优势、树立品牌形象而带动其他子市场的发展,形成连带优势。

差异性市场策略的不足之处在于,由于目标市场多,产品经营品种多,导致渠道开拓、促销费用、生产研制等成本增多。同时,经营管理难度较大,要求企业有较强的实力和素质较高的经营管理人员。

差异性营销策略一般较适宜实力较强的企业或者面对的目标市场消费者需求存在很大差异性的市场。

案例 5-5

餐饮为什么要做差异化?

消费者口味变了。在20世纪70年代,消费者的需求是"不管吃啥,能吃饱就行",但到了现在,消费者的需求是"可以吃不饱,但一定要吃好"。

在物质过剩的社会里,每个顾客的需求都不一样。每个人都能穿得暖,吃得饱,没有特别想吃的东西,所以饭店里面有的菜品可能卖不出去。现在顾客去饭店用餐从最基础的"不用洗盘子就能吃饱"变成了"有消费意识的去选择"。

每个人的口味不同,就形成了不同需求的顾客群体。不同的顾客群体都迫切想找到适合自己口味的菜品,这些菜品不仅仅能满足基本的生存需求,更加能够满足自己越来越刁钻的"胃"。

顾客群的需求发生了改变,那么饭店想要在餐饮市场占领一席之地,就要推出适合特定顾客群的菜品,或者是顾客从未见过的营销方式、经营理念、服务模式等。

综上所述,就是要推出区别于传统的菜品、服务、经营模式、装修环境,这种区别就叫做差异化营销。而差异化营销也是势在必行的营销手段,是每个餐饮店老板都要精通的营销方式之一。餐饮差异化主要分为五类:

(1) 价格差异化

价格差异化是最常见的营销策略,比如打折,别人家不打折,你家打折,你家生意就会比别家火爆。虽然总体利润少了,但卖的比别家多,反而赚到的更多。

这也是典型的薄利多销理论。但让利策略并不是放之四海皆准的策略,薄利多销的基础就是要看顾客对菜品价格敏感度有多高。便宜就多吃点,贵了就少吃点。不在你这吃,还可以去隔壁吃。价格的差异化很难维持,而且稍有不当还将损失品牌的影响力。

例如,一盘麻婆豆腐只卖3元钱,就是"外婆家"典型的价格差异化营销的案例。吴国平把店内的菜品分为形象菜品和盈利菜品,其中形象菜品就以超低的价格为"外婆家"赚到足够的形象分。

(2) 菜品差异化

最能吸引顾客群来消费的就是菜品,一家有着自己特色菜品的餐饮店,绝对是非常吸引顾客眼球的。一道好的特色菜品,不但要具备传统的色、香、味俱全,还要考虑制作成本、制作难度和是否能满足顾客的需求与喜好。

例如,巴奴火锅就是一典型菜品差异化的案例。海底捞火锅已经成为火锅行业的龙头,其服务也是任何餐饮行业无可取代的,巴奴火锅想占领市场,可谓是困难重重。当跟风、流行化成为餐饮行业常态时,巴奴火锅的老总杜中兵说了三个不:不喜欢平衡、不喜欢中庸、不喜欢墨守成规。当取悦式服务大行其道时,杜中兵深耕菜品,并从菜品上取得重大的突破,巴奴火锅的口号变成"服务不是巴奴的特色,毛肚和菌汤才是",与海底捞从产品上差异开来。

(3) 文化差异化

现在的顾客都讲究情怀。所以,一个企业的文化底蕴将是考察企业生存的关键因素之一。例如,我们想吃烤鸭就会想到北京的全聚德。而在北京的朋友们知道,全聚德的烤鸭并不是特别好吃,但是有朋友来了,还是会去全聚德。这种原因就是全聚德的故事讲得比较好:至今已有超过140年保持火种不断。在2014年3月全聚德前门老店全面整改装修期间,全聚德还特意举行取、存百年炉火仪式,并制定了两套方案保存火种,竭尽心力用故事传递给消费者"正宗"的品牌价值。

又如,重庆鸡公煲有人说起源于重庆,是火锅鸡和干锅鸡的融合制成,也有人说是一位叫张重庆的厨师研制成的。哪种起源,你感觉更正宗一些呢?肯定是起源于重庆,尽管重庆开鸡公煲店的老板少之又少,尽管他是张重庆研制成的可能性更大,可是开店需要故事包装,起源于重庆更具故事性。重庆是"正宗"的代名词。讲故事是现在流行的营销策略,而且讲故事有很多种,不仅可以讲历史,还可以讲未来、讲情怀。

(4) 体验感差异化

体验感包括菜品的味道,上菜的形式、速度、价格,盛菜的器具,店内的装修,服务员的服务等每一个环节都是差异化营销的方法。体验感的作用就是能引起顾客的新鲜感和被尊重感。现在体验感差异化也被各种餐饮店玩出了花样,例如,身着比基尼的服务员给你送上可口的饭菜;一个机器人手持着拖盘,口里哼着小歌把拖盘放到你的桌上;一家餐饮店的WiFi密码居然是"林志玲"。

(5) 位址差异化

现在的顾客很少有人特地驾车去好几千米外的餐饮店用餐。位址的差异化也将是容易区别其他店的形式之一。

同一种定位相同的餐饮店,最容易做到的差异化就是不要开在同一条街道上面。同一条街道上的两家店,做的菜品一定要区别开来,特别是招牌菜一定不要与别家相同。位址差异化给我们带来了很多选址的方法。

从位址到菜品,从价格到文化包装再到体验感,是差异化营销的五个层次,也是顾客从新顾客到铁杆顾客转变的一个过程。

资料来源:百度文库.浅谈餐饮差异化经营管理[EB/OL].(2012-10-31).https://wenku.baidu.com/view/88c0aq0503d8cef00662355.html.

(三)集中性市场营销策略

集中性市场营销策略是企业集中设计生产一种或一类产品,采用一种营销组合,为一个或少数细分市场服务。

集中性市场营销策略与无差异性市场营销策略的区别是,后者追求以整个市场为目标市场,前者则以整个市场中某个小市场为目标市场。这一策略不是在一个大市场中占有小份额,而追求在一个小市场上占有大份额。在实际市场操作中,企业想占有全部市场或者大部分市场是不实际的,更多的是应该集中全力争取一个或极少数的几个细分市场,将有限的人力、物力、财力集中在一个或少数细分市场中。这种策略的好处是可以照顾个别市场的特殊性,使企业经营的产品在个别市场上占有优势地位,提高市场占有率和知名度;能够满足不同需求的顾客,营销策略更具有针对性,可以节约成本和营销费用。因此对生产周期短、数量波动大的产品,以及资源有限、资金不多、规模小的企业较适宜采用此策略。

案例 5-6

日本尼西奇公司的集中性营销策略

举世闻名的"尿布大王"——多川博先生是日本尼西奇公司的董事长。

尼西奇公司原来并不经营"尿布",在经营"尿布"之前,该公司虽经多方努力,但生意平平。一天,多川博闲着没事,信手拿起一份报纸来看——他拿起的是一份日本人口普查报告,这份报告介绍说:日本每年大约有250万婴儿出生。"250万!天呐,这么多?"多川博吓了一跳,因为他从来没思考过这个问题,"不过,这可是一个好市场,也许,还是一个难得的机遇!"

多川博不愧是一个天才商人,他的头脑如同一台高效能的电子计算机,立即飞速地运转起来。"婴儿,婴儿……"多川博满脑袋全是与婴儿有关的事物,"婴儿需要牛奶、需要糖,婴儿需要精巧、舒适的衣服,婴儿需要奶瓶、奶嘴,需要小手推车……"多川博想了一个又一个经营点子,但都被他一一推翻:什么牛奶、糖、衣服、奶瓶、奶嘴、小手推车……这些传统的婴儿用物早就有人生产、经营了,跟在人家屁股后面跑,要超过人家谈何容易!"应该找一个别人没有生产的东西来经营。"多川博自言自语道,"对!只有开发别人没有生产过的东西才能独领风骚!"多川博想到了"尿布"。"尿布!哪个婴儿能离得开尿布呢!"多川博兴奋起来,"如果每个婴儿每年使用两条尿布——这是最保守的数字了,一年就是500万条!如果每个婴儿每年使用四条,那就是1000万条!如果把市场扩展到国外去……"

多川博是个说干就干的人。他立即集中人力、财力进行尿布的研究、开发,并把尼西奇变为尿布专业公司。尼西奇的"尿布"上市后,大受欢迎。多川博没有止步,他组织一批精干的技术人员,不断地研制新型材料,开发新品种、创立名牌,令一个又一个"后来者"望尘莫及。多川博也博得了一个"世界尿布大王"的美称。

资料来源:豆丁网.日本尼西奇公司发展的秘诀[EB/OL].(2016-12-20).https://docin.com/p-146348241.html.

四、影响目标市场营销策略选择的因素

一个企业究竟采用何种目标市场营销策略,要受到多方面因素的影响和制约,具体

来说，企业选择目标市场营销策略应考虑下列因素：

（一）企业资源能力

企业实力雄厚，管理水平较高，可考虑采用差异性或无差异性营销策略；资源有限，无力顾及整体市场或几个细分市场的企业，则宜选择集中性营销策略。

（二）产品特点

同质性产品，消费需求差异较小，产品之间竞争主要集中在价格上，如钢铁、大米、食盐等初级产品，适用于无差异性营销策略；差异较大的产品，如汽车、家用电器、服装、食品等，适宜采用差异性营销或集中性营销策略。

（三）市场特点

如果顾客需求、购买行为基本相同，对营销策略的反应也大致相同，即市场是同质的，可实行无差异性营销策略；反之，则应采用差异性或集中性营销策略。

（四）产品生命周期

如果企业是向市场投入新产品，竞争者少，宜采取无差异性营销策略，以便了解和掌握市场需求和潜在顾客；当产品进入成长期或成熟阶段以后，就可采用差异性营销策略，以开拓新的市场，或实行集中性营销策略，设法保持原有市场，延长产品生命周期。

（五）竞争对手的营销策略

如果竞争对手实行无差异性营销策略，企业一般就应当采用差异性营销策略相抗衡；如果竞争对手已经采取差异性营销策略，企业就应进一步细分市场，实行更有效的差异性营销策略或集中性营销策略。当然，当竞争对手实力较弱时，也可以实行无差异营销策略。

第三节 市场定位

一、市场定位的概念

市场定位是在20世纪70年代由美国营销学家艾·里斯和杰克·特劳特提出的，其含义是指企业根据竞争者现有产品在市场上所处的位置，针对顾客对该类产品某些特征或属性的重视程度，为本企业产品塑造与众不同的、给人印象鲜明的形象，并将这种形象生动地传递给顾客，从而使该产品在市场上确定适当的位置。

传统的观念认为，市场定位就是在每一个细分市场上生产不同的产品，实行产品差异化。事实上，市场定位与产品差异化尽管关系密切，但有着本质的区别。市场定位是通过为自己的产品创立鲜明的个性，从而塑造出独特的市场形象来实现的。一项产品是多个因素的综合反映，包括性能、构造、成分、包装、形状、质量等，市场定位就是要强化或放大某些产品因素，从而形成与众不同的独特形象。产品差异化乃是实现市场定位的手段，但并不是市场定位的全部内容。市场定位不仅强调产品差异，而且要通过产品差异建立独特的市场形象，赢得顾客的认同。

需要指出的是，市场定位中所指的产品差异化与传统的产品差异化概念有着本质的区别，它不是从生产者角度出发，单纯追求产品变异，而是在对市场分析和细分化的基础上，寻求建立某种产品特色，因而它是现代市场营销观念的体现。简而言之，市场定位就是在客户心目中树立独特的形象。

在习近平新时代中国特色社会主义思想的指引下，贯彻"创新、协调、绿色、开放、共享"五大发展理念，全面推进五位一体总体布局和"四个全面战略布局"，中国经济以推进供给侧结构性改革为突破口进入新时代，构建具有中国特色的现代经济体系。中国企业要深刻把握我国社会主要矛盾变化，坚持质量第一、效益优先，以供给侧结构性改革为主线，率先实施质量变革、效率变革、动力变革，坚定做高质量发展的企业市场定位。

案例 5-7

市场定位＞品牌定位＞产品定位

什么是市场定位？它必须是在市场细分和目标市场选择之后，也就是我们确定下来目标市场以后的内容，而不是重复目标市场选择的工作。如果有部分重复，那只能说明你的目标市场根本就没有选择好。

当我们说我们的市场定位是北方市场或者是18~25岁的大学生和白领，都是不对的，因为这是目标市场选择的内容，不是定位的内容。我们之所以常常把目标市场选择与市场定位搞混是因为两者都关乎选择的考虑。

所谓市场定位就是在我们确定下来为之服务的目标市场上进行的定位，此时我们要考虑的不是为哪些人服务的问题，而是为已经确定的人群提供什么服务的内容，包括产品定位、品牌定位、功能定位、形象定位、价格定位、渠道定位等一系列的定位，不同的行业关注的定位方向会有所不同。

因此，市场定位是一个包罗诸定位的概念，而不是在多个市场备选方案中选择一个市场的情况，这不叫市场定位，这叫目标市场选择。必须是先有市场，才有定位，市场都没有，产品都不知道卖给谁，何谈定位？

这也是为什么一些营销教材在介绍营销战略的时候，会出现以下两种情况：一种是市场细分、目标市场选择、市场定位；另一种是市场细分、目标市场选择、产品定位。

定位的目的就是为了在目标市场上区分竞争对手，为顾客提供更好的产品和服务，如果整个市场上就你一家说了算，你就没必要定位，因为顾客没得选择，就这东西你爱要不要。实际上这种情况很少存在，我们绝大多数企业都处在激烈的竞争环境中，要比对手更好地满足顾客需求，要让顾客认为你比谁都更适合他，要做到这一点就必须把定位工作挪到顾客的心智中去做。

定位是这样一种逻辑关系：接受是因为喜欢，喜欢是因为留下了好印象，留下好印象是因为心智定位的成功。

事实上，这种逻辑关系正是品牌定位考虑的内容。品牌的使命就是让顾客记住你，忠诚于你。定位大师特劳特的定位就是站在品牌的角度来说的，强调在顾客心智阶梯上定位就是要攻心为上，而攻心是所有品牌定位的关键。

如何做到攻心？

你如果不足够了解你的顾客，要做到攻心是不可能的。事实上顾客在消费一些产品或者服务时，享受使用价值的同时还有心理价值在发酵。

人往高处走，水往低处流。对某一被大多数人向往的阶层来讲，有两种人群，一是已经进驻很长一段时间的人，二是即将或刚刚进驻的人。对同一款高级进口汽车来说，前者是重复型购买，是基于对品牌信赖的购买；后者是第一次购买，是基于对身份地位彰显的考虑。

穿普通牌子的鞋子和名牌鞋子是不一样的，前者倾向于功能价值，追求性价比，可能觉得自己目前的身份就应该是这样的消费水平，不想浪费；后者倾向于心理价值，更在乎精神层面的感受，可能觉得自己以属于某一特定人群，精神焕发。

品牌定位应该注意，顾客购买某一品牌，看重的不只是品牌的质量（结实耐穿，时尚美观等），还在于品牌的个性（敢想敢做，自由飞扬）。问题在于，品牌质量与品牌个性、品牌精神是否清晰地为顾客所认知，是否有其他品牌相同定位的干扰因素。只有品牌能被顾客清晰知道，才能留下足够深的印象，这就是在顾客心智上的有效定位。

很多企业把品牌定位想得过于简单，即先用一些精神感召、激情四射的辞藻堆砌品牌个性与品牌精神，然后展开猛烈地宣传攻势，以为这样就行了。这是远远不够的，在精神与个性、信念与态度的背后是老老实实的支持类工作，即品牌质量的打造。

没有足够优质的产品，再煽情的品牌价值主张也是苍白无力的。顾客是在认可了你的硬指标之后，才会接受你的软指标。想要做出优质的产品，必须要进行有效的产品定位，有效的产品定位是有效的品牌定位的基础。

围绕顾客关心的产品功能属性、产品提供的利益价值等变量进行的与竞争对手相区隔的定位工作就是产品定位。

总之，产品定位构成品牌定位的内容的一部分，与品牌定位一起构成市场定位的内容，即市场定位＞品牌定位＞产品定位。

资料来源：百度文库. 产品定位、品牌定位及市场定位[EB/OL].(2012-01-19).https://wenku.baidu.com/view/df258fee6294dd88d0d26bfe.html.

二、市场定位的作用

（一）有利于建立企业及产品的市场特色，是参与现代市场竞争的有力武器

在现代社会中，许多市场都存在严重的供大于求的现象，众多生产同类产品的厂家争夺有限的顾客，市场竞争异常激烈。为了使自己生产经营的产品获得稳定销路，防止被其他厂家的产品所替代，企业必须从各方面树立起一定的市场形象，以期在顾客心目中形成一定的偏爱。美国摩托罗拉公司在世界电信设备市场上成功地塑造了质量领先的形象，从而在激烈的市场竞争中居于领先地位。在不到10年的时间内，由一家小公司上升到世界十大"名牌"公司之一。

（二）是企业制定市场营销组合策略的基础

企业的市场营销结合受企业市场定位的制约，例如，假设某企业决定生产销售优质低价的产品，那么这样的定位就决定了：产品的质量要高，价格要低；广告宣传的内容要突出强调企业产品质优价廉的特点，要让目标顾客相信货真价实，低价也能买到好产品；分销储运效率要高，保证低价出售仍能获利。也就是说，企业的市场定位决定了企业必须设计和发展与之相适应的市场营销组合。

三、市场定位的步骤

市场定位的关键是企业要设法在自己的产品上找出比竞争者更具有竞争优势的特性。

竞争优势一般有两种基本类型：一是价格竞争优势，就是在同样的条件下价格比竞争者更低。这就要求企业采取一切努力来降低单位成本；二是偏好竞争优势，即能提供确定的特色来满足顾客的特定偏好。这就要求企业采取一切努力在产品特色上下工夫。因此，企业市场定位的全过程可以通过以下三个步骤来完成：

（一）分析目标市场的现状，确认本企业潜在的竞争优势

这一步骤的中心任务是要回答以下三个问题：一是竞争对手产品定位如何？二是目标市场上顾客欲望满足程度如何以及确实还需要什么？三是针对竞争者的市场定位和潜在顾客真正需要的利益要求，企业应该做什么？要回答这三个问题，企业市场营销人员必须通过一切调研手段，系统地设计、搜索、分析并报告有关上述问题的资料和研究结果。通过回答上述三个问题，企业就可以从中把握和确定自己的潜在竞争优势在哪里。

（二）准确选择竞争优势，对目标市场初步定位

竞争优势是指企业能够胜过竞争对手的能力。这种能力既可以是现有的，也可以

是潜在的。选择竞争优势实际上就是一个企业与竞争者各方面实力相比较的过程。比较的指标应是一个完整的体系,只有这样,才能准确地选择相对竞争优势。通常的方法是分析、比较企业与竞争者在经营管理、技术开发、采购、生产、市场营销、财务和产品等七个方面究竟哪些是强项,哪些是弱项,借此选出最适合本企业的优势项目,以初步确定企业在目标市场上所处的位置。

(三)显示独特的竞争优势和重新定位

这一步骤的主要任务是企业要通过一系列的宣传促销活动,将其独特的竞争优势准确传播给潜在顾客,并在顾客心目中留下深刻印象。首先,企业应使目标顾客了解、知道、熟悉、认同、喜欢和偏爱本企业的市场定位,在顾客心目中建立与该定位相一致的形象。其次,企业通过各种努力强化目标顾客形象,保持目标顾客的了解,稳定目标顾客的态度和加深目标顾客的感情来巩固与市场相一致的形象。最后,企业应注意目标顾客对其市场定位理解出现的偏差或由于企业市场定位宣传上的失误而造成的目标顾客模糊、混乱和误会的情况,及时纠正与市场定位不一致的形象。

四、市场定位的策略

(一)初次定位

初次定位是指企业初入市场、企业新产品投入市场或产品进入新市场时,企业运用所有的市场营销组合所进行的市场定位。

1. 根据具体的产品特点定位

构成产品内在特色的许多因素都可以作为市场定位所依据的原则,如所含成分、材料、质量、价格等。"七喜"汽水的定位是"非可乐",强调它是不含咖啡因的饮料,与可乐类饮料不同。"泰宁诺"止痛药的定位是"非阿司匹林的止痛药",显示药物成分与以往的止痛药有本质的差异。一件仿皮皮衣与一件真正的水貂皮衣的市场定位自然不会一样。同样,不锈钢餐具若与纯银餐具定位相同,也是难以令人置信的。

2. 根据特定的使用场合及用途定位

为老产品找到一种新用途,是为该产品创造新的市场定位的好方法。小苏打曾一度被广泛的用作家庭的刷牙剂、除臭剂和烘焙配料,现在已有不少的新产品代替了小苏打的上述一些功能。另外还有家公司把它当作了调味汁和肉卤的配料,更有一家公司发现它可以作为冬季流行性感冒患者的饮料。我国曾有一家生产曲奇饼干的厂家最初将其产品定位为"家庭休闲食品",后来又发现不少顾客购买是为了馈赠,又将之定位为"礼品"。

3. 根据顾客得到的利益定位

产品提供给顾客的利益是顾客最能切实体验到的,也可以用作定位的依据。如美国米勒(Miller)曾推出了一种低热量的"Liter"牌啤酒,将其定位为"喝了不会发胖的啤酒",迎合了那些经常饮用啤酒而又担心发胖的人的需要。

4. 根据使用者类型定位

企业常常试图将其产品指向某一类特定的使用者,以便根据这些顾客的看法塑造恰当的形象。例如,"静心口服液"的消费群体不是一般太太,而是进入更年期的太太阶层;"奔驰"牌轿车的消费群体不是一般的乘坐者,而是有一定身份和地位的人。

案例 5-8

滴滴外卖,与其最初市场定位不矛盾

白领的命是外卖给的,餐饮店老板的命是外卖平台给的。王兴曾说过:"外卖业务做得好,就相当于搜索和电商了。"一语道破天机,现在平均每5个人就有1个人是外卖平台的用户,这些用户几乎是目前社会主流年轻劳动力,给他们提供最高频的消费服务,意味着抢占了线下消费的"流量入口"。锁住一个人的胃,就要拴住一个人的心。

自从2018年4月份滴滴外卖在无锡试点之后,使得整个外卖平台格局又重新回到了"外卖三足鼎立"的新局面。由于外卖是平台把线下商户线上化的"轻运营"模式,谁能融到更多钱,发起人海大战,谁就有可能抢到更大的市场。所以,当滴滴做外卖除了美团"不爽"以外,消费者挺开心的,因为补贴又来了!

此前有人质疑滴滴做外卖这一多元化业务仅是出于战略防御美团,这其实是没有看清当前互联网公司的业务之间的融合化、协同化,想让对手不干你的业务不现实,强者会主动出击。截至2018年7月25日,滴滴外卖已登陆无锡、南京、泰州、成都、郑州等地,济南已经列入8月计划,表明滴滴外卖绝非试水而已,这是滴滴公司重点扶持的新业务,大有拓展至全国的势头。

马云曾说过:"大多数人,因为看见,所以相信;少部分人,因为相信,所以看见。"这句话用来形容滴滴做外卖业务非常妥帖。滴滴做外卖其实酝酿了很长时间,滴滴很早就参与"饿了么"的投资,滴滴天使投资人朱啸虎曾是张旭豪的天使投资人,滴滴对外卖市场的理解其实比外界想象深入很多,只是他们一直在等待合适的时间,一旦做外卖,肯定是奔着做"大规模效益"去的。

(1) 从用户端来看:外卖经过六七年的市场教育,在全国白领那里的消费习惯已经养成,这是滴滴外卖弯道超车的用户基础。具体到每个用户那里,既然用户在不同平台上点的是同一家的饭菜,那当然是希望选择更便宜的一家,用户非常聪明知道保持外卖平台"鹬蚌相争"对自己的益处。平台也一直在顺应用户这种"羊毛党"心态,做活动运营提升转化,我们看到,滴滴外卖每在一个城市推出,都会让该城市的白领享受到优惠,订单自然就像是"自来水"一样。

滴滴外卖的用户一方面来自于平台上的打车用户,另一方面是来自其他平台,如美团用户。对于前者,滴滴用户的家庭、公司等常用地址还可以用上,也能根据其星级推荐不同价格档次的菜品;对于后者,美团外卖一直停留在"送餐"上,与消费者之间的接触比较浅层,而滴滴司机与用户接触共时服务,因而用户对滴滴的黏性更强一些。另外,大家从打车费用客单价与外卖客单价比较,就可以明确分辨出两者平台上客户购买力净值。

(2)从商家端来看:每个餐饮店老板都希望有多个外卖平台的骑手来自家门店取餐,多入驻一家平台等于多一个销售渠道,到消费者那里的曝光率增多了,从而将销量进行拉升,根据滴滴外卖入驻城市的餐厅老板反馈,订单量是滴滴外卖没有进驻前的三四倍。

已取得优势的电商及O2O平台容易逼迫商家"二选一"以持续其垄断地位,继而在商家那里获得更强的广告流量和端口费议价能力。商家也学乖了,只有多家的地推、BD来与自己谈合作时,才能在纵横捭阖之间渔翁得利。"在商言商",滴滴外卖之所以得到全国这么多商家拥护,并不是滴滴给了他们更好的推广位,而是现实的选择。

(3)从骑手端来看:在自动驾驶还没有发达到可以直接送上写字楼,用户被宠得只想原地等饭来,骑手实际上扮演着用户和商户的连接者角色,未来很长一段时间不会有失业风险。目前外卖平台招募的骑手有的是发工资的员工、有的是兼职跑腿,但对他们来说无论是给哪个平台送餐,只要有钱赚就好了,哪家订单量大、提成高就去哪家。

在这点上,我对滴滴充满了信心,滴滴没有给司机发工资,也没有采购过任何一辆汽车送给司机开,就能通过滴滴这个平台调动起无数人的创业积极性。与滴滴招募司机对驾驶及车辆的严格准入条件相比,招募骑手简直太简单了,常年在街边跑得骑手们本身也是抱团化生存的,骑手跨平台流动非常正常,为滴滴外卖的服务能力提供了稳定保障。

(4)从政策端来看:当地政府主管部门当然是希望多个外卖平台的相互竞争带动当地餐饮业繁荣,越来越多的夫妻店、餐饮店生意好了也能征收更多营业税,因而我们看到各地政策是严格打击某些平台试图垄断的。并且外卖平台每开一座城市,就能够给当地带来一些就业岗位。你会发现,滴滴外卖每到一座城市,都是受地方政策热烈欢迎的,发展想不快都难!

(5)从技术端来看:滴滴在出行领域已完成各个细分业务的布局,拼车、快车、专车、单车、巴士、代驾、企业用车等都涉及,滴滴能够实现人、车两侧位置移动的即时匹配,其算法成为智慧交通的先导。某种程度上,外卖送餐也是短途交通一部分,滴滴外卖能运用高精度地图,实时为骑手规划取餐和送餐的路径,做好抢单的智能分流。

滴滴用送人技术来送餐是"降维打击"美团送餐依赖配送员识路的经验模式。虽然美团谈到了无人配送业务,但根据环球网发布的中国人工智能企业实力调研报告来看,滴滴在自动驾驶这一项技术上仅次于百度,而美团的技术远远落后。在末端快递外卖网络健全之下,短期内路径规划技压一等,长期来看自动驾驶外卖也能给送餐带来新体验。反观,美团用送餐的模式在技术上还需要打磨和积累。

外卖与网约车市场进驻城市的速度其实是其背后的技术、运营效率、品牌、人员管理、政策等多方面的合力。两者之间的较量有个不可回避的因素是资金实力。美团正谋求赴港上市,业界有人解读是美团的亏损让投资人有点急了,急需二级市场上去融资。而滴滴获得了来自美团股东 Booking Holdings 的 5 亿美元战略投资。

抛开竞争的视角来看待外卖行业,滴滴外卖入局能够提升整个外卖行业服务层次和水平,滴滴外卖骑手在遵守交通规则、职业化穿着、有序接单及时送餐上更像是"正规军"。接下来,滴滴外卖如果能像建立司机信用体系一样,将商户、用户、骑手诚信体系、评分体系完善化,将使用户吃得更放心,能够直接推动外卖行业的迭代发展。

资料来源:李星.滴滴外卖版图扩张,美滴大战持续开放?[EB/OL].(2018-07-30). https://www.sohu.com/a/244140348_114819.

(二)避强定位

避强定位,又称"回避定位",是指企业力图避免与实力最强的或较强的其他企业直接发生竞争,而将自己的产品定位于另一市场区域,使自己的产品在某些特征或属性方面与最强或较强的对手有比较显著的区别。

(三)针锋相对定位策略

针锋相对定位策略,又称竞争性定位策略,指企业选择在目标市场上与现有的竞争者靠近或重合的市场位置定位,这种策略是与竞争对手争夺同样的目标消费者。采用这种策略时,企业与竞争对手在产品、价格、分销及促销等方面基本没有差别。

例如,美国可口可乐与百事可乐是两家以生产销售碳酸型饮料为主的大型企业。可口可乐自1886年创建以来,以其独特的味道扬名全球,使其"同胞兄弟"百事可乐在第二次世界大战前仍望其项背。第二次世界大战后,百事可乐采取了针锋相对的策略,专门与可口可乐竞争,把自己置身于"竞争"这个独到的市场定位。半个多世纪以来,这两家公司为争夺市场而展开了激烈竞争,他们都以相互间的激烈竞争作为促进自身发展的动力及最好的广告宣传,百事可乐借机得到迅速发展。1988年,百事可乐荣登全美十大顶尖企业榜,成为可口可乐强有力的竞争者,应该说这与百事可乐借名创名的市场定位策略是密不可分的。百事可乐总裁罗杰·恩瑞将竞争定义为"未必要打倒敌人"。事实正是这样,通过这场旷日持久的饮料大战,可乐饮料引起了越来越多消费者的关注,当大家对百事可乐-可口可乐之战兴趣盎然时,双方都是赢家,因为喝可乐的人越来越多,两家公司都获益匪浅。

(四)重新定位

企业在选定了市场定位目标后,如定位不准确或虽然开始定位得当,但市场情况发生变化时,如遇到竞争者定位与本企业接近,侵占了本企业部分市场,或由于某种原因消费者或用户的偏好发生变化,转移到竞争者方面时,就应考虑重新定位。

 **本章小结**

本章主要讲述了如何进行STP分析。① 市场细分(segmentation),遵循一定原则、按照一定标准对市场进行合理细分;② 目标市场选择(targeting),就是按照一定模式正确选择目标市场,并采取适当的目标市场营销策略;③ 市场定位(positioning),对选择的目标市场进行准确的定位分析。

 **实训操练**

一、知识测试

1. 市场细分的作用有哪些?
2. 影响目标市场营销策略选择因素有哪些?
3. 为什么要进行市场定位?

二、课堂实训

培养选择目标市场范围模式以及目标市场策略的能力。

1. 实训目的

(1) 培养学生判断目标市场范围选择的能力。

(2) 培养学生选择目标市场的能力。

(3) 培养根据选择目标市场必须考虑的因素,扬长避短结合应用的能力。

2. 实训方案

(1) 假如你的企业正准备推出一种营养早餐,确定采用密集性市场策略,请研究你的消费者的消费模式。

(2) 调查市场。根据目标市场的五种范围模式,判断五种企业的目标市场范围类型。

三、案例分析

小米公司的目标市场

一、小米公司及小米手机简介

北京小米科技有限责任公司成立于2010年3月3日,是一家专注于智能硬件和电子产品研发的移动互联网公司,同时也是一家专注于高端智能手机、互联网电视以及智能家居生态链建设的创新型科技企业。"为发烧而生"是小米的产品概念。小米公司创造了用互联网模式开发手机操作系统、发烧友参与开发改进的模式。小米还是继苹果、三星、华为之后第四家拥有手机芯片自研能力的科技公司。

"让每个人都能享受科技的乐趣"是小米公司的愿景。小米公司应用了互联网开发模式开发产品的模式,用极客精神做产品,用互联网模式"干掉"中间环节,致力让全球每个人都能享用来自中国的优质科技产品。

小米已经建成了全球最大消费类LOT物联网平台,连接超过1亿台智能设备,MI-

UI月活跃用户达到1.9亿。小米系投资的公司接近400家,覆盖智能硬件、生活消费用品、教育、游戏、社交网络、文化娱乐、医疗健康、汽车交通、金融等领域。

小米手机是小米公司研发的一款高性能发烧级智能手机。小米手机坚持"为发烧而生"的设计理念,将全球最顶尖的移动终端技术与元器件运用到每款新品上,小米手机超高的性价比也使其每款产品成为当年最值得期待的智能手机。小米手机采用线上销售模式,目前,采用高通骁龙600四核的小米手机2S已在其官网进行销售,售价1999元;小米手机2A搭载高通骁龙S4 Pro双核1.7GHz,超越大多数四核手机性能,售价1499元;小米手机2,四核1.5GHz,官网售价1949元。

二、小米手机的市场细分分析

1. 市场细分(segmentation)

市场细分的标准有地理因素、人口因素、心理因素、行为因素。小米手机目前已经在大陆和港台地区销售,有多家运营商给予支持,小米手机因其价格低廉,适合中国地区消费者的习惯,按照地理因素市场细分小米手机市场可以分为大陆市场、港台市场。而小米作为一款智能手机,我们也可以用人口因素和行为因素做标准来进行市场细分:

(1) 商务型

年龄主要集中在30~45岁的职场用户。群体特点是拥有稳定的收入,具备对各价位智能手机的购买能力。他们是商业社会中最重要的群体之一,他们处于企业的中上层,日常工作繁忙。首先,他们对手机通话及数据传输的连续性及质量有要求;其次,手机也承载了其大部分的重要数据,所以对安全性保密性要求高;最后,他们需要随时随地处理各种文件,对手机办公的依赖程度高。所以商务型手机应该帮助用户既能实现快速而顺畅的沟通,又能高效地完成商务活动。

(2) 娱乐型

以学生群体和年轻的上班族为主。群体特点是年龄相对于商务型较下,经济能力较弱。他们使用手机已经不仅仅是通讯用了,录音、照相、摄像、游戏、上网等功能更为他们所青睐,他们推崇时尚,重视手机的娱乐性。所以他们对手机的要求主要是:价格合理,设计时尚,功能多样,娱乐性强。

(3) 开发型

手机市场中比例较小的消费者群体,年龄主要是20~30岁,IT相关行业工作者或手机发烧友。这类消费者的特点是对手机有极大的探索热情,会使用手机绝大部分功能,尽可能地开发自己手机的潜力,包括为开源的手机系统写软件。

2. 目标市场(targeting)

小米手机采用密集式市场差异性营销策略,在不同时间用同一系列产品征服了追求时尚、对科技高度敏感的群体。

从小米手机的现有外观和功能看,小米公司一直将时尚一族的年轻人作为主要的目标顾客。年轻人对通讯产品功能、外形有着非常高的诉求,比如米聊等。

小米手机有着时尚的外形、触摸屏,开发了小米云服务,实现了手机数据的云端储存。小米手机的UI界面简洁大方,符合中国人的使用习惯,又给人以iPhone的感觉。另外小米手机中的多款小工具也是针对不同人群使用习惯而开发的。商务人士看重手机的功能,比如文档处理、邮件收发等功能。因此商务人士是小米手机的次要受众。除此之外,小米手机开源,在网上创建小米社区、MIUI论坛等交流平台,提供一个手机UI制作交流的平台,促使智能手机的改革,其手机配置较高,满足IT工程师对其系统改造,以符合自身使用习惯,从此可以明显显现出的特点是,它是一款发烧类型手机产品,其一个非常重要的目标群体是手机发烧友。

3. 市场定位(positioning)

小米手机把自己定位于"为发烧而生"的智能通讯产品。在智能通讯市场上,代表了对智能手机的狂热追求。拥有小米,就是拥有了狂热。小米具备的不断创新的特性,更是能一直吸引对小米有品牌忠诚的消费群体。

小米手机的市场定位战略有形象差异化战略、服务差异化战略和产品差异化战略三种。

(1) 形象差异化战略

小米手机在产品的核心部分与竞争者雷同的情况下塑造不同的产品形象以获取差别优势。独特的MIUI系统,不一样的安卓体验,给消费者贴心的体验。

(2) 服务差异化战略

服务酷体验。小米手机在其品牌塑造上,不采用传统的硬性营销手段,而更倾向于柔性的体验制造,公司强调让消费者参与到营销活动中,他们开设有自己的网站,在网站上进行销售,甚至在微博、微信等社交平台上与消费者互动,使其参与到小米手机营销活动中。

(3) 产品差异化战略

优秀的产品。小米手机不等同于其他智能手机,它不仅拥有其他智能手机的基本性能,还有其他智能手机所不具备的高端性能,并且它的创新性是无与伦比的,比如全新的MIUI V5系统,界面变得漂亮了,动画变得华丽了,功能还有很大程度上的加强,其在操作性上与其他品牌的手机相比占有领先地位。

资料来源:豆丁网.小米手机STP案例分析[EB/OL].(2020-04-05).https://www.docin.com/p-2339027989.html.

阅读以上材料,请思考下列问题:

1. 小米手机是按照什么标准对市场进行细分的?
2. 小米手机的市场定位是什么?
3. 小米手机的成功带给我们哪些启示?

下篇
实务篇

第六章 产品策略

(1) 理解产品的整体概念及层次结构。
(2) 掌握产品组合的含义及策略。
(3) 理解产品生命周期的涵义,掌握产品生命周期各阶段的营销策略。
(4) 理解品牌的内涵,掌握品牌和包装策略。

(1) 能够对产品所处的生命周期阶段进行分析,灵活运用不同阶段的营销策略。
(2) 能够进行初步的产品品牌设计与策划。
(3) 能够初步运用包装策略。

肯德基的中国化

肯德基(KFC)是美国著名的快餐连锁企业,1952年由哈兰·山德士上校在盐湖城创建,主要经营炸鸡、薯条、汉堡、冰激凌等西式快餐食品。

1987年,肯德基进入中国市场,在北京开建了中国第一家餐厅,并很快进行了产品本土化的尝试。肯德基邀请了中国40余位国家级食品营养专家,成立了"中国肯德基食品健康咨询委员会",他们在开发适合中国人口味的快餐食品方面发挥了关键的作用。在对中国文化和消费者的饮食习惯进行了深入的研究和调查的基础上,肯德基推出了符合中国消费者口味的中式快餐,如米饭(蘑菇饭、牛肉饭等)、粥(皮蛋瘦肉粥、枸杞南瓜粥等)、汤(芙蓉鲜蔬汤、番茄蛋花汤等)、油条等,深受消费者的青睐。针对中国很多地方的人喜欢吃辣的偏好,肯德基中国公司还推出了香辣鸡腿堡、川辣嫩牛五方、川香辣子鸡、辣鸡翅等产品,取得了很好的成效。

资料来源:豆丁网.肯德基在中国的本土化经营分析[EB/OL].(2014-05-24).http://www.docin.com/p-817924565.html

肯德基能在中国取得如此大的成功,根本原因之一是它前期进行了充分的市场调研,推出了符合中国消费者消费特点的产品,并能够用最有效的方式进行营销。

企业所提供的产品能否满足消费者的需求,在很大程度上决定了该企业的兴衰成败。在市场经济条件下,企业只有加强市场调研,根据消费者需求的变化及时调整产品营销策略,才能强化企业产品的竞争能力。因此,产品策略就成了企业市场营销组合的核心内容。

第一节 产品与产品组合

案例6-2

手表界的"王者":劳力士钟表

1905年,汉斯·威尔斯多夫和一个姓戴维斯的英国人合伙在伦敦创办了"威尔斯多夫与戴维公司",开始经营钟表业务。1908年7月2日,威尔斯多夫在瑞士的拉夏德芬注册了劳力士(ROLEX)商标。世界钟表业从此多了一个奢侈品牌,并出现了一次又一次里程碑式的创新。

1914年,劳力士的一款小型腕表获得英国KEW天文台颁发的A级证书,这是权威天文台对钟表精确度的最高级别认可。这一殊荣使得劳力士身价倍增,此后数十年,劳力士成为了"精确"的代名词。

第一次世界大战结束后的1926年,劳力士推出了世界上第一只防水防尘表,即著名的劳力士"蚝式(Oyster)"表。

1927年,一位英国女游泳运动员戴着这种防水表横渡英吉利海峡。在水中整整浸泡了15个小时后,那只劳力士表仍旧分秒不差,运转如常。当时,这件事被英国媒体称为"制表技术最伟大的胜利"。由此奠定了劳力士在手表防水技术上的领先地位。1931年,劳力士制造出了后来风靡一时的"恒动(Perpetual)"表,给钟表业带来了一场革命。这种自动表的中轴有一个摆铊,能把手腕摆动的轻微动作转换为手表的动力,因而无需人工上链。这在当时被公认为最精确可靠的手表自动上链技术。

1945年,劳力士推出全球首只可以自动转换日期的手表。1956年,推出了具备星期显示功能的日历表,并有26国文字可供选择。1955年,劳力士发明飞行员手表,以便人们在不同时区测量精确的时间。同年,劳力士为深海潜水员研制的潜水表问世,其防水深度达到100米。

劳力士最初使用的标志是一只五指伸开的手掌,寓意其产品完全靠手工精制,后来逐渐演变为现在人们所熟知的皇冠,展现着劳力士在制表业的帝王之气。在国际市场上，一只普通劳力士手表的价位从1000~15000美元不等。虽然价格不菲，但人们还是认为物有所值。这不仅由于劳力士的品质精良，还因为它具有独特的投资价值。劳力士古董表的"抗跌"能力极强，2002年在日内瓦举行的一次拍卖会上，一只越南末代皇帝保大戴过的1952年款劳力士万年历金表以34.2万瑞士法郎（当时约合23.54万美元）天价拍出。

劳力士手表一向以专业功能见长，因此深得全世界专业人士的推崇。在20世纪的机械表时代，劳力士一直是全球手表业的领头羊。时至今日，超卓的工艺与技术依旧使得劳力士保持着手表业的翘楚地位。

资料来源：道客巴巴.品牌史话：劳力士[EB/OL].(2014-08-30).http://www.doc88.com/p-9148158589475.html

一、产品整体概念

产品整体概念是在市场竞争日益激烈和顾客权力逐渐增强的背景下产生的，与传统的产品概念相比，它有更宽广的外延和更丰富的内涵。

传统的产品概念是指人们通过生产劳动创造出来的具有特定用途和物质形态的实体，如手机、服装、汽车等。在现代市场营销学中，产品则是指人们通过创造并用来交换以满足其需要的一切有形和无形的要素，既包括实物、场所、服务，又包括建议、思想、意识等。

产品的整体概念一般包括三个方面的内容，如图6.1所示。

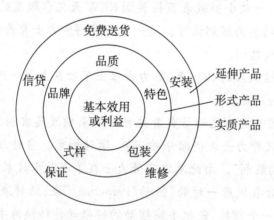

图6.1　产品整体概念示意图

（一）实质产品

实质产品，又称核心产品，是指向消费者提供的基本效用或利益。消费者购买某项产品并不是为了占有或获得产品的本身，而是为了满足某种需要。如人们购买洗衣机并不是为了获得由某些机械、电器零部件组成的一个箱子，而是希望其能帮助其减轻家务劳动；购买手机是为了通信联络；购买自行车是为了交通方便等。研究核心产品，是为了更好地满足顾客需求。

(二)形式产品

形式产品,是指核心产品借以实现的形式,主要由品质、特色、式样、品牌、包装等五个方面的内容构成。产品的基本效用必须通过形式产品才能有效地体现出来,才能为顾客所识别。

(三)延伸产品

延伸产品,又称附加产品,是指顾客购买产品时所得到的附加服务和利益,包括产品说明书、咨询、保证、安装、维修、送货、技术培训、资金融通等。在现代市场条件下,附加利益和服务的竞争已经成为企业竞争的重要组成部分,成了企业经营成败的关键。

二、产品的分类

(一)按产品的用途和特点划分

按产品的用途和特点,可分为消费品和工业品两类。

1. 消费品

消费品,又称生活消费资料,是指直接用于满足消费者最终生活需要的产品。根据消费者的购买习惯,可将其分为便利品、选购品、特殊品和非渴求品四类。

(1)便利品

指消费者随时需要、经常购买的产品,如香烟、饮料、报纸、油盐等。这类产品通常价格较低,消费者希望花较少的时间和精力,就近即可买到。便利品的营销,要力争在时间、地点和销售方式上为顾客提供最大限度的方便。

(2)选购品

指产品的花色品种较多,消费者在购买前需要反复挑选和比较才决定是否购买的物品,如服装、家具、化妆品等。经营这类产品,应特别注意其质量和特色,以及配备训练有素的销售人员,为顾客提供相关信息及咨询服务。

(3)特殊品

指具有独特的品质、特色或品牌标记,消费者愿意花费时间和精力去选购的物品,如名牌服装、高档手表、供收藏的邮票和钱币等。所以,应注意突出其品牌地位,并且要有可靠的质量保证和良好的售后服务。

(4)非渴求品

指消费者不知道或者即使知道了也没有兴趣购买的产品,如刚上市的新产品、人寿保险等。对这类产品,需要通过反复的广告宣传和示范解释才能使消费者了解和接受,因此,企业需要做出相当的促销努力。

2. 工业品

工业品,是指由企业或组织购买后用于生产其他产品的物品,一般可分为三类:

(1) 原材料和零部件

指完全进入生产过程并全部转化为新产品的那部分产品,包括原材料、半成品和零部件。原材料可分为农产品(如粮、棉、果、蔬、茶等)和天然产品(如木材、煤炭、原油、铁矿砂等)。半成品和部件包括构成材料(如铁、水泥、棉纱、面粉等)和构成部件(如轮胎、铸件等)。

(2) 资本项目

指购买者用于生产和管理过程中的工业产品,包括主要设备(如建筑物、空调、电梯等)和附属设备(如载重卡车、办公桌、打印机等)。附属设备的使用寿命一般比主要设备短,并且只用于生产过程中。

(3) 易耗品和服务

是指可以用于维持企业的生产经营活动,但其本身并不进入生产过程的产品。易耗品主要包括作业用品(如润滑油、纸张、油墨等)和维修用品(如油漆、灯泡、钉子等)。

(二) 按消费品的使用时间长短划分

按消费品的使用时间长短,可分为耐用品、半耐用品和非耐用品三类。

1. 耐用品

该类产品的最大特点在于使用时间长,且价格比较昂贵或者体积较大,如家电、汽车、金银首饰等。消费者在购买此类产品时,比较重视产品的质量、品牌以及售后服务,对产品的附加利益要求也比较高。企业在生产时,应注重产品的质量、销售服务和销售保证等,同时应选择信誉较好、知名度较高的大型商场或专卖店进行产品销售。

2. 半耐用品

半耐用品,是指可以使用一段时间的物品,如大部分纺织品、服装、鞋帽等。对于这类产品,消费者不需要经常购买,但购买时,对产品的质量、价格、规格、样式、色彩、型号等方面会进行有针对性的比较、挑选。企业在生产此类产品时,应注意除保证产品的质量外,还要提供更多的花色品种,以满足消费者多样化的需求。

3. 非耐用品

非耐用品,是指一次性消耗或使用时间很短的物品,如肥皂、牙膏、化妆品等。对这样的产品,消费者需要经常购买且希望能方便及时地购买。因此,企业应在人群集中、交通方便的地区设置较多的零售网点。

三、产品组合及策略

(一) 产品组合、产品线和产品项目

① 产品组合,是指一个企业生产经营的全部产品的组合方式,即全部产品的结构。

产品组合通常由若干产品线组成。

② 产品线,也称产品系列或产品大类,是指在功能、结构等方面密切相关,能满足同类需求的一组产品。每条产品线内包含若干个产品项目。

③ 产品项目,是指产品线中各种不同品种、规格、型号、质量和价格的特定产品。产品项目是构成产品线的基本元素。例如,某企业生产电视机、电冰箱、空调和洗衣机4个产品系列,即有4条产品线。其中,电视机系列中的29英寸彩色电视机就是一个产品项目。

(二) 产品组合的广度、长度、深度和相关性

1. 产品组合的广度

也称宽度,是指一个企业的产品组合中拥有的产品线的数目,它表示企业生产经营的产品种类的多少和范围大小。产品线多,则产品组合广度宽,少则窄。例如,宝洁公司在中国市场推出的产品组合有8条产品线,即洗涤剂、洗发护发用品、护肤美容用品、个人清洁用品、口腔护理用品、婴儿护理用品、纸巾和食品,则其产品组合的宽度为8。

2. 产品组合的长度

是指一个企业的产品组合中产品项目的总数。它表示企业生产经营的产品品种的多少和复杂程度的高低。产品项目多,则产品组合长度长,少则短。

3. 产品组合的深度

是指一个企业每条产品线中有多少具体产品项目(如花色、规格、大小、口味等)。例如,宝洁公司的佳洁士牌牙膏有3种规格和2种配方(普通味和薄荷味),佳洁士牌牙膏的深度就是6。

4. 产品组合的相关性

是指企业各条产品线在最终用途、生产条件、分销渠道或其他方面的相关程度。它表示企业生产经营的产品之间相关性的大小,以及对企业经营管理水平要求的高低。例如,某企业生产电视、冰箱、空调等产品,则产品组合的关联性较大;若该企业同时生产化妆品和服装,那么,这种产品组合的关联性就很小。

不同的产品组合的广度、长度和关联性,构成不同的产品组合方式。企业可以根据市场需求、竞争状况和自身的能力等对产品组合的广度、长度和相关性加以优化和调整。

(三) 产品组合策略

产品组合策略是企业对产品组合的广度、深度和关联性等方面进行选择、调整的决策。企业在制定产品组合策略时,应根据市场需求、企业资源、技术条件、竞争状况等因素,进行科学分析和综合比较,确定合理的产品结构。同时,随着市场需求的变化,还要适时地调整产品组合,增强企业的竞争能力,为企业带来更多的利润。可供选择的产品组合策略一般有以下几种:

1. 扩大产品组合

这种策略包括拓展产品组合的广度和加强产品组合的深度。

（1）拓展产品组合的广度

是指在原产品组合中增加一条或若干条产品线,扩大企业的生产经营范围。当企业预测现有产品线的销售额和利润率在未来1~2年可能下降时,就应考虑在现有产品组合中增加新的产品线,或加强其中有发展潜力的产品线,弥补原有产品线的不足。

（2）加大产品组合的深度

是指在原有的产品线内增加新的产品项目,增加产品的花色、品种。随着市场需求不断发展变化,企业应及时发展新的产品项目,以满足顾客需求,增强产品的竞争力。增加产品项目的数量,可以通过发掘尚未被满足的那部分需求来确定。

一般而言,扩大产品组合,可使企业较好地实现资源的优化配置,分散市场风险,增强企业的竞争能力。

2. 缩减产品组合

缩减产品组合,即减少产品线,缩小经营范围,实现产品专业化。当市场繁荣时,扩大产品组合可能为企业带来更多的盈利机会。但当市场不景气或原材料、能源供应紧张时,缩减产品组合反而可能会使总利润上升。这是因为从产品组合中剔除了那些获利很少甚至亏损的产品线或产品项目,使企业可以集中力量发展那些获利多、竞争力强的产品线和产品项目。

3. 产品线延伸

产品线延伸,是指部分或全部地改变企业原有产品线的市场定位。产品线延伸策略一般可以分为以下三种:

（1）向下延伸

即生产经营高档产品的企业,在原有产品线中增加低档产品项目。这种策略通常有以下优点:

① 可以充分利用高档名牌产品的声誉,吸引购买力水平较低的顾客慕名购买这种产品线中的低档产品。

② 当高档产品的销售增长速度下降,市场范围有限时,企业可以充分利用其资源设备生产低档产品,吸引更多的顾客。

③ 企业通过进入中、低档产品市场,可以有效地提高销售增长率和市场占有率。

④ 可以填补企业的产品线空白,以防止新的竞争者进入。

实行这种策略也会给企业带来一定的风险,如果处理不慎,很可能影响企业原有产品的市场形象和名牌声誉。

（2）向上延伸

即生产经营低档产品的企业,在原有产品线中增加高档产品项目。实现这种策略的主要原因有以下三点:

① 高档产品市场具有较高的销售增长率和利润率。

② 企业自身的技术设备和营销能力已具备进入高档市场的条件。

③ 企业想成为生产种类齐全的企业。

采用这种策略的企业也要承担一定的风险,因为要改变产品在消费者心目中的原有印象是有相当难度的,如果决策不当,不仅难以收回开发新产品的成本,还会影响老产品的市场声誉。

(3)双向延伸

即原定位于中档产品市场的企业,在掌握了市场优势以后,将产品项目向高档和低档两个方向延伸。这种策略有助于企业扩大市场占有率,加强企业的市场地位,使企业得到快速的发展。

4. 产品线现代化

随着社会地不断进步,科学技术地发展也在日新月异。如何把现代科学技术应用到生产过程中去,向消费者提供品质优良、使用方便、款式美观、经济实用、符合人们现代生活方式的产品?如何降低企业的生产成本,增强企业的竞争能力?这就要求企业必须对现有的产品线进行现代化改造。企业一般可采取两种方式:一种是逐步实现技术改造,另一种是全面更新。逐步现代化可以节省投资,但缺点是容易被竞争者所察觉,从而采取对策与己抗衡;全面更新可出奇制胜,增加击败竞争对手的可能性,但所需投资较大。

四、新产品策略

企业不断开发新产品是形成其竞争优势的一个主要因素。市场营销学中的新产品概念不是从纯技术角度理解的,一般认为,只要产品在功能或形态上得到改进,与原产品产生差异,并为消费者带来新的利益和满足,即可视为新产品。企业新产品开发的实质是推出不同内涵与外延的新产品,对大多数公司来说,则是改进现有产品而非创造全新产品。

(一)新产品的类型

① 全新产品,是指企业利用全新的原理、技术、材料和工艺研发出来的,市场上过去从来没有的、能够满足消费者新的需求的产品。

② 改进新产品,是指企业在原有产品的技术和原理的基础上,采用相应的改进技术,使产品外观、性能有一定改进的新产品。

③ 换代新产品,是指企业在产品原有技术基础上,采用或部分采用新技术、新工艺、新方法或新材料,在性能或品质上有较大突破的新产品。

④ 仿制新产品,是指企业对市场上已经出现的产品进行引进或模仿而研制生产出的产品。仿制新产品不需要太多的资金和尖端技术,因此,对企业而言要更为容易。但需要注意的是,仿制新产品不能侵犯别的企业的专利权和知识产权。

(二)新产品开发的程序

新产品开发的程序是指从提出产品构思到产品研制成功并正式投放市场的整个过程。由于行业的差别和产品生产技术的不同特点,特别是企业选择产品开发方式的不

同,新产品开发所经历的阶段和具体内容并不完全一样。一般来说,新产品的开发要经历以下五个阶段:

1. 市场调研及创意产生阶段

企业研发新产品的目的,是为了更好地满足消费者需要。消费者的需求是新产品决策的前提和主要依据。因此,企业必须认真做好市场调查工作。这个阶段主要是收集、整理消费者需求信息,提出新产品构思。

产品创意对新产品能否开发成功有至关重要的意义和作用。企业新产品开发构思创意主要来自三个方面:

① 用户。企业着手开发新产品,首先要通过各种渠道掌握用户的需求,了解用户在使用老产品过程中有哪些改进意见和新的需求,并在此基础上形成新产品开发的创意。

② 本企业员工。特别是销售人员和技术服务人员,他们经常接触用户,用户对老产品的改进意见与需求变化他们都比较清楚。

③ 专业科研人员。科研人员具有比较丰富的专业理论和技术知识,能够为企业提供新产品开发的创意,企业要充分调动他们的积极性。

新产品创意提出来之后,企业还要进行论证、筛选,并将之具体化,形成清楚的概念。

2. 新产品设计阶段

新产品创意和构思明确以后,企业要组织相关人员进行新产品设计。新产品设计是指企业将抽象的产品概念从理论转化为在技术和商业上可行的产品。产品设计是产品开发的重要环节,是产品生产过程的开始。

3. 新产品试制与评价鉴定阶段

新产品试制阶段又分为样品试制和小批试制阶段。

(1) 样品试制阶段

它的目的是考核产品设计质量,考验产品结构、性能及主要工艺,验证和修正设计图纸,使产品设计基本定型,同时也要验证产品结构工艺性,审查主要工艺上存在的问题。

(2) 小批试制阶段

这一阶段的工作重点在于工艺准备,主要目的是考验产品的工艺,验证它在正常生产条件下(即在生产车间条件下)能否保证所规定的技术条件、质量和良好的经济效果。

新产品试制成功后,企业必须进行鉴定,对新产品从技术上、经济上做出全面评价。鉴定合格,企业才能得出全面定型结论,将新产品投入正式生产。

4. 市场试销阶段

企业将生产出来的新产品投放到比较有代表性的小规模市场上进行试销,旨在检验该产品的市场效应,以决定是否大批量生产。如试销效果比较好,企业即可继续进行大规模生产;如效果不好,则必须分析原因,加以改进或放弃该产品。

5. 正式投产上市阶段

新产品试销成功,企业就要考虑如何把新产品全面推向市场。新产品的市场开发既是新产品开发过程的终点,又是下一代新产品再开发的起点。通过市场开发,可确切地了解开发的产品是否适应需要以及适应的程度;分析与产品开发有关的市场情报,可为开发产品决策、改进下一批(代)产品、提高开发研制水平提供依据,同时还可取得有关潜在市场大小的数据资料。

第二节　产品的生命周期策略

案例6-3

"无声小狗"的营销策略

"无声小狗"便鞋是美国费林公司生产设计的,之所以给鞋子起名为"无声小狗",意指此鞋穿上去十分轻便,走起路来没有任何声响。同时,该公司还设计了"一只长着忧郁的眼睛、耷拉着耳朵的矮脚猎狗"作为广告标志。

(1) 投入期的营销策略

1957~1958年,是该产品的投入期,产品的知名度不高,市场占有率和销售增长率都很低,公司采取了如下营销策略:加强广告宣传,把"无声小狗"鞋的广告刊登在发往35个城市的那一周的杂志上,并拿出销售额的17%用作广告预算;调回分散在各地的推销人员,集中培训1个多月后,再将他们派往各个城市推销。

(2) 成长期的营销策略

1959年,该公司进一步扩大了广告的范围,先是利用《旅行》杂志做广告,又在《家庭周刊》的星期日副刊以及别的杂志报纸上刊登广告。与此同时,又研发了很多新款式,不但有女式便鞋,而且还开发了男便鞋以及5岁以上儿童的各式猪皮便鞋。在价格方面,公司将鞋子价格由每双7.95美元提高到9.95美元,同时确定了重点经销商。

(3) 成熟期的营销策略

1963年,产品开始跨入成熟期,公司开始详细调查消费者购买"无声小狗"便鞋的资料,采取了以下策略:开始采用电视广告,并增加了13种杂志广告;宣传上强调"无声小狗"鞋的特点是舒适;继续开拓销售渠道,发展新的零售点;产品价格涨到了11.95美元。

(4) 衰退期的营销策略

从1966年开始,便鞋的总销售量、利润开始逐年下降,特别是年销售增长率出现了急剧下降的势头。公司从对男鞋消费者的调查发现,60%的购买者表明,购买"无声小狗"鞋的原因是因为它舒适;40%不愿意购买的原因是不喜欢它的款式。公司对女鞋的调查也得到了类似的结果。此时,公司开始考虑针对消费者的需求变化对产品进行调整。

资料来源:道客巴巴."无声小狗"便鞋在生命周期各阶段的促销术[EB/OL].(2014-11-10).https://www.doc88.com/p-9905784068970.html.

产品在不同的生命周期阶段具有不同的特点和市场状况,企业必须根据实际情况对营销决策进行设计和调整。

一、产品生命周期的含义

产品生命周期是指产品从研制成功投放市场到被市场淘汰退出市场为止所经历的全部时间。

在理解产品生命周期时,应注意以下三个方面的问题:

① 这里所说的生命,是指产品的市场生命,或者说经济寿命,而不是产品的使用寿命。产品的使用寿命是指某件产品从开始使用到最终报废的全部过程,两者不能混为一谈。

② 产品市场生命周期的长短主要取决于产品的性质、用途、市场竞争情况以及人们的消费习惯、国民收入水平和科技进步速度等。

③ 产品市场生命周期既可指某一行业的产品生命周期,也可指某一品种或某一品牌的产品生命周期。在这里,我们主要研究产品品种的生命周期。

产品生命周期理论认为,在产品研发成功投放市场后,其市场生命一般要经历四个阶段,即引入期、成长期、成熟期、衰退期,如图6.2所示。

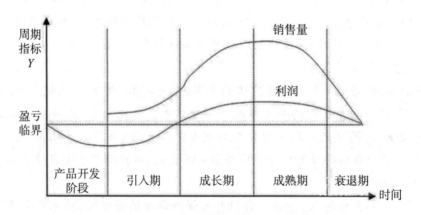

图6.2 产品生命周期基本形态曲线图

需要说明的是,图6.2只是产品生命周期的基本形态,并不是所有的产品都必然按照上述形态变化。例如,有些产品可能刚刚上市就跳过引入期而迅速进入了成长期,如奥运会期间发行的各种纪念品;有些产品可能刚经过成长阶段,但还没有经过较为稳定的成熟期,就提前进入了衰退期而过早地夭折;还有的产品在经过成熟阶段后由于采取得力措施,使得产品重新焕发生命活力,而进入了新一轮的再生周期,等等。

二、产品生命周期各阶段的特征和营销策略

(一) 引入期的特征及营销策略

1. 引入期的产品及市场特征

在这一阶段,由于新产品刚刚投放上市,性能和质量还不够稳定,消费者对其还不够了解,分销渠道不通畅,销售量增长缓慢。同时,由于企业投入的试制费用、广告宣传和推销费用大,产品成本高,一般来说企业亏损现象较为普遍。另外,企业在该阶段的竞争对手也比较少,基本上不存在较大的竞争威胁。

2. 引入期的营销策略

在该阶段,我们主要考虑价格和促销因素的影响。可供选择的策略主要有以下四种:

(1) 快速取脂策略

快速取脂策略,又称高价高促销策略。企业制定较高的价格并配合以大规模的促销活动将新产品投放市场。采用高价格的目的是为了在每一单位产品的销售中尽可能获取最大的利润,以尽快收回投资。而实行高强度的促销则是为了扩大产品的知名度,使消费者尽快了解产品,从而迅速打开销路,占领市场。

实行该策略需要满足的市场条件是:目标市场具有较大的需求潜力;消费者了解该产品后,愿意出高价购买该产品;市场上很少有其他替代产品,但企业面临着潜在的竞争威胁,希望尽快在消费者中树立产品的品牌偏好。

(2) 缓慢取脂策略

缓慢取脂策略,又称高价低促销策略。推行高价格可以使企业从单位产品中获取较多的毛利;而通过进行低强度的促销活动,则可以尽可能地降低营销成本。两者相结合可使企业从市场上撷取大量利润。

这种策略需要满足的市场条件是:目标市场需求潜力有限;大多数消费者已对该产品有所了解;消费者对价格的反应不太敏感,愿意出高价购买;潜在竞争对手较少。

(3) 快速渗透策略

快速渗透策略,又称低价高促销策略。企业以较低的价格推出新产品是为了以最快的速度打开市场,使尽可能多的消费者认可和接受。同时,通过高强度、大规模的促销活动,可以刺激更多人的购买欲望。两者相结合可以使企业获得最高的市场份额。这是新产品进入市场最快、效果最好的一种策略。

该策略适用的市场环境是:市场容量大,企业有望通过大批量生产和销售,实现规模经济,降低成本,提高效益;消费者对该产品不甚了解;对价格反应比较敏感;潜在竞争对手多且竞争激烈。

(4) 缓慢渗透策略

缓慢渗透策略,又称低价低促销策略。企业制定较低的价格并以有限的促销水平

推出新产品。低价可以吸引更多的消费者,使消费者迅速地接受该产品;低促销则可以使企业节省费用,降低成本,以弥补低价格造成的低利润或亏损。

该策略适用的市场环境是:产品知名度较高,市场容量大;消费者对产品价格相当敏感;存在较多的潜在竞争者。

(二)成长期的特征及营销策略

1. 成长期的产品及市场特征

成长期是指产品经过试销取得成功后,转入批量生产和大规模销售的阶段。这一阶段的特征是:产品性能、质量已比较稳定,消费者对产品已经熟悉并接受,产品销售量迅速上升;生产规模扩大,产品成本下降,分销渠道较为畅通,企业利润不断增加;竞争者纷纷加入,竞争趋向激烈。

2. 成长期的营销策略

产品进入成长期后,企业所面临的市场前景较好,其销售额和利润都呈现出快速增长的势头,因此,对于企业而言,该阶段的经营思想应是尽可能地延长产品的成长期。具体可采取以下四种营销策略:

① 根据消费者需求和其他市场信息,改善产品质量,增加产品的花色、品种,增加产品的新用途,增强市场吸引力。随着产品销售量的上升,企业还应及时提供各种有效、规范的服务,尽可能地满足消费者的要求,以巩固和扩大市场。

② 在实现规模生产、成本下降的基础上,根据竞争情况,选择适当的时机降低价格,以吸引更多的顾客,增强企业的竞争力。

③ 巩固原有的分销渠道,增加新的销售途径,寻找和进入新的细分市场,扩大产品销售网络,做到保证供应,方便购买。

④ 运用广告宣传、公共关系等多种手段,加强促销活动,积极树立企业和产品的良好形象,争取创立名牌,培养消费者对产品的信任和偏爱。

(三)成熟期的特征和营销策略

1. 成熟期的产品及市场特征

产品的销售增长率在达到某一点后将逐渐降低,这时产品生命周期开始进入相对成熟的阶段。这一阶段的主要特征是:产品市场需求趋于饱和,竞争加剧,销售量增长缓慢,并呈下降趋势;企业利润达到最高点后,随着销售量的下降开始逐渐减少;持续周期一般长于前两个阶段;一些缺乏竞争能力的企业逐渐退出市场,新的加入者较少。

2. 成熟期的营销策略

在该阶段,企业应该充分发挥营销功用,主动出击,以大大延长产品的成熟期,或者使产品进入新的成长期。具体营销策略如下:

(1)产品改进策略

企业可以通过对产品特性的改进,来满足现有顾客不同的需要,或者是吸引新顾客,从而使销售量重新上升。产品改进可以采取的方式见表6.1。

表6.1 产品改进策略

产品改进项目	产品改进内容
质量改进	完善产品的功能,增强其耐用性、可靠性和方便性等
特点改进	在产品的尺寸、重量、材料、添加物、附件等方面增加新的特点,扩大产品的多功能性、安全性和方便性等。例如,给家用电器配上遥控装置,以增强使用的方便性
式样改进	通过改进式样来增强产品的美感,如服装品牌推出新款式的流行服装,汽车制造商定期推出新的车型等
服务改进	服务是产品的重要组成部分,是影响产品销售的重要因素之一。企业可以通过增加新的服务项目,提供新的服务方式等来吸引消费者

(2)市场改进策略

可以采取的主要方式有:一是扩大产品使用者的数量,即通过努力把非使用者转变为该产品的使用者;二是增加产品使用者的使用频率。企业可以通过营销努力使顾客更频繁地使用该产品,如牙膏商可以诱导消费者由每天刷两次牙改为每天三次等。

(3)营销组合改进策略

企业可以通过改变营销组合的一个或几个因素来刺激消费者购买,增加销售。主要是通过降低价格,完善销售渠道,扩大广告宣传,增加服务项目和采取新的促销形式等方法,延长产品的生命周期。对成熟阶段的产品,有的营销学者认为,营销组合各因素的效果从大到小依次是:价格、广告和促销、产品质量、服务。企业可以根据产品的特点和市场的实际情况来灵活地加以改进。

(四)衰退期的特征和营销策略

1. 衰退期的产品和市场特点

衰退期是指产品经过成熟期,逐渐被同类新产品所替代,销售量出现急剧下降趋势的阶段。这一阶段的主要特征是:产品销售量由缓慢下降变为迅速下降;消费者对该产品的兴趣已完全转移;产品价格已降到最低点,多数企业无利可图,纷纷退出市场。

2. 衰退期的营销策略

产品一旦进入衰退期,从战略上看已经没有留恋的余地。经营者需要审时度势,采取适当的策略予以淘汰。具体可采取以下策略:

(1)维持策略

即企业继续保持原有的细分市场,使用相同的分销渠道、定价及促销方式,沿用过去的营销策略,将销售量维持在一个较低的水平上,待到时机合适,再退出市场。

(2)收缩策略

即企业放弃无利可图的产品品种、细分市场和分销渠道,大幅度缩减促销费用,把资源集中使用在最有利的细分市场和最易销售的品种和款式上,以求获取尽可能多的利润。

（3）放弃策略

对于衰退迅速、完全无利可图的产品，企业应当果断地停止生产，致力于新产品的开发。但企业在淘汰疲软产品时，到底采取立即放弃、完全放弃还是转让放弃，应慎重抉择，妥善处理，力争将企业损失减小到最低限度。

第三节 产品的品牌策略

案例6-4

什么是商标

在商品经济产生和发展的过程中，人们为了使自己的产品区别于他人的产品，往往在产品上刻下制造者的名字，留下文字或图形的标记。在原始社会，游牧部落常常在他们的牲畜身上打上烙印，作为自己商品的标记。英文中的"品牌"（brand）一词，原为"烙印"的意思。出土文物证明，我国是世界上最早使用商标的国家。在南北朝后期，生产陶器的工匠，就在其产品上使用了商业性署名的标志。宋代，山东济南有一家专造细针的刘家针铺，门前有一石兔，其商品包装上印有兔的图案及"兔儿为记"字样，这是我国迄今发现使用最早、图形设计较为完整的一个商标。

现代营销大师史蒂芬·金曾说过，产品是工厂所生产的东西，品牌是消费者所购买的东西。产品可以被竞争者模仿，品牌却是独一无二的。产品很容易过时落伍，成功的品牌却能经久不衰。那么，品牌到底是什么呢？

一、品牌的概念

品牌是由生产商或经销商独创的、用于和其他竞争对手的产品和服务相区别的有显著特性的商品的特定名称。它通常由文字、标记、数字、图案、符号、颜色等要素或这些要素的组合构成。

美国市场营销学会给品牌的定义是：品牌是一种名称、术语、标记、符号或设计，或者是它们的组合运用，其目的是借以辨认某个销售者或某群销售者的产品和服务，使之同竞争对手的产品和服务相区分开来。

一般认为，品牌由品牌名称和品牌标记两部分组成。

① 品牌名称，指品牌中可以直接用语言表达或称呼的部分，如"奥迪""联想""奔驰"等。

② 品牌标记，指品牌中易于识别，但不能直接用语言称呼的部分，包括符号、图案色

彩等,如奥迪汽车的四个环(图6.3)、海尔的两个小兄弟(图6.4)等。

图6.3　奥迪汽车标记

图6.4　海尔品牌标记

二、商标的概念

商标是一个法律术语。品牌或品牌的一部分,经过法定程序注册登记以后,就称为"商标"。商标享有专用权并受国家法律的保护。

(一)商标专用权的认定

国际上有两个并行的原则:一是以大多数欧洲国家和中国为代表的"注册在先"原则。其特点是,谁先注册专用权就归谁,获得注册的商标专用权具有稳定性,注册后的商标今后就不会再产生商标专用权的纠纷。二是以英美国家为代表的"使用在先"原则。其特点是,谁先使用谁获得专用权,注册只不过是增强其效力而已。

世界上约有一半国家采用"注册在先"的原则,如中国、日本、德国、法国、丹麦等;采用"使用在先"原则的国家有:英国、美国、阿尔巴尼亚、安提瓜、澳大利亚等。

(二)中国驰名商标的认定

驰名商标(famous trade mark),又称为周知商标,最早出现在1883年签订的《保护工业产权巴黎公约》中。我国于1984年加入该公约,成为其第95个成员国。和其他加入《巴黎公约》的成员国一样,我国依据该公约的规定对驰名商标给予特殊的法律保护。

中国驰名商标是指在中国为相关公众广为知晓并享有较高声誉的商标。与一般商标相比,它在国内外市场上享受特殊的法律保护。认定驰名商标的条件不仅有知名度、美誉度的要求,而且必须是注册商标。中国驰名商标一般由国家工商总局商标局或商标评审委员会或人民法院认定。

三、品牌和商标的区别

品牌和商标从本质上看并无区别,但两者也有不同之处。品牌一般必须使用而无须注册,品牌一经注册即成为商标;商标只有注册后方可受法律保护并享有商标专用权,仅注册不使用的商标不是品牌。一个企业的品牌和商标可以一致,也可以不同。一般认为,品牌是一个市场概念,比商标有更宽泛的外延,更能体现一种文化,有个性风格,代表着产品及生产者的形象,实际应用领域主要涉及市场营销、广告和消费者心理与行为等;商标则是一个法律概念,更多地应用于法律制度、企业管理和产品整体设计等领域。

四、品牌资产价值评估

品牌属于企业的无形资产,从法律定义上讲它是一种知识产权,凝聚着企业技术、管理、营销等方面的智力创造,受《马德里协定》保护,包括专用权、使用许可权、继承权、转让权和法律诉讼权。品牌给消费者带来的超过商品或服务本身的附加利益越多,对消费者的吸引力越大,资产价值就越高。一般来说,它以品牌知名度、品牌忠诚度、品牌形象和品牌联想等多种形式表现出来。

案例6-5

中国品牌500强

中国500最具价值品牌排行榜,简称"中国品牌500强",由世界品牌实验室(World Brand Lab)于2003年创立,每年发布一次。该排行榜是基于财务分析、消费者行为分析和品牌强度分析而获得的中国品牌排行。2018年6月20日,世界品牌实验室在北京发布了《2018年中国500最具价值品牌》排行榜,前10名品牌名称及价值如表6.2所示。

表6.2 《2018年中国500最具价值品牌》前10名

排名	品牌名称	品牌拥有机构	品牌价值(亿元)	主营行业
1	国家电网	中家电网有限公司	4065.69	能源
2	腾讯	腾讯控股有限公司	4028.45	信息技术
3	海尔	海尔集团	3502.78	物联网生态
4	工商银行	中国工商银行股份有限公司	3345.61	金融
5	中国人寿	中国人寿保险(集团)公司	3253.72	金融
6	华为	华为技术有限公司	3215.63	通信电子
7	中化	中国中化集团有限公司	2775.67	能源
8	CCTV	中央广播电视总台	2740.82	传媒
9	中国一汽	中国第一汽车集团有限公司	2716.27	汽车
10	阿里巴巴	阿里巴巴集团控股有限公司	2705.92	信息技术

资料来源:世界品牌实验室.2018世界品牌500强全名单 腾讯华为阿里国内前10强[EB/OL].(2018-12-20).http://news.zol.com.cn/705/7052978.html.

五、品牌(商标)策略

品牌策略主要是指企业如何合理、有效地使用品牌,以实现自身的营销目标。

（一）品牌化策略

品牌化策略，是指企业是否使用品牌的问题。一般有两种选择，即无品牌策略和品牌化策略。现在不使用品牌的产品很少，绝大多数企业的产品都有自己的品牌。使用品牌有利于增强产品的竞争力，培养顾客对品牌的忠诚度和树立企业形象。但是，品牌化要付出成本，包括品牌的设计、包装和广告费用等。为了降低产品的营销成本和销售价格，一般在下列情况中可以不用品牌：一是并不因为生产者的不同而形成差别的产品，如原油、木材、稻谷等；二是生产工艺简单的产品，如钉子、纽扣等；三是消费者习惯上不认牌选购的产品，如农产品市场上出售的新鲜蔬菜、鲜鱼、水果等。

（二）品牌归属策略

如果企业决定使用品牌，还要确定品牌归谁所有，由谁负责。有以下三种策略可供选择：

1. 制造商品牌

制造商品牌，又称全国性品牌、生产者品牌，即产品的性能、质量是由制造商确定的，他们使用自己的品牌。

2. 中间商品牌

中间商品牌，又称私人品牌，即由生产者将产品卖给中间商，再由中间商贴上自己的品牌出售。采用这种策略主要是因为生产者自身实力不足，市场影响力较小，而中间商实力雄厚，市场声誉较高。在我国，制造商品牌一向居于支配地位，但近年来，一些大型零售商和批发商已经陆续树立起了自己的品牌。据报道，在上海的共康服饰城内，约6000余种商品（占总商品的1/3）都采用了一个共同的品牌：共康。从1994年起，占据中国衬衣市场龙头老大位置的"开开"牌衬衫，就是开发中间商品牌的成功案例。

无论产品采用制造商品牌还是中间商品牌，关键是看他们的实力和信誉对比状况。

案例6-6

耐克，中间商品牌的胜利

作为一个全球品牌，耐克已享有很高的知名度。2015年，耐克的品牌价值高达297亿美元，远远甩开它的竞争对手。然而，很多人并不知道，耐克并没有自己的生产基地，只是一个中间商品牌。

耐克正式命名是在1978年，到2015年全球销售额已达1000多亿美元，超过原来同行业的领袖品牌阿迪达斯、锐步，并被誉为近30多年来世界最成功的消费品公司。

耐克营销的创新之处在于它的中间商品牌路线。为了显示自己在市场方面的核心优势，它没有建立自己的生产基地，而是在全世界寻找条件最好的生产商为耐克生产。

并且,它与生产商的签约期限不长,这有利于耐克掌握主动权。耐克选择生产商的标准是:成本低,交货及时,品质有保证。通过以上举措,耐克就可以规避制造业公司的风险,专心于产品的研究与开发,快速推出新款式,大大缩短了产品生命周期。

耐克的另一营销创新在于传播。它采用青少年崇拜的偶像,如迈克·乔丹等进行传播,还利用电子游戏设计耐克的专用游戏。每当推出新款式,即请来乐队进行演奏,传播出一种变革思想和品质。耐克的传播策略使其品牌知名度迅速提升,从而建立了具有高度认同感的品牌资产价值。

耐克的成功在于,它专注于做自己最擅长的事,把不擅长的事交给别人去做,这已经成为一种新的竞争战略。

资料来源:饶远立.百年营销实战创新经典回访[EB/OL].(2015-02-12).https://www.doc88.com/p-8186093054366.html.

3. 混合品牌

混合品牌有两种情况:一是生产者将部分产品使用自己的品牌,部分产品卖给中间商,用中间商的品牌;二是在产品上将属于自己的品牌和中间商的品牌联用。

(三)品牌统分策略

1. 统一品牌

统一品牌,就是企业决定对所有的产品都使用同一个品牌,如美国通用电器公司的所有产品都使用"GE"这个品牌;国际商用机器公司都统一使用"IBM"品牌;我国"长虹"集团的产品统一采用"长虹"品牌;等等。该策略的主要优点是可以节省大量的广告费用,并利用以前形成的良好信誉推出新产品,另外也有利于企业集中精力扩大品牌影响和强化企业形象;缺点是任何一种产品的失误都可能会影响到其他产品乃至整个企业的声誉。

2. 个别品牌

个别品牌,就是对企业的不同产品分别使用不同的品牌,如宝洁的舒肤佳香皂、潘婷洗发水、玉兰油润肤霜和汰渍洗衣粉等。这种策略的优点是整个企业的声誉不受某种商品信誉的影响;另外还有利于区分不同种类、不同档次的产品;缺点是要为每一种产品命名和促销,广告宣传费用大,成本高。

3. 类别品牌

类别品牌,就是按产品类别分别使用不同的品牌,包括不同种类、不同用途,抑或不同的质量等级。美国宝洁公司在我国销售其产品时,杀虫剂用的是"雷达"品牌,鞋油用的是"红鸟"品牌,而化妆品用的则是其他品牌。我国的海尔集团在销售其家用电器如冰箱、彩电、洗衣机等产品时使用的是"海尔"品牌,而其产品线延伸至保健品行业时,用的却是"采力"品牌。这种策略能将不同类别的产品明显地区分开来,主要适用于经营产品类别多、性能和质量有较大差异的企业。

4. 企业名称(统一品牌)＋个别品牌

该做法就是即对每一产品使用不同品牌的同时,在每个品牌上均冠以企业名称或统一的品牌。这种策略主要的好处是:在各种不同新产品的品牌名称前冠以企业名称,可以使新产品享受企业的信誉,而各种不同产品分别使用不同的品牌名称,可以使不同的产品保持自己的特色。例如,柯达公司的胶卷因其性能不同,而被分别命名为"柯达万利"胶卷、"柯达金奖"胶卷、"柯达至尊"胶卷等;在我国,海尔集团的冰箱依据其目标市场定位不同而分别命名为"海尔双王子""海尔小王子""海尔帅王子"等。

(四)品牌延伸策略

品牌延伸策略,是指企业利用已成功的品牌的声誉来推出改良产品或新产品,如索尼公司对其大部分新电子产品都使用"索尼"品牌等。品牌延伸既可以加快新产品的推广,节省宣传促销费用,又有利于扩大原品牌的影响力。据统计,过去10年成功的品牌中,只有三成是新推出来的,其他则是走的品牌延伸的路子。品牌延伸已成为许多世界级企业发展战略的核心。这种现象在日本企业里尤其突出,我们所熟知的"三菱""松下""东芝""夏普"等品牌,产品类别涵盖几百甚至上千种。

国内实施多品牌的企业现在也有不少,青岛海尔集团即是其中成功的典范。从做电冰箱一种产品开始,经过多轮兼并组合,"海尔家族"到2000年时已拥有包括电冰箱、洗衣机、空调、彩电、电脑、微波炉等在内的58大门类9200多个规格品种的家电群,几乎覆盖了所有家电产品。

海尔品牌延伸主要遵循三个原则:一是品牌延伸必须以一定的品牌优势为基础;二是延伸产品与原产品在技术、销售、产品类别上具有较大的相关性;三是延伸产品必须具有较好的市场前景,发展到一定规模后,能在同类产品中位居前三名。

第四节　产品的包装策略

案例6-7

"当代杰出艺术品"——香奈尔5号香水瓶

1921年5月,当香水创作师恩尼斯·鲍将他发明的多款香水呈现在香奈尔夫人面前让她选择时,香奈尔夫人毫不犹豫地选出了第五款,即现在誉满全球的香奈尔5号香水。然而,除了那独特的香味以外,真正让香奈尔5号香水成为"香水贵族中的贵族"却是那个看起来不像香水瓶,反而像药瓶的创意包装。

香奈尔5号的香水瓶以其宝石切割般形态的瓶盖、透明水晶的方形瓶身造型、简单明了的线条,成为一股新的美学观念,并迅速俘获了消费者。从此,香奈尔5号香水在全世界畅销80多年,至今仍然长盛不衰。

1959年,香奈尔5号香水瓶以其所表现出来的独有的现代美荣获"当代杰出艺术品"称号,跻身于纽约现代艺术博物馆的展品行列。香奈尔5号香水瓶成为名副其实的艺术品。

资料来源:王家瑞,刘奕麟.对香奈儿5号香水瓶的设计分析[EB/OL].(2020-07-12). https://www.xzbu.com/2/view-6805523.htm.

一、包装的概念和作用

(一)包装的概念

广义的包装是指为商品设计、制作容器或包扎物的活动过程。狭义的包装是指容器或包扎物本身。包装是产品整体概念中的重要组成部分,也是产品生产的延续,产品只有经过包装之后才能更好地进入流通领域实现交易。

产品的包装一般有两个层次:第一个层次的包装是内包装,也称销售包装,指最接近产品的直接包装,如墨水瓶、牙膏皮等,主要是为便于陈列、销售、携带和使用。第二个层次是外包装,也称运输包装,即加在内包装外面的箱、桶、筐、袋等包装,主要是为了保护产品以及方便产品的储存、识别和运输等。

(二)包装的作用

随着市场经济的发展和消费者消费水平地不断提高,包装对产品销售的重要性与日俱增,成为企业重要的竞争手段。包装的作用主要表现在以下三个方面:

1. 保护产品,便于储运

这是包装最基本的作用。有了科学合理的包装,就可以保证产品的安全、完整和清洁卫生,保护其使用价值;同时也为产品的储运、陈列、销售、携带和使用带来方便。

2. 美化产品,促进销售

在销售过程中,首先进入消费者眼帘的往往不是产品本身,而是产品的包装。独特而精美的包装,多经精心设计和印制,既可使产品与竞争品产生区别,不易被仿制、假冒和伪造,又可以提高产品的档次,给消费者带来美的享受,有利于保持企业的信誉,激发消费者的购买欲望,促进产品的销售。

3. 提高产品价值

随着生活水平和消费水平的提高,消费者在购买商品的时候越来越关注商品的包装。优良的包装,可以抬高产品的身价,且为消费者所愿意接受。另外,完善的包装,可以降低产品的损耗率,增加企业的赢利。

包装是"无声的推销员"。一个优质产品如果没有一个精美的包装相匹配,就会降低"身价",削弱竞争能力,企业也就难以提高经济效益。国外学者曾做过一项研究,发现由媒体广告招引来的顾客中,有33%的人在销售现场另行选择了包装吸引人的品牌。因此,一些市场营销人员甚至把包装(package)称为市场营销组合中的第五个"P",与产品、价格、渠道、促销等因素并列。

二、包装的设计原则

包装具有宣传产品,促进销售的功能,在设计包装时,一般应遵循以下基本原则:

(一)要有利于保护产品

选择的包装材料以及包装物的制作都必须适合被包装产品的物理、化学、生物性能,要能保证产品不损坏、不变质、不变形、不渗漏等。

(二)要便于运输、保管、陈列、携带和使用

产品包装的体积、容量和形式应多种多样,大、小、轻、重应适当;在保证包装封口严密的条件下,力求容易打开。

(三)包装应美观大方

包装具有美化和宣传产品的作用,要充分显示产品的特色、风格和艺术性,能给消费者留下深刻、美好的印象。高档商品和艺术品的包装尤其要能烘托出其高贵典雅的特点,给消费者以美的享受。一般的低价商品也要精心设计,巧妙装扮,使人感到其价廉物美,与众不同。

(四)包装应考虑社会效益

包装的设计和使用应防止增加不必要的昂贵的包装成本,努力减轻消费者的负担,节约社会资源。对易造成环境污染和浪费的包装应加以限制或取缔。

(五)包装要讲求信誉

包装设计体现了一个企业的职业风范和道德水准。企业应注重维护消费者利益,为消费者着想,给消费者方便,杜绝在包装上弄虚作假、欺骗蒙蔽消费者的不道德行为,树立企业良好的信誉。另外,包装要准确、鲜明,能直观地传递产品的信息,文字与图案说明要规范、统一、准确,实事求是。

(六)包装要尊重消费者的宗教信仰和风俗习惯

不同的国家、地区和民族都有各自不同的宗教信仰、价值观念和风俗习惯,在包装设计中,企业应根据不同国家或地区消费者的文化环境和风俗习惯设计不同的包装,以适应不同目标市场的需求。

三、包装策略

企业常用的包装策略主要有以下七种：

（一）类似包装

类似包装，又称统一包装，是指企业生产的各种产品，在包装上采用相同或相似的图案、标志和色彩，以体现共同的特征。其优点在于能节约包装的设计和印刷成本，树立企业形象，有利于新产品的促销。该策略一般只适用于品质较为接近的产品，如果企业的各种产品品质过分悬殊，使用该策略有可能影响到优质产品的声誉。

（二）组合包装

组合包装，又称配套包装，是指按照人们消费的习惯，将多种相关产品配套放置在同一包装物中出售，如工具箱、救急箱、化妆包、针线包等。这种策略可以方便消费者购买和使用，有利于促进企业产品销售。但要注意的是不能把毫不相干的产品搭配在一起，更不能趁机搭售积压或变质产品，损害消费者利益。

（三）多用途包装

多用途包装，又称再使用包装、复用包装，是指原包装内的商品用完后，包装物还能移作他用，如某些样式花哨的啤酒瓶喝完之后可以当做花瓶使用等。这种策略可以节约材料，降低成本，有利于环保；同时，包装物上的商标、品牌标记还可起到广告宣传的作用。

（四）附赠品包装

附赠品包装，是指利用顾客的好奇和获取额外利益的心理，在包装物内附赠实物或奖券，以吸引消费者购买。这种策略对儿童尤为有效，如在儿童饮料或食品包装里放入图片或小型玩具等。

（五）等级包装

等级包装，是指将企业的产品分成若干等级，针对不同等级采用不同的包装，使包装的风格与产品的质量和价值相称，以满足消费者不同层次的需求。如对送礼的商品和自用的商品采用不同档次的包装等。这种策略能显示出产品的特点，易于形成系列化产品，便于消费者选择和购买，但包装设计成本较高。

（六）绿色包装

绿色包装，又称生态包装，是指包装材料可重复使用或可再生、再循环，包装废物容易处理或对环境影响无害化的包装。随着环境保护浪潮的冲击，消费者的环保意识日益增强,绿色营销已经成为当今企业营销的新主流。与绿色营销相适应的绿色包装也成为当今世界包装发展的潮流。实施绿色包装策略,有利于环境保护以及与国际包装接轨,易于被消费者认同。如某食品企业将产品包装由塑料纸改为纸包装等。

(七) 改变包装

改变包装,是指企业产品的包装要适应市场的变化,加以改进。当一种包装形式使用时间过长或产品销路不畅时,可以考虑改变包装设计和材料,使用新的包装,从而使消费者产生新鲜感,促进产品销售。

本章小结

现代市场营销学中,产品是指人们通过创造并用来交换以满足其需要的一切有形和无形的要素,既包括实物、场所、服务,也包括建议、思想、意识等。产品整体概念包含三个层次:核心产品、形式产品和附加产品。

产品组合是指一个企业生产经营的全部产品的组合方式,即全部产品的结构。产品组合通常由若干产品线组成。产品组合策略包括扩大产品组合、缩减产品组合、产品线延伸和产品线现代化四种。

市场营销学中的新产品是指产品在功能或形态上得到改进,与原产品产生差异,并为消费者带来新的利益和满足的产品。主要包括全新新产品、改进新产品、换代新产品和仿制新产品四种类型。

产品生命周期是指产品从研制成功投放市场开始,到被市场淘汰退出市场为止所经历的全部时间,一般要经历四个阶段,即引入期、成长期、成熟期、衰退期。不同的产品生命周期阶段,企业需要采取不同的营销策略。

品牌是由生产商或经销商独创的、用于和其他竞争对手的产品和服务相区别的有显著特性的商品的特定名称。它通常由文字、标记、数字、图案、符号、颜色等要素或这些要素的组合构成。

品牌和商标不同。品牌一般必须使用而无须注册,品牌一经注册即成为商标;商标只有注册后方可受法律保护并享有商标专用权,仅注册不使用的商标不是品牌。一个企业的品牌和商标可以一致,也可以不同。企业品牌战略包括是否品牌化、品牌归属和品牌统分等内容。

包装的概念有广义和狭义之分。包装是产品整体概念中的重要组成部分,也是产品生产的延续,产品只有经过包装之后才能更好地进入流通领域实现交易。

一、基本知识测试

1. 产品典型的生命周期阶段一般可分为：_____、_____、_____和_____四个阶段。
2. 产品品牌的统分策略主要包括：_____、_____、_____和_____。
3. 常见的包装策略有：类似包装、组合包装、多用途包装、_____、_____、_____和_____。
4. 什么是产品？如何理解产品整体概念？
5. 产品的典型生命周期分别有什么特点？对应的营销策略有哪些？
6. 常见的品牌策略有哪些？如何创造和保护名牌？

二、课堂实训

1. 调查、了解某企业的产品组合，指出其长度和宽度。
2. 收集国内外知名品牌的包装，分析其包装特色，了解完整的包装信息应包含的内容。
3. 调查你家乡所在地市的著名商标(驰名商标)有哪些？

三、案例分析

三只松鼠

安徽"三只松鼠"电子商务有限公司成立于2012年，是一家研发、分装坚果、干果和茶叶等森林食品的互联网企业，也是当前中国销售规模最大的食品电商企业。2013年，公司入选"中国创新产品十强""中国年度创新成长企业100强"。

"三只松鼠"是由其创始人兼CEO章燎原先生带领一批由全国粉丝组成的创业团队创建的互联网食品品牌。章燎原先生较强的品牌营销理念以及草根出身的背景，使他能够迅速的掌握顾客的消费心理，在电商业界素有"电商品牌倡导者"的称号。

"三只松鼠"主要是以互联网技术为依托，利用B2C平台实行线上销售。这种商业模式缩短了商家与客户的距离，确保让客户享受到新鲜、完美的食品，开创了中国食品利用互联网进行线上销售的先河。凭借其独特的销售模式，2012~2016年，"三只松鼠"连续五年荣膺天猫(淘宝网)"双十一"行业销售冠军，创下食品行业乃至中国电子商务史上的一个奇迹。

章燎原认为，做互联网食品品牌有两个核心：一是必须让供应链更短，以保证产品的新鲜度；二是要高度重视提升顾客体验。"三只松鼠"在全国范围内寻找产品的原产地，统一采取订单式合作，并提前支付预付款。同时，保证每一家厂商生产不超过两种产品，并在总部选址上尽量靠近主要产品的原产地。与一些食品连锁商家委托加工、专做贴牌的做法不同的是，三只松鼠在收购原材料之后，先委托当地企业生产加工成半成品，并增加对半成品的检验环节，然后，把合格的半成品送回"三只松鼠"位于芜湖高新区的10000平方米的封装工厂中,或存于0℃~5℃的冷库,或保存在20℃恒温的全封闭车间。相对于传统销售,这样大大减少了货架期,使商品从生产出来到卖给消费者的时间控制在一个月以内,真正实现了以销定产。

"三只松鼠"注重把服务意识融入产品当中,如产品被加工得易剥,并附送纸袋、夹子、垃圾袋、纸巾和微杂志等配件;产品使用双层包装,并在包装上突出可爱的三只松鼠的形象等。此外,"三只松鼠"还注重数据分析,强调以数据化为基础来提升顾客体验,用软件对顾客的购买行为进行分析,主要包括:顾客购买数量、二次购买频率、购买内容、购买打折商品的比例和购买次数等。通过顾客购买行为分析,获得顾客消费偏好信息,以此为依据对不同类型顾客提供不同的服务,顾客每次购买"三只松鼠"产品所收到的包裹都会不一样。

"三只松鼠"的出彩得益于其独树一帜的创意和坚持不懈的持续创新。如从使用开箱器、赠送果壳袋和湿巾到称呼顾客为主人,从简单易记忆的品牌名字到萌意十足的动漫logo,从每个员工都只叫鼠XX到装修着大树池塘的办公室等,"三只松鼠"的每一个举动都引发了消费者的好评。正是靠着"卖萌"的卡通松鼠形象、独特的情感营销及为客户提供别出心裁的产品服务,在近年来竞争如此激烈的电商市场中,"三只松鼠"受到了消费者的热捧,获得了巨大的成功。

章燎原曾经说过,"三只松鼠"代表的是一个互联网品牌,甚至是一个年轻时代的符号。"80后"和"90后"的年轻人经常通过网购获取快乐和满足,需要更好的互动和愉快的心情,他们需要什么,"三只松鼠"就做什么。作为公司领头人,章燎原要时刻知道"80后"和"90后"需要什么。正因如此,章燎原与其他老板最大的不同就是他愿意花更多的时间去与客户沟通。

"三只松鼠"的主流客户是年轻人,他的员工也是年轻人。据统计,"三只松鼠"大约有1600名员工,平均年龄只有24岁。为了鼓励年轻人,公司选用了多名"90后"主管,一些工作时间短但能力突出的年轻人迅速走上领导岗位。章燎原认为,年轻人更有冲劲和闯劲,更有创新精神,更有利于企业的可持续发展。

请思考:
1. "三只松鼠"取得了什么样的成功?原因是什么?
2. "三只松鼠"的成功对于互联网企业的发展有何启示意义?

第七章 定价策略

(1) 了解影响定价的因素。
(2) 熟悉制定价格的方法。
(3) 掌握企业的基本定价策略和调价技巧。

(1) 能为企业选择合适的定价方法。
(2) 能针对产品选择相应的定价策略。

麦当劳早餐咖啡的奇怪定价

麦当劳早餐咖啡的定价,麦当劳早餐时段的鲜煮咖啡是可以免费续杯的。但麦当劳设置了小杯9元和大杯10.5元两个价格。刚看到这个价格可能觉得有些奇怪,既然能续杯,为什么还设置大杯价格。其实这两个价格是为两种人群准备的。第一种人时间充裕,肯定选小杯的合适,价格便宜,喝完再续杯。第二种人时间紧,没时间续杯,但他只需多花1.5元,就能买到一杯比小杯多不少的咖啡。通过两种价格,两种人都觉得非常划算。麦当劳用一个看似多余的设置,既满足了不同消费者的需求,还让两拨人都感觉自己赚了,获得了非常好的用户体验。商业世界的竞争越来越激烈,得用户者得天下。如何赢得用户青睐呢,拼的是能否提供更好的用户体验。如何提高用户体验是一门系统的学问,体现在贯彻始终的交易过程的每个细节。

资料来源:百度网.三个有趣的定价案例,从麦当劳早餐咖啡的奇怪价格说起[EB/OL].(2019-03-29). https://baijiahao. baidu. com/s? id=1629313099468755550&wfr=spider&for=pc)

价格是目标消费者购买产品所付出的经济成本,是企业与消费者实现交易的重要条件。一般来说,如果企业提供给消费者的产品能够很好地满足目标消费者的需要,而且定价十分合理,消费者就会购买;但是,如果企业定价不合理,即使产品质量好款式好,消费者可能也不会购买。所以,企业制定出科学合理的价格很重要。

第一节 影响企业定价的因素

案例7-2

PaneraiCaress 咖啡店的建议零售价

PaneraiCaress 咖啡店完善了自己的价格模型。这家面包咖啡店的每样商品都标有商品建议零售价,但是客户支付的价格可以是自己能够支付得起的价格,或是客户认为和商品相匹配的价格。大约有65%的客户按照建议零售价支付,其他客户则在建议零售价的基础上少付或多付,而有些客户甚至不支付一分钱。目前,这家商店处于盈亏平衡状态,拥有两家分店,计划在年底前扩张。在现在的社会环境中,消费者越来越关心自己所在的社区,关心自己在社区中能起到哪些积极的作用。而这种零售价格模式向人们展示,通过具有"慷慨"特色的零售定价,企业即使是在最艰难的市场环境中仍然能够正常运营。

资料来源:豆丁网.一分钱的商品定价营销策略[EB/OL].(2016-11-29).https://www.docin.com/p-1797911779.html.

一、企业的定价目标

定价目标是指企业的某一产品价格实行之后应达到的预期目的,它是企业制定产品价格的基本前提。定价需考虑的因素较多,不同企业可能有不同的定价目标,同一企业在不同时期也可能有不同的定价目标,企业定价目标主要有以下几种:

(一)维持企业的生存

维持企业生存的定价目标是指企业以求得生存、维持经营和库存运转为目的的定价目标。当企业生产力过剩、面临激烈的竞争、顾客需求变化等因素影响时,往往把维持企业的生存作为定价的首要目标。只要价格能够补偿可变成本和一般固定成本,企业就能继续留在行业中。但是维持企业生存只能作为企业的短期目标。就企业而言,企业必须学会如何增加产品价值和利润。

（二）当前利润最大化

当前利润最大化的定价目标是指企业以当期利润最大化为目的的定价目标。当企业的产品在市场上处于绝对有利地位时，企业总是希望制定一个能使当前利润最大化的价格。他们估计需求和成本，并据此选择一种价格，使之能产生最大的当前利润、现金流量或投资报酬率。

（三）市场占有率最大化

一些企业相信，只要占有最大限度的市场份额，就能达到最低成本和取得长期的最大利润。一般而言，当企业以市场占有率最大化为目标时，需要具备的条件是：
① 该产品需求价格弹性较大，产品的销量随着价格的降低而快速增长。
② 规模经济效益明显，产品成本随销量的增加而下降，利润就会因销量的增加而上升。
③ 企业应有足够的财力承受在一段时期内因价格低而造成的损失。
④ 低价可以与竞争对手相抗衡。

（四）产品质量最优化

如果企业把目标市场定在高端市场上，就应该采用优质高价"策略"，运用高价格来弥补高质量和研究开发的高成本。但是为了利用消费者求名心理，制定较高的产品价格时，必须增加服务，因为大多数消费者愿意为高质量服务支付高价格。

（五）企业形象最佳化

好的企业形象是企业的无形资产。企业的形象好，就能够获得消费者的长期青睐，形成企业良好的长期效益。以追求企业形象最佳化为定价目标的企业，在制定价格时应注意定价是否与企业的整体定位相一致，是否与目标市场顾客的需求相一致。

（六）其他目标

如低价阻止竞争者进入市场，随行就市定价等，以稳定市场，通过适当的价格保住既有的顾客或避免政府的干涉等。

二、成本因素

在一般情况下，产品成本决定最低价格，市场需求决定最高价格。也就是说，价格再低也不要低于成本，价格再高也不能高过需求的承受能力，产品成本根据与产量（或销量）之间的关系可划分为固定成本和变动成本两类。

(一) 固定成本

固定成本是指在一定的经营规模内不随产量的变化而变动的成本费用,如厂房、机器设备的折旧费、管理人员的薪酬等。

(二) 变动成本

变动成本是指要随产量的变化而相应变动的成本费用,如材料成本、生产工人工资等。

单位产品成本与产品产量的关系是,单位变动成本要随着产品产量的增加而正比例的增加,单位固定成本则会随着产品产量的增加而减少。

从企业的长远发展角度来看,任何产品的定价都应以产品成本为底线,使其售价高于成本,让成本得到补偿,形成一定的利润,只有这样,才能使再生产过程继续下去。

三、需求因素

顾客对产品的需求强度、需求心理是影响产品定价的重要因素。顾客需求还会受到自身收入和价格变动的影响,由于收入与价格等因素变动而引起的需求的相应的变动率,叫做需求弹性。需求弹性又分为需求收入弹性和需求价格弹性。

(一) 需求收入弹性

随着人们收入的增加(或减少),对某种产品或服务的需求可能会产生需求增加、需求减少或需求不变三种变化。需求收入弹性就是指因收入变动而引起的需求相应变动的敏感程度。如果收入增加,某种产品需求增加明显,我们称之为需求收入富有弹性的产品,如奢侈品、娱乐消费、高档商品等。如果收入增加,某种产品需求增加不明显,我们称之为需求收入缺乏弹性的产品,如生活必需品、油、盐、大米、面粉等。

(二) 需求价格弹性

需求价格弹性表明,需求量 Q 对于价格 P 的变动反应的灵敏程度。需求价格弹性依据需求价格弹性系数的大小来测定。需求价格弹性系数反映需求量变动的百分率与价格变动百分率之比,它表明,当价格变动 1% 时,需求量发生变动的百分比。

我们设 E_p 表示需求价格弹性系数,ΔQ 和 ΔP 分别表示需求量与价格的变动量,Q_0 和 P_0 分别表示变动前的需求量与价格,Q_1 和 P_1 分别表示变动后的需求量与价格,则:

$$E_p = \frac{\Delta Q/Q_0}{\Delta P/P_0} = \frac{(Q-Q_0)/Q_0}{(P_1-P_0)/P_0}$$

① 当 $|E_p|>1$ 时,是富有弹性。
② 当 $|E_p|<1$ 时,是缺乏弹性。
③ 当 $|E_p|=1$ 时,是单位弹性。

④ 当 $|E_p|=0$ 时,完全无弹性。

⑤ 当 $|E_p|\to\infty$ 时,完全有弹性。

由于需求量与价格两者成反比关系时,需求价格的弹性系数为负值。考察需求价格弹性,常以其绝对值来衡量弹性的大小。

影响需求弹性的因素主要有:

① 产品与生产关系的密切程度。凡是与生活关系密切的必需品,需求弹性小;反之,弹性大。

② 替代品和竞争品种类的多少和效果好坏。凡替代品少并且效果不好,竞争者也少的产品,需求弹性小;反之,弹性大。

③ 在消费者支出中所占比重的大小。凡占支出比重小的、消费者对价格不十分在意的产品,需求弹性小;反之,弹性大。

④ 与产品质量和通货膨胀相关。凡消费者认为价格变动是产品质量变动或货币值变动的结果时,需求弹性小;反之,弹性大。

四、供求关系

供求关系也是影响企业产品交易价格形成的一个基本因素。一般而言,当企业的产品在市场上供小于求时,这时就会形成卖方市场,企业产品可以实行高价策略;反之,当企业的产品在市场上供大于求时,这时就会形成买方市场,企业必须采取低价策略;当企业的产品在市场上供给等于需求的均衡状态时,交易的价格也处在均衡价格处,企业采用不偏离均衡价格定价。

五、竞争因素

企业所生产的产品属于竞争比较激烈的产品时,在定价时应参照竞争者的产品质量和价格为自己的产品定位。同时要估计到竞争者也很有可能调整其价格。在竞争环境中,一般企业都不能随心所欲地决定价格。但相对来说,竞争力强的企业有较大的定价自由,而竞争力弱的企业定价自主性则较小。

六、企业的营销组合策略

(一)价格与产品特性

产品的质量、形象、生命周期、流行性、在竞争中所处的地位以及购买频率都与定价有很大关系。

(二)价格与销售对象

在定价时,我们必须试着从销售渠道的每一个环节上来考虑产品价格与地点的关系。

(三)价格与促销活动

定价和促销活动是紧密联系的,企业可以借此来判断是否能承担起促销活动,广告战略要证明产品的价格是合理的。

第二节 定价的基本方法

案例7-3

倒 数 购 买

有个网站叫"CountdownToBuy(倒数购买).com",它是一个电子商务平台,就好像Groupon那样,只专注于某一种卖法,而CountdownToBuy.com的卖法,就是每天倒数,每过一天,价钱就自动降1%。

这个网站早在2008年创立,2010年年底获得110万美元资金,但一直没吸引主流网络界太多目光。不过,如果谈到定价创意,这个CountdownToBuy.com就变得很有意思。更有趣的是,CountdownToBuy.com目前只做房地产。譬如名为"Diamante Cabo San Lucas"高尔夫度假村的房子,它原价为74.5万美元,如果第一天没有人买,第二天就降到73.8万美元,一天之差,就少了7000美元。

通常来讲,高单价的物品比较适合这种每天降1%的定价策略。试想一下,如果有几个人对这所房子感兴趣,会出现什么情况?是不是每个人的心情都很纠结?又想等一天再降1%,又怕如果现在不买,就被别人抢了先,失去了眼前这个好价钱。结果这所房子很有可能还处在很高的价格时就已经被买走。

此外,房地产还有另一个不同于一般电子商务的特色,就是它绝对不需要大家一起买,每一间房子都只有一个买家最后能中标。所以这样定价就更有道理,当一天过去,还没有人想抢这个商品,那就表示这个商品的价钱仍然太高。好,第二天就应该再降一点点,等到隔天还是没人买?表示价钱仍然太高,还可以再降价,直到价格变得合理为止。

资料来源:豆丁网.好玩的定价策略[EB/OL].(2015-03-12).http://www.docin.com/p-1090399236.html.

价格的高低主要是受产品成本、市场需求和竞争状态的影响,因此,企业定价的基本方法也可以分为三类:成本导向定价法、需求导向定价法和竞争导向定价法。

一、成本导向定价法

成本导向定价法是以产品成本作为基本依据的定价方法。其基本指导思想是在一定成本基础上,增加一定的目标利润来确定产品的价格,主要有成本加成定价法和目标利润定价法两种方法,这两种方法的特点是简便易用。

(一)成本加成定价法

成本加成定价法,是指按照单位成本加上一定的百分比的加成来制定产品销售价格。加成的含义就是一定比率的利润。零售企业普遍采用成本加成定价法。

在这种定价方法中,加成率的确定是定价的关键。加成率的计算方式有两种:倒扣率和顺扣率。

$$倒扣率 = (售价 - 进价) \div 售价 \times 100\%$$
$$顺扣率 = (售价 - 进价) \div 进价 \times 100\%$$

利用倒扣率和顺扣率来计算销售价格的公式分别为

$$产品售价 = 进价 \div (1 - 倒扣率)$$
$$产品售价 = 进价 \times (1 + 顺扣率)$$

在零售企业中,百货商场、便利店一般采用倒扣率制定产品售价,而蔬菜、水果商店则采用顺扣率制定产品售价。

对加成率的确定方法需考虑商品的需求弹性和企业的预期利润。在实践中,同行业往往形成一个为大多数企业接受的加成率。如美国一些商品的倒扣率为:照相机28%、书籍30%、服装41%、装饰用的珠宝饰物46%、女帽5%、烟草14%、贺年卡50%。

例如,某手表厂生产某牌子的手表。其单位成本为80元/只,加成率为50%,则每只手表价格为$80 \times (1 + 50\%) = 120$元。

如果倒扣率为1/3,则每只手表价格为$80 \div (1 - 1/3) = 120$元。

加成定价法计算方便,简单易行,比较公平,能保证企业实现预期的利润率,也较易为消费者理解和接受。但是加成定价法是从卖方的角度进行定价的,没能考虑市场需求和竞争因素的影响,对竞争市场的适应能力较差,而且加成率的确定也不易做到科学合理。

(二)目标利润定价法

目标利润定价法,就是企业在保证回收成本的基础上还要实现一定数额目标利润的定价方法。运用目标利润定价法制定出来的价格能带来企业所追求的利润。如美国通用汽车公司使用目标定价法,使其每销售出一台车的利润为15%~20%。

目标利润定价法和成本加成定价法的区别在于:前者着眼于产品的总成本,后者则着眼于单位成本。这种定价方法的公式表示如下:

单位产品价格 = (固定成本总额 + 变动成本总额 + 目标利润) ÷ 产品数量(预计产量)

目标利润 = (固定成本总数 + 变动成本总额) × 目标利润率

故这种定价方法又表示为

单位产品价格＝总成本×(1＋目标利润率)÷预计产品数量

目标利润定价法是一种确定型定价方法。当其所依据的预计销量等于实际销量时，才能保证利润目标的实现。然而，由于实际销量本身还受到价格的影响，需求价格弹性大的产品，在此价格下便难以保证预期销售量的实现。因此，此定价方法较适用于需求价格弹性较小的产品和市场份额较高或具有垄断性质的企业。

二、需求导向定价

需求导向定价是企业依据买方对产品价值的感受和需求强度定价，而不是依据卖方的成本定价。其定价的指导思想是首先通过研究市场需求从而确定产品的价格；然后减除目标利润，以进一步确定企业成本控制目标。常用的方法有感受价值定价法和需求差异定价法。

（一）感受价值定价法

感受价值定价法，又称认知价值定价法，是企业根据买主对产品的认知价值来制定价格的一种方法。

企业在制定价格时，应考虑到买主对产品价值的评判。买主在购买商品时总会对其进行比较鉴别，买主对商品价值的理解不同，会形成不同的价格限度。卖方可运用优美的装潢、高质量的服务等营销手段，影响买方的感觉，使之形成对卖方有利的价值观念，然后再根据产品在买方心目中的价值来定价。例如，一碗面条在小吃店的零售价不过5元左右，而在星级饭店可能要付几十元，甚至更多。因此，买方在不同的环境下感觉不同，愿意支付的价格也不一样。

感受价值定价法，关键是要找到比较准确的感觉价值，否则定价过高或过低都会给企业带来损失。如果估计过高，定价就会过高，这样销量就会减少；如果估计过低，定价就会过低，又会使企业收入减少，也有可能使消费者不屑去购买该产品。这就要求企业在定价前认真做好市场调研工作，将自己的产品与竞争者的产品仔细比较，从而对感觉价值做出准确估计。

案例7-4

安静的小狗

"安静的小狗"是一种松软猪皮便鞋的牌子，由美国沃尔弗林环球股份公司生产。当"安静的小狗"问世时，该公司为了了解消费者的心理，采取了一种独特的试销方法：先把100双鞋无偿送给100位顾客试穿8周。8周后，公司派人登门通知顾客收回鞋子，若想留下，每双付5美元。

其实,公司老板并非真想收回鞋子,而是想知道5美元一双的猪皮便鞋是否有人愿意购买。结果,绝大多数试穿者把鞋留下了。

基于此,沃尔弗林公司便大张旗鼓地开始生产、推销。结果,以每双7.5美元的价格,销售了几万双"安静的小狗"。

这是一种大手笔的运作,用实物派发给消费者,再听取意见。这样反馈过来的信息是最原始也是最有价值的。

资料来源:个人图书馆网.影响世界的101个营销语言和故事[EB/OL].(2013-11-17).http://www.360doc.com/content/13/1117/1018839208_329827713.shtml.

(二) 需求差异定价法

这种方法根据不同消费者对同一产品需求与偏好的强弱差异程度,定出不同的价格。需求较强,价格定高些;需求较低,价格定低些。具体有以下四种方法:

① 因顾客而异。如顾客去旅游景区旅游,旅游景点会制定差别定价,年幼者和年长者会有优惠价格。

② 因产品而异。如早上刚刚上市的蔬菜,比较新鲜,可能价格就高一些。到了下午,蔬菜不太新鲜了,价格可能要低一些。

③ 因地点而异。同样的酒水、香烟,在饭店与超市的价格大不相同。

④ 因时间而异。如春夏买羽绒服,价格总要低些;坐夜间航班的价格比白班要低得多。

需求差异定价法,有利于平衡供求,可以减少资源的闲置和加速资金回收,是一种灵活有效的定价方法。实施需求差异定价法要具备以下条件:一是市场能根据需求强度进行不同的细分;二是细分后市场互不干扰;三是价格的差异不会引起顾客的反感。

三、竞争导向定价法

竞争导向定价法以市场上相互竞争的同类产品价格作为定价基本依据,并随竞争状况的变化确定和调整价格水平。具体形式主要有随行就市定价法和投标定价法。

(一) 随行就市定价法

随行就市定价法,又称通行价格定价法,是将企业产品价格与同行业产品的现行市场价格水平保持一致的一种定价方法。它是同质产品市场的惯用定价法。

在垄断性竞争的市场上,销售同类产品的各个企业在定价时实际上没有多少选择余地,只能按照行业的现行价格来定价。在寡头竞争的市场上,企业也倾向于和竞争对手制定相同的价格水平。因为在这种条件下,买主就会转向价格较低的企业。

在异质产品的市场上,企业有较大的自由来决定价格,产品的差异化使买主对价格的差异不甚敏感。但企业也想确定自己产品的市场位置,搞好自己产品的价格定位。

(二) 投标定价法

这是买方引导卖方通过竞争成交的一种方法。招投标交易方式多用于建筑工程承包、大型设备制造、政府大宗采购等商业活动。其过程一般是招标者首先发出公开招标信息,说明招标的内容和要求,所有的投标者在规定的期限内投标,并将密封报价提交给招标者;招标者在规定的时间内召集所有投标者将报价当众启封,并选择最合适的投标者确定为中标者,与之签约成交。

企业参加投标的目的是为了中标,所以它的报价应低于竞争对手的报价。一般来说,报价高,利润大,但中标机会小。如果投标失败,利润为零;反之,报价低,中标机会大,但利润低。其机会成本可能大于其他投资方向。因此,企业在确定报价时,一方面要根据生产成本进行估价,确定几个报价方案,并测算各个方案的获利情况;另一方面要进行调查分析,了解竞争者投标报价的动向,估计竞争者的可能报价,预测自己各个方案的中标概率,从有中标机会的方案中选择期望利润最大的方案作为投标定价。

第三节 定 价 策 略

案例7-5

苹果Ipod的定价

苹果Ipod是近几年来最成功的消费类数码产品之一。第一款Ipod的售价高达399美元,即使对于美国人来说,也是属于高价位产品,但是有很多"苹果迷"既有钱又愿意花钱,所以纷纷购买;所以,苹果认为还可以"撇到更多的脂",于是不到半年又推出一款容量更大的Ipod,定价为499美元,仍然销路很好。可以讲,苹果的撇脂定价大获成功。

资料来源:豆丁网.新产品定价策略案例[EB/OL].(2014-01-11).https://www.docin.com/p-753400499.html.

企业在考虑经营目标、需求、成本、竞争者的基础上,利用一些基本的定价方法,制定的产品价格往往并不是该产品的最佳价格,而是产品的基本价格。定价策略是指企业为达到总体经营目标,根据产品的特点、市场供求状况和竞争状况、产品成本变动状况及消费者购买行为的动向等,采取的各种定价技巧和措施。企业在最后确定价格或对价格进行修整时,可采取以下策略:

一、新产品定价策略

根据新产品在投放市场时定价水平的高低,可以有三种类型定价策略:

（一）撇脂定价策略

撇脂定价策略，又称高价策略，就是将新上市产品的价格定得较高，以便在短期内获取可能多的利润。当销售量下降后可以采取选择的办法去吸引价格敏感的次一层顾客购买，犹如从牛奶中撇走奶油一样，故称撇脂定价策略。

使用这种策略必须具备四个市场条件：一是产品的质量与高价相符；二是要有足够多的顾客能接受这种高价并愿意购买；三是竞争者在短期内很难进入该产品市场；四是企业的生产能力有限，难以应付市场需求，可以用高价限制市场需求。这种定价策略适用于有明显技术优势或组织优势的产品。

（二）渗透定价策略

渗透定价策略，又称低价策略，它将新上市产品的价格定得较低，让市场容易接受；在短期内迅速占领市场并打开销路，待在市场站稳后，再逐步提高价格，犹如往海绵里渗水一样，故称渗透定价策略。

采取这种策略必须具备三个市场条件：一是市场规模较大，需求价格弹性大；二是产品没有特色；三是运用薄利多销的原则。其缺点是：投资回收期长、见效慢、价格变动余地小，有可能还会在消费者心中对产品产生"低价劣质"的品牌形象。

案例 7-6

小米的渗透定价

小米手机一经面世，就给广大用户树立了"高性能，低价格"的品牌印象，旗舰机型只卖1999元，小米2A、MAX等更是分别降到了1699元和1499元，更不用提定位更低端的红米系列了。一方面，小米通过自己浓厚的社区基因给自己的用户打上了手机发烧友的标签；另一方面，凭借有竞争力的价格护航，撒豆成兵，迅速占领了市场，尔后凭借越发成熟的产研供系统，手机生产与分销的单位成本会随生产经验的积累而下降，可谓是渗透定价的完美执行者了。

资料来源：小明.千人千面，常见定价策略浅析[EB/OL].(2017-12-30).http://www.woshipm.com/operate/877386.html.

（三）平价定价策略

平价定价策略，又称折中定价策略，是新产品在投放市场时，以产品成本为基础加上适当的利润，确定一个适中的价格，同时兼顾方方面面。这种定价策略较为稳妥，风险小，适用于产销比较稳定的新产品。它可同时避免因撇脂价格过高带来的风险和渗透价格过低造成的困难。其缺点是：在短期内难以打开销路，不能及时适应多变的市场需求和激烈的竞争环境。新产品的定价策略选择因素如表7.1所示。

表7.1 新产品定价策略选择因素表

影响因素	渗透定价	撇脂定价
潜在市场容量	大	小
与竞争产品的相似性	相似性大	差异性大
仿制的难易	容易	困难
需求价格弹性	高	低
目标市场顾客的购买力	弱	强
销售量增长对产品单位成本降低的影响	较大影响	影响不大
投资回收期的需求	逐渐回收	迅速回收

二、心理定价策略

案例7-7

"三"的作用

在定价中,"三"的作用也非常重要。如果咖啡店出售两种规格的卡布奇诺,小的2.69美元,大的3.29美元,也许有一半人买小的,另一半人买大的。如果再加一个超大的,价格为4.29美元,也许没有人会买超大号的,但是现在只有20%的人买小杯的,80%的人会买大杯的。所以,推出第三种选择的目的是让更多的客户去选择第二种,同时店家还可以在店外挂出"幌子":卡布奇诺,最低只需2.69美元。

资料来源:大小乙.定价策略买的没有卖的精[EB/OL].(2012-08-21).http://www.360doc.com/content/12/0821/21/2658162_231591756.shtml.

心理定价策略,是指企业定价时利用消费者不同的心理需要和对不同价格的感受,有意识地采取多种价格形式,以促进销售。常见的心理定价策略有以下五种:

(一)尾数定价策略

尾数定价,也称零头定价,就是定价时故意保留小数点后的尾数,增强消费者对定价的信任感,并感到价廉的一种定价方法。例如,本应该定价为60元的商品,定价为59.95元,这种定价方法适用于需求弹性较强的商品,尾数定价法往往能带来商品需求量大幅度的增加。

(二)整数定价策略

整数定价法就是将产品价格合零凑整,即把价格定在整数或整数水平上,让消费者觉得产品档次较高,如将价格定在100元,而不是99元。因为一些消费者认为较高一档次的产品能显示其身份、地位等,能得到一种心理上的满足。这种定价主要适合于技术含量较高单价较高的商品。

案例7-8

超级汽车

美国的一位汽车制造商曾公开宣称,要为世界上最富有的人制造一辆大型高级豪华轿车。这种车有6个轮子,长度相当于两辆凯迪拉克高级轿车的长度,车内有酒吧间和洗澡间,价格定为100万美元。为什么一定要定个100万美元的整数价格呢?这是因为,高档豪华的超级商品的购买者,一般都有显示其身份、地位、富有、大度的心理欲求,100万美元的豪华轿车,正迎合了购买者的这种心理。对于高档商品、耐用商品等宜采用整数定价策略,给顾客一种"一分钱一分货"的感觉,借以树立商品的形象。

资料来源:豆丁网.十三种定价方法[EB/OL].(2013-05-15).https://www.docin.com/p-1298654087.html.

(三)声望定价法

声望定价法,是指针对消费者"一分钱一分货"的心理,对在顾客心目中享有声望、具有信誉的产品制定的较高价格。它主要是利用消费者崇尚名牌的心理,他们往往以价格判断质量,认为高价格代表高质量。这种声望定价技巧在零售业、餐饮业、服务业、医疗卫生教育等行业运用非常广泛。

(四)习惯定价策略

习惯定价策略,是指按照消费者的习惯标准来定价,如日常消费品价格,一般采用习惯定价。因为这类商品一般易于在消费者心目中形成一种习惯性标准。商品的价格稍有变动,就会引起顾客不满。提价时,顾客容易产生抵触心理;降价,则会认为质量出了问题。因此,这类产品价格力求稳定,在不得不调价时,应采取改换包装或品牌等措施,并引导消费者逐步形成新的习惯价格。

(五)招徕定价策略

招徕定价策略,是指将产品价格调整到低于价目表价格,甚至低于成本费用,以招徕顾客促进其他产品销售的一种定价策略。例如,在节假日期间,一些超级市场和百货商店采用对几种商品进行低价、打折等促销手段,以招徕顾客。这样顾客多了,不仅卖出去了低价商品,更主要的是带动和扩大了一般商品和高价商品的销售。

三、折扣折让策略

折扣和折让都是变向的降低价格,俗称打折,但两者有所不同。折扣是比原定价格少收一定比例的现款,折让则是用其他东西替换比原定价格少收一定数量的价款。其主要形式有以下六种:

（一）现金折扣

这是企业给那些提前付清货款的客户的一种减价的方式。例如，客户在10天内付清货款，给予20%的折扣；在20天内付清货款，给予10%的折扣；在30天内付清货款，则没有折扣。西方国家许多行业，大都采用这种做法。其目的是，尽快收回成本，减少坏账损失。

（二）数量折扣

这是企业给那些购买数量较大的大客户一种减价方式。主要是鼓励客户多购货物。例如，客户购买某种商品50件以上，每件70元；50件以下，每件75元。这种折扣通常有累计折扣和非累计折扣两种方式。累计折扣，是指规定在一定时期内（如半年）同一顾客购买商品累计达到一定数额时，按总量给予一定的折扣。非累计折扣，是指顾客当次购买达到一定数量时所给予的价格折扣。

（三）功能折扣

又称贸易折扣，交易折扣，这是给中间商的一种折扣，其目的是给中间商一定的赢利空间，以鼓励中间商乐于同自己进行交易。

（四）季节折扣

是指生产经营季节性商品的企业，为了鼓励购买者，购买过季商品与服务，给予购买者的价格折扣。例如，旅馆、航空公司在营业淡季时给旅客以季节折扣。

（五）心理折扣

心理折扣就是经营者故意把商品价格定得很高，然后再大幅度降低出售，使顾客心理上产生非常便宜的感觉，一般中间商大都采用这种策略。

（六）折让策略

这是另一种类型的价格减价。例如，一台冰箱标价2000元，顾客以旧冰箱折价300元，最终只需付1700元即可，这就是以旧换新折让。如果某中间商同意某生产企业的促销活动，则某生产企业卖给中间商的货物可以打折，这就是促销折让。

四、产品组合定价策略

当某种产品成为产品组合的一部分时，对这种产品的定价不能只考虑个别产品的价格，而应综合考虑产品组合中各种产品的需求、成本及相互关系，制定出整个产品组合的价格策略，主要有系列产品、互补产品、互替产品三种定价策略。

(一）系列产品定价策略

企业为了满足消费者不同层次的需求，一般都希望生产经营系列产品，使产品的品种、档次、规格、式样等多样化。由于产品之间存在差异，因此在价格上也应有所差别。

① 品种差价，指在同类商品中，不同的品种之间存在价格差别，如白糖与红糖。

② 档次差价，指在同一种商品中，不同档次之间的价格差额，如苹果的售价有3元/千克、5元/千克、10元/千克。

③ 规格差价，是指同一种商品中，因大小、长短、轻重、粗细、宽窄等不同而形成的价格差异。如洗发水有100毫升/瓶、300毫升/瓶、600毫升/瓶等不同规格，价格差别很大。

④ 式样差价，是指在同一种商品中，因造型不同而形成的价格差异，如羊毛衫有"V"领、翻领等，价格有所差异。

（二）互补产品定价策略

有些企业经营者，要看这些产品是否是配套使用，对于这类互补产品，企业可以有意识地降低某种产品价格，从而提高另一种商品的价格。一般情况下，企业会提高更换频率比较高的产品的价格。例如，吉列手动剃须刀在定价时，降低了更换频率较低的刀架的价格而提高更换频率比较高的刀片的价格。

（三）互替产品定价

互替产品是指买主在购买和使用过程中能够相互代替的产品。一般来说，对于互替产品，企业应适当提高畅销产品的价格，降低滞销产品的价格，以使两者销售相得益彰，增加企业总利润。例如，洗衣粉和肥皂，根据不同市场畅销情况，分别采用提价和降价。

五、地区定价策略

企业在定价过程中还必须考虑对不同地区的顾客制定不同的价格。以下是五种地区性定价方法：

（一）原产地定价

原产地（free on board，FOB）定价，也称船上交货价，是国际贸易中常用的贸易术语之一。买卖双方按离岸价进行的交易，买方负责派船接运货物，卖方应在合同规定的装运港和规定的期限内将货物装上买方指定的船只，并及时通知买方。货物在装运港被装上指定船时，风险即由卖方转移至买方。

（二）统一交货定价

统一交货定价，就是企业对于卖给不同地区顾客的某种产品都按照相同的出厂价和相同的运费(按平均运费计算)进行定价。

(三)区域定价

区域定价,又叫分区定价,即把产品的销售市场划分为两个或两个以上的区域,在每个区域内定一个价格,不同的区域市场采用不同的价格。商品由卖方统一运送,运费按该区域内所有顾客的平均运费计算。

(四)基点定价

基点定价即企业选定某些城市作为基点,然后按一定的出厂价加从基点城市到顾客所在地的运费来定价。

(五)免收运费定价

有些企业因为急于打开某些地区市场,负担全部或部分实际运费。这些卖主认为,如果生意扩大,其平均成本就会降低,因此足以抵偿这些费用开支。采用免收运费定价,可以提升企业市场渗透能力,使其在竞争日益激烈的市场上站住脚。

六、变价策略

案例7-9

优衣库的变价

优衣库母公司迅销集团日前公布的2016年财政年度报告显示,集团从2015年9月1日~2016年8月31日的全年营业收入为1.7846万亿日元,同比增长6.2%。综合经营溢利较去年下滑了22.6%,减至1272亿日元。母公司所有人占年内溢利盈利480亿日元,同比下降56.3%。对此,迅销集团CEO柳井正承认,采取价格上调策略是错误的,同时表示会在全球范围内陆续进行价格调整,以提振业绩。

2014~2015年,由于受汇率影响,日元贬值导致原材料成本增加以及代工工厂的劳动力生产成本攀升,迅销集团进行了两次不同程度的提价。2014年7月,优衣库秋冬产品平均涨价5%,2015年优衣库产品平均涨价幅度达到10%。

优衣库涨价虽然弥补了日元贬值与原料成本增加的缺失,但客流量明显减少。截至2016年2月底的上半财年,优衣库日本本土的顾客人数减少了6.3%,同店销售下滑1.9%。值得一提的是,大中华区经营利润虽然下滑幅度远低于其他市场,但仍然达到了5.5%。

据报道,优衣库涨价导致客流量的下降,使得优衣库母公司迅销集团不得不进行重新调价,降价措施将覆盖全球范围,最大降幅达30%。

柳井正在今年3月接受媒体采访时表示,过去几年,优衣库在整个市场所采取的价格上调策略是错误的,并会对产品采取价格下调策略。

派尚服饰搭配学院总经理康兰馨表示,优衣库的大幅度价格调整对品牌有很强的杀伤力,这主要是受优衣库消费群体的影响。优衣库的优势是高性价比,受众群体对价格敏感性较强,产品的可替代性也较强。两次涨价后,产品价格超越了优衣库原有的受众人群消费的心理价位,因而这部分消费者逐渐转向其他品牌,这种客户的流失是优衣库再次降价不能100%挽回的。

资料来源:刘一博.优衣库承认提价策略失败:客流量下降将下调价格[EB/OL].(2016-10-17).http://finance.sina.com.cn/changing/gsnews/2016-10-17/doc-ifxwvpaq1479456.shtml.

企业不仅要科学合理地制定价格,而且还要随着市场环境的变化,适时灵活地调整价格。主要有降价和提价两种策略。

(一) 降价策略

降价就是指商品在原有价格基础之上,下调一定比例对外出售。企业产品降价的原因主要有三种:① 该产品供大于求,大量积压;② 希望夺回市场占有率;③ 成本费用低,希望调价以控制市场。

不过企业产品降价时,应注意以下五个方面:① 淡季降价比旺季降价有利;② 同一产品降价次数太多会失去市场占有率;③ 短期内降价不足以阻止新品牌的进入;④ 新品牌的降价效果比旧品牌的好;⑤ 销量下降时降价效果不理想。

(二) 提价策略

提价就是指商品在原有价格基础上,上调一定比例对外出售。提价的原因有以下三个方面:① 产品成本提高;② 产品供不应求;③ 通货膨胀。企业产品提价时还应注意以下两个方面:① 要控制提价幅度,不宜太高;② 及时向消费者说明原因,帮助大宗购买的顾客解决提价带来的问题。

本章小结

本章主要介绍了影响企业定价的因素、定价的方法和定价的基本策略。其中,影响企业定价的因素有:企业的定价目标、成本因素、需求因素、供求关系、竞争因素、企业的营销组合策略等。定价的方法主要包括成本导向定价法、需求导向定价法、竞争导向定价法。定价的基本策略有新产品定价策略、心理定价策略、折扣折让定价策略、产品组合定价策略及变价策略。

 实训操练

一、知识测试

1. 名词解释

（1）成本导向定价法

（2）撇脂定价

（3）尾数定价法

2. 单项选择题

（1）随行就市定价法是（　　）市场的惯用定价方法。

　　A.完全垄断　B.异质市场　C.同质市场　D.垄断市场

（2）为鼓励顾客购买更多物品,企业给那些大量购买产品的顾客减价称为（　　）。

　　A.功能折扣　B.数量折扣　C.季节折扣　D.现金折扣

（3）企业利用消费者仰慕名牌商品或名店声望所产生的某种心理,对质量不易鉴别商品的定价最适宜采用（　　）。

　　A.声望定价　B.尾数定价　C.招徕定价　D.反向定价

（4）如果某一产品的价格需求弹性系数大于1,企业往往可以采取（　　）策略。

　　A.降价　B.提价　C.降低产品质量　D.维持价格不变

（5）投标过程中,投标商对其产品的确定主要是依据（　　）制定的。

　　A.市场需求　B.企业自身的成本费用　C.对竞争者的报价估计　D.边际成本

3. 问答题

（1）简述影响定价的主要因素。

（2）简述定价的主要方法。

（3）简述定价的基本策略。

二、课堂实训

1. 分组进行产品价格调研。

2. 各小组根据所选择的背景企业的产品进行价格策划。

三、案例分析

珠宝首饰定价方法

位于巴西的某珠宝店专门经营由印第安人手工制成的珠宝首饰。几个月前,该珠宝店进了一批由珍珠质宝石和白银制成的手镯、耳环和项链。该宝石同商店以往销售的绿松石宝石不同,它的颜色更鲜艳,价格也更低。很多消费者还不了解它,对他们来说,珍珠质宝石是一种新的品种。该店副经理苏珊十分欣赏这些造型独特、款式新颖的珠宝,她认为这个新品种将会引起顾客的兴趣,形成购买热潮。她以合理的价格购进了这批首饰,为了让顾客感觉物超所值,她在考虑进货成本和平均利润的基础上,为这些商品制定了合理的价格。

一个月过去了,商品的销售情况令人失望。苏珊决定尝试运用她本人在大学里学

到的几种营销策略。比如,苏珊把这些珠宝装入玻璃展示箱,并摆放在店铺入口醒目的地方。但是,陈列位置的变化并没有使销售情况好转。苏珊认为应该同销售职员好好谈谈了。在一周一次的见面会上,苏珊向销售人员详细地介绍了这批珠宝的特性,下发了书面材料,以便他们能更详尽更准确地将信息传递给顾客。苏珊要求销售员花更多的精力来推销这个产品系列。不幸的是,这个方法也失败了,苏珊准备另外选购商品了。在去外地采购前,苏珊决定减少商品库存,她向下属发出把商品半价出售的指令,就匆忙起程了。

一周后,苏珊从外地回来,她欣喜地发现该系列的所有珠宝已经销售一空。她对助手说:"看来,顾客不接受珍珠质宝石的成本,下次采购新的宝石品种一定要慎之又慎。"助手却对苏珊说,珠宝并没有降价销售,相反,店长卡洛斯要求这批珠宝以两倍的价格销售,结果销售情况十分火爆。"为什么要对滞销的商品提价呢?"苏珊很不理解。

资料来源:百度文库.珠宝店珠宝首饰的定价[EB/OL].(2019-07-20).https://wenku.baidu.com/view/52fc414db9f67c1cfad6195f312b3169a451eaec.html.

请结合案例分析:

1. 苏珊对珍珠质宝石的定价采用了什么定价方法?卡洛斯在对宝石定价时采用了什么策略?试说明原因。

2. 该珠宝店还可以采用哪些定价策略?

第八章 分销策略

(1) 理解分销渠道的含义，明确对企业的意义。
(2) 了解中间商的类型与作用。

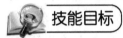

(1) 能够处理中间商的关系。
(2) 掌握企业如何进行分销渠道设计。

案例 8-1

中兴通讯发布"渠道+智慧城市"双战略，开启渠道发展新模式

2017年4月27日，中兴通讯合作伙伴大会在太原隆重开幕，中兴通讯向在场合作伙伴分享了全球数字化转型的重要商机和创新技术，并宣布2017年将实行"渠道+智慧城市"双战略，以发展和培养高质量渠道为核心，构建创新、开放、和谐的全球性生态圈，与合作伙伴共襄发展，共享数字经济红利。

"智慧城市"是2016年中兴通讯渠道大会的六大关键词之一，到2017年提为与渠道并重的两大战略之一，意味着中兴通讯对以智慧城市为支柱的政企业务的高度重视，更是中兴通讯在数字化时代对ICT行业发展趋势的深刻认知与把握，是对行业渠道发展模式的创新与探索。

2017年，中兴通讯渠道政策的核心理念是"阳光、聚焦、专业、共享"，中兴通讯渠道拓展部部长汤宥齐在会上详细阐述了当年的渠道新政策。

在发布渠道新政策之前，中兴通讯广泛征集了合作伙伴的意见，着重修订了培训认证管理、传统行业运作管理、核心渠道伙伴政策、报备与授权、市场活动管理、窜货管理、仲裁管理等多项合作伙伴关注的环节，并且从项目报备到立项、项目跟踪、项目授权、物流进展等实现了全程可视化，力求政策制定及渠道管理的各个环节均阳光透明。

"聚焦"表示要聚焦战略市场、战略行业及战略客户，进一步培养核心渠道；"专业"指中兴将为渠道提供专属的支撑团队，同时利用中兴网校、iLearning等平台，对合作伙伴进行产品、行业、方案类的全方位赋能培训，助力合作伙伴提升产品竞争力和品牌形象；"共享"则是中兴通讯向各类合作伙伴最大限度地开放技术平台、资源平台，鼓励合作伙伴在研发、方案整合、销售等各个环节跨区域、跨行业合作，实现资源共享、优势互补、共同发展。

汤宥齐表示，今年中兴通讯将重点加强工程服务资源整合与投入，让国内各省均有一支专业的工程服务团队，来对口解决工程服务相关问题，并借助国内五大物流仓储平台改善物流问题，对业绩突出、合作紧密的核心合作伙伴，还将组建专职团队予以对口支撑。从代理向合作全面转型。

随着ICT行业跨界融合趋势地加剧，用户数字化转型不再是单纯地需要某一套设备或产品，而是需要能解决发展痛点的个性化、整体化解决方案与服务，这种专业对口支撑将愈发必要，而这就需要能跨界整合软硬件厂商、方案商、服务提供商等各种资源，传统的代理商直销模式已不适合时代发展的潮流。复杂化、系统化的智慧城市建设就是最典型的用户之一，也是中兴通讯创新渠道发展模式最主要的试验田。如中兴通讯在国内率先引入智慧城市建设的PPP模式，通过集成、被集成、联合体等不同合作模式，整合优势资源，与合作伙伴联合开发极具竞争力的、一站式整套服务解决方案。中兴通讯还将PPP模式在多个行业复制推广，与合作伙伴一起参与了多个大型项目。

2017年，中兴通讯加大渠道型产品投入，成立渠道产品经营委员会，明确了当年渠道型产品的研发计划，为渠道市场定制专业产品，与合作伙伴一起开拓细分市场。为了最大限度地激活渠道和合作伙伴的积极性，中兴通讯今年制定了更为诱人的渠道激励政策，如全行业拉通激励，加大骨干网、空白市场等类型的奖励范围。汤宥齐表示，坚持产品符合渠道需求、符合市场需求的宗旨，坚持合规的前提下，中兴通讯将坚持共同做大做强的渠道发展战略，激励产业链，实现合作共赢。

资料来源：中兴通讯.中兴通讯发布渠道+智慧城市双战略开启渠道发展新模式[EB/OL].(2017-04-28).https://www.sohu.com/a/137045245_171073.

企业生产出来的产品，只有通过一定的销售渠道才能在适当的时间、地点，以适当的价格供应给消费者或用户，才能通过满足购买者的需要实现企业的营销目标，因此分销渠道决策直接关系着企业的生存与发展。

第一节 分销渠道概述

案例8-2

中药牙膏的渠道策略

在亮齿中药牙膏进入市场之前,国内牙膏市场有两个主要特征:一是竞争非常激烈,由于进入门槛较低,不断有新企业或新品牌诞生;二是高端产品完全被国外或合资品牌垄断,国内市场上的牙膏价格一般在3~8元,12元以上的牙膏就已属于高端产品,而高端产品中没有国内品牌。在这种背景下,任何一家国内的新企业或者新品牌,要想在国内牙膏市场占据一席之地非常困难。

亮齿中药牙膏进入市场之后推出了20元的高档牙膏,一度被认为是不可能完成的任务,但亮齿中药牙膏决心从渠道策略入手,完成这个"不可能完成的任务"。为了彰显中药牙膏的独特功效,亮齿通过药店进行销售。一般而言,能够进入药店的产品都有一定的疗效,此举进一步强化了中药牙膏具有独特的高端形象。当年年初,亮齿中药牙膏开始通过药店渠道在部分地区进行销售,在没有进行大量宣传推广的情况下,第一季度的销售额便突破200万元。初战告捷后,亮齿中药牙膏通过药店渠道迅速向全国铺开,全年的销售额达到8000万元。

通过药店销售渠道获得成功之后,亮齿中药牙膏开始丰富渠道类型,大到各类商场、超市,小到社区零售店,使消费者很方便地购买到该产品。

此外,为了提升在生产制造领域的竞争能力,亮齿中药牙膏采取"订单制"生产,降低生产和销售风险,并使生产制造中心在质量保障、成本、服务和快速反应等方面更具竞争优势。

资料来源:道客巴巴.中国中药牙膏行业发展研究报告[EB/OL].(2020-12-11).http://www.wendangku.net/doc/445a424cc850ad02df804104.html.

从案例8-2中可以看出,生产企业和服务企业纷纷选择特许经营和连锁经营两种新的渠道系统,借助分销渠道所具有的功能,迅速扩大经营规模,获得巨大的经济效益和社会效益。分销渠道对生产商的生存和发展至关重要。

一、分销渠道的含义与职能

(一)分销渠道的含义

分销渠道,又称为配销渠道或流通渠道,是指产品或服务从生产者向消费者转移时，取得所有权或帮助转移所有权的组织和个人。分销渠道的起点是生产企业，终点是消费者。其中，转移过程中取得产品所有权的组织或个人，称为商人经销商，包括批发商和零售商；帮助转移所有权的组织或个人成为辅助中间商，包括代理商、经纪商、采购代理商等。分销渠道是市场营销实践活动中最为关键的环节。

21世纪，由于信息网络和运输工具等各方面的空前大发展，给企业的直接销售提供了条件，但企业和消费者或其他用户仍然存在着一些矛盾，还需要通过分销渠道来解决。

① 空间矛盾。企业与消费者或其他用户并不在同一地区，有的相距甚远。如淮北口子集团的口子窖白酒若要销往内蒙古，口子集团不可能亲自去对每一个消费者宣传、销售一瓶口子窖酒，因为那样成本太高。

② 时间矛盾。在市场中，有的产品存在着时间差距。如苹果是一种季节性产品，而消费者则是一年四季消费该商品，这就需要专业批发公司来介入，在苹果收获的季节大量采购并统一储藏、统一管理，从而降低仓储成本。

③ 产品供需数量的矛盾。企业大批量生产，消费者或其他用户却是小批量或零星购买，企业无法满足众多的终端消费者或其他用户，必须要有更多的零售商的介入才可以解决这供需数量的矛盾。由于企业与消费者或其他用户众多的矛盾只有分销渠道（中间商）的介入才能解决，所以，分销渠道的存在有其必然性，对企业的发展起着重要作用。

（二）分销渠道的职能

分销渠道执行的工作是把产品从生产者手里转移到消费者手里，它弥补了产品、服务在生产者和使用者之间的缺口。在这一过程中，分销渠道主要执行了以下功能：

① 沟通信息。通过收集营销环境中有关潜在与现实顾客、竞争对手和其他参与者的营销信息，加以分析、研究、整理，为制订计划和进行交换做准备。

② 促进销售。设计有关产品的沟通材料向潜在消费者进行劝说，吸引他们购买。

③ 商务谈判。寻找可能的消费者，就有关价格和其他交易条件进行磋商，达成最终协议，实现产品所有权的转移。

④ 产品订货。按照消费者的要求，提供适当的产品，包括分级、分类、包装及种类组合等活动。

⑤ 资金融通。为补偿渠道工作的成本费用而对资金的取得、支出和周转进行调整分配等活动。

⑥ 分担风险。承担产品从生产者转移到消费者过程中的全部风险。

⑦ 储存运输。担负着产品实体从原料供应到顾客终端的储存和运输工作。

二、分销渠道流程

(一) 渠道流程的含义

所谓渠道流程,是指由渠道成员们依次执行的与分销有关的一系列职能。也就是,产品或服务从生产者流向消费者或其他用户的过程中,存在着物质或非物质形式的运动,渠道成员在执行职能的活动中形成了各种不同种类的流程。

(二) 渠道流程的种类

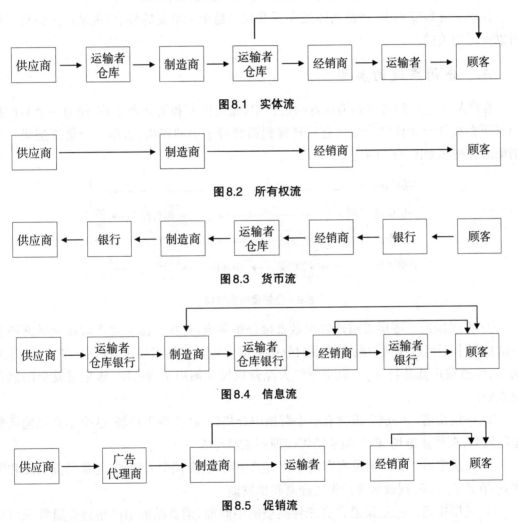

图8.1 实体流

图8.2 所有权流

图8.3 货币流

图8.4 信息流

图8.5 促销流

① 实体流,又称物流,是指产品从生产者向消费者转移过程中的实体运动,如图8.1所示。它包括产品的包装、装卸、运输和储存。这一环节是关系到产品分销效率的重要途径。

② 所有权流,又称商流,是指商品的所有权从生产者手中向消费者手中转移的过程,如图8.2所示。所有权的转移往往伴随产品实体的转移而转移,也是商品交易的核

心部分。

③ 货币流,又称支付流,是指产品从生产者向消费者转移的交易活动中所发生的货币流动,如图8.3所示。每一次商品所有权的转移总是伴随着货币的转移。一般来说,货币流与所有权流的方向相反,总是从买方向卖方转移流动。

④ 信息流,是指渠道各成员相互传递信息的流程,如图8.4所示。例如,生产者向经销商、消费者传递产品销售的有关信息;消费者向销售者、生产者传递其需求的信息。这一流程在渠道的每一环节是必不可少的。信息流的方向是双向的。

⑤ 促销流,是指生产者或中间商通过广告、公共关系、人员推销、营业推广等活动对消费者施加影响,激励消费者购买,从而形成促销流程,如图8.5所示。

在以上五种流程中,产品实体流和所有权流是至关重要的环节,也是产品分销活动得以实现的关键。

三、分销渠道的类型

在产品从生产商转移到消费者的过程中,除生产商和消费者之外,任何一个对产品拥有所有权并有责任将产品所有权转移到消费者手中的机构,就是一个渠道层级。分销渠道类型图如图8.6所示。

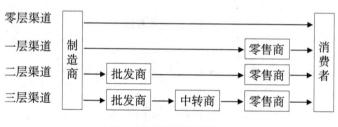

8.6 分销渠道类型图

① 零层渠道。零层渠道通常叫做直接分销渠道,是指产品从生产者流向最终消费者的过程中不经过任何中间商转手的分销渠道。它具有渠道最短、流通环节少、流通时间快、流通费用低的特点,一旦企业扩大经营规模和拓展销售范围,该渠道就会限制企业发展。

② 一层渠道。一层渠道含有一个营销中介机构,在消费者市场,这个中介机构通常是零售商;在产业市场,则可能是销售代理商或经纪人。

③ 二层渠道。二层渠道含有两个类型的中间商,在消费者市场,通常是批发商和零售商;在产业市场,则通常是销售代理商和批发商。

④ 三层渠道。三层渠道含有三种类型的中间商,消费品的生产制造商通常采用这种渠道分销其产品。在这类行业中,通常有一专业批发商处于批发商和零售商之间,该专业批发商从批发商进货,再卖给无法从批发商进货的零售商。

更多层次的分销渠道虽然存在但不多见。从生产者的角度来看,随着渠道层次的增多,渠道控制的难度就会增加,出现的矛盾和问题也会增多。分销渠道有:直接分销渠道和间接分销渠道;长渠道和短渠道;宽渠道和窄渠道等。

（一）直接分销渠道和间接分销渠道

直接分销渠道又称零层渠道，是由生产商直接销售给消费者。间接分销渠道，是指使用中间商的渠道。

（二）长渠道和短渠道

一层渠道为短渠道，即生产者只通过一个中间商把商品转移给消费者。两层以上渠道为长渠道，即生产者通过两个或两个以上的中间商环节把商品转移给消费者。分销渠道层级越多，渠道就长；反之，渠道就短。消费品市场多采用间接分销渠道。

（三）宽渠道和窄渠道

宽渠道是指分销渠道的每个层级选择多个同类型中间商经销产品。企业使用的同类中间商越多，产品在市场上的分销面就越宽；反之，就越窄。它与企业的分销战略密切相关，而企业的分销战略通常可分为三种，即密集性分销、选择性分销和独家分销。

1. 密集性分销

密集性分销是指生产者尽可能地通过许多负责任的、适当的批发商、零售商推销其产品。消费品中的便利品和产业用品中的供应品，通常采取密集性分销，以便于消费者和用户能随时随地买到商品。

2. 选择性分销

选择性分销是指生产者在某一地区通过精心挑选的、最合适的少数几个中间商分销其产品。选择性分销适用于所有产品，但相对而言，消费品中的选购品和特殊品，更便于采取选择性分销。

3. 独家分销

独家分销是指生产者在某一地区仅选择一家中间商推销其产品。通常双方协商签订独家经销合同，规定经销商不得经营竞争者的产品，以便控制经销商的业务经营，调动其经营积极性，占领市场，扩大销售。

（四）传统营销渠道和新型营销渠道

1. 传统营销渠道

它是由独立的生产者、批发商和零售商组成。渠道中的各个成员都是作为一个独立的企业实体而存在，而且追求自己利润的最大化，即使它是以损害渠道系统整体利益为代价也在所不惜。没有一个渠道成员对于其他成员拥有全部的或者足够的控制权，因此，易产生极大的内耗，渠道冲突多，不利于各自的发展。

2. 新型营销渠道

它是实行专业化和集中计划的管理体系，渠道上的各个成员之间协调一致，采取一体化经营或联合经营的方式，以此扩大经营规模，增强议价、环境适应和市场竞争能力，提高整体运行效率和经营效益。它是生产商为了控制和占领市场,实现集中和垄断,采取的工商一体化联合经营方式。中小生产商、批发商、零售商要与大生产商竞争,可以通过建立工商联营走联合经营的道路,来提升竞争和抗风险能力。新型营销渠道系统有以下三种:

(1) 垂直渠道系统

垂直渠道系统是指由生产者、批发商和零售商所组成的一种统一的联合体。某个渠道成员拥有其他成员的产权,或者是一种特约经营关系,或者该渠道成员拥有相当实力,其他成员愿意与其合作。垂直营销系统既可以由生产商支配,也可以由批发商或者零售商支配。垂直渠道系统有三种主要形式:

① 公司型。公司型系统是指一家公司拥有并统一管理若干生产企业、批发机构和零售机构,控制整个分销渠道,进行综合经营生产、批发和零售业务。公司系统有两种经营方式:一种是由生产企业拥有和统一管理的若干生产单位、商业机构所形成的工商一体化的经营方式;另一种是由商业企业主导形成的由若干生产单位、商业机构所形成的商工一体化经营方式。

② 管理型。管理型系统是指有规模大、实力强的生产商,为了实现其战略计划,往往在销售促进、库存供应、定价、商品陈列、购销业务等问题上与批发商、零售商协商一致或予以帮助和指导,与批发商、零售商建立协作关系。由于管理型系统不是通过所有权和合同获得,而是在有关成员自愿加入、互利合作的基础上,通过相互尊重、相互支持来协调与维持系统的存在与运行,要求生产商有能力吸引其他渠道成员的能力。

③ 合同型。合同型系统是指不同层次的生产企业的销售企业,以契约为基础建立的一种关系较为紧密的联营分销系统。合同型系统一般有三种形式:

第一,特许经营。特许经营是指特许者将自己所拥有的商标(包括服务商标)、商号、产品、专利和专有技术、经营模式等以特许经营合同的形式授予被特许者使用,被特许者按合同规定,在特许者统一的业务模式下从事经营活动,并向特许者支付相应的费用。采用这种形式,批发商或零售商可以依靠生产企业较高的商业信誉,以较少的资金投入迅速发展起来,既可以迅速打开市场,又可以保持对产品经销商的控制和监督。

第二,自愿连锁。自愿连锁是指中小零售企业在某一龙头企业或标志集团的统帅下,通过自愿联合的方式组成经营联合体,实行资源共享、共同进货、共同配送以及培训等其他互惠互利合作方式的连锁经营形式。加入自愿连锁组织后,商品采购将最终实现集中采购、统一配送,通过联合可大大提高中小企业的采购地位,有效降低采购成本。自愿连锁与零售商业的一般连锁商店不同,一般的连锁店通常都隶属于一些大的零售商公司,是这些大公司的分店或联号。

第三,零售店合作社。一些独立经营的中小零售企业,为了同大零售企业竞争,经常采用零售店合作社的形式联合起来。参加零售店合作社的企业要缴纳一定的股金,成立联合经营的批发机构,形成联营组织。零售店合作社将以共同名义为各零售商统一采购货物、统一进行广告宣传、统一培训职工。

（2）水平渠道系统

水平渠道系统是指分销渠道系统中同一层级上的若干制造商、批发商、零售商之间采取水平一体化联合经营的方式，而形成共生营销机构。

（3）多渠道营销系统

多渠道营销系统是指对同一或不同的分市场，采用多渠道的分销体系。

商品流通领域中的这三种一体化或联合经营的方式都得到了很大的发展，尤其是垂直渠道系统在经济生活中占有重要的地位，发挥着重要作用。

第二节　分销渠道环节

案例8-3

新业态：新零售与传统零售的区别 一种全新的销售方式

新零售，顾名思义，就是与传统零售完全不同的，一种新的零售模式。其价值在于最大限度地提升全社会流通零售业的运转效率；其目标是建立一个以消费者体验为中心的数据驱动的泛零售形态。我们可以从阿里研究院对新零售2017~2020年场景的描绘中看到，相较于传统零售行业，新零售的特点主要有以下四点：数据化、去中心化、个性化和全场景化。

（1）数据化。在新零售业态中，人、货物、场地三者之间的关系将率先发生改变。对传统零售商家来说，很难收集到消费用户的行为和相关信息；但是在新零售环境中，可以通过对顾客的消费行为，及其他信息，构建用户画像，打造数据化运营的基础。

（2）去中心化。除了数据化是传统零售行业不可比肩的，新零售相较于传统零售有明显的改变还在于它的去中心化，即将获利方式从信息不对等的差价回归到产品与效能的增值中。这是零售行业发展的必然趋势。

（3）个性化。在物质极大丰富的今天，人们对于个性化的要求越来越高，为了满足消费者多变、多样化的需求。新零售必须要更加重视消费者的需求，它要求营销人员更及时地调整其营销战略。

（4）全场景化。在新零售模式之下，消费场景无处不在，线上与线下应该是紧密结合在一起的，偏重其中一方都可能导致战略上的失衡。线上平台搭建，线下沉浸式消费场景，都是新零售区别于传统零售的优势。卖场应该要更加符合目标人群的审美。与传统零售相比，新零售更应该从消费者的视角看问题，通过不断分析和了解消费者的爱好、习惯，佐以丰富的行业经验，从而给目标人群带来超出期待的消费体验。

资料来源：百度文库.新零售与传统零售的区别[EB/OL].(2019-01-28).https://wen-

中间商是指处于生产商与消费者或用户之间参与商品交换,促使买卖行为发生和实现的经济组织和个人。中间商包括商人中间商和代理中间商。商人中间商也称经销商,是指从事产品交易业务,在产品转移过程中拥有产品所有权的中间商,因此在产品买卖过程中,他们要承担经营风险,并通过产品的进销差价来获取利润。商人中间商主要包括商人批发商和零售商,代理中间商是指受生产者委托从事销售业务,但不拥有产品所有权的中间商,他执行更多的是批发功能。

一、批发商

(一)批发与批发商的概念

批发是指在产品流通过程中,将产品或服务销售给那些为了将商品再出售或为企业使用的目的而购买的顾客时所发生的一切活动,它是产品在时间和空间上转移的活动统称。从事批发经营活动的组织或个人就是批发商。

(二)批发商的功能

批发商是企业产品分销渠道中不可或缺的环节,他是连接生产企业和商业零售企业的枢纽,是调节商品供求的蓄水池,是沟通产需的重要桥梁,对企业改善经营管理及提高经济效益、满足市场需求、稳定市场具有重要作用。

批发商的功能主要体现在以下五个方面:

1. 沟通产销信息功能

批发商是连接生产企业和商业零售企业的中枢,便于把来自生产商和零售商(市场需求)的产销信息汇集在一起,成为沟通信息的中心环节。同时通过对产品质量、价格等方面进行比较,提高了市场的透明度,从而减少了生产商、零售商因盲目推销、采购所造成的巨大损失;还为生产厂家提供产品开发、竞争趋势等信息。

2. 集散产品功能

批发商采购各地区、各企业产品后,通过分类、加工、挑选、分等、包装,将各个生产商生产的各类商品编配成零售商所需要的特定产品,供应给零售商,以满足消费者不断变化的多样性需求。这一功能对于中小零售商来说尤为重要,可满足他们勤进快销、品种杂、数量少、资金周转速度快的需要。

3. 节省流通费用功能

批发商是专门从事市场产品流通业务,把生产商的供给与零售商的需求结合在一起的组织或个人。他们充当了生产商的推销中心和零售商的采购中心的双重角色,减少了众多的买主与卖主各自频繁交易的次数,节省了流通费用,提高了产品的成交率,从而提高了整个市场的经济效益。

4. 储存产品功能

批发商通过从生产商处大批量进货,并在仓库进行储存,再给零售商进行小批量供货,减少生产商和零售商的产品储存负担,调节了不同时间、不同地区的供求矛盾。

5. 其他功能

批发商还具有其他服务功能,如帮助生产商扩大宣传、提高产品声誉、诱导消费需求;协助零售商,为其提供支援和服务(商业信用等资金融通的服务)。

当前,科学技术的迅猛发展,特别是以计算机为基础的网络信息技术的广泛应用,传统的产品流通结构、流通方式受到了冲击,传统的批发业受到严峻的挑战。但是批发业在产品流通过程和社会经济运行中特殊的职能作用,仍然是无法替代的。

(三)批发商的主要类型

主要有三种类型:商人批发商、经纪人和代理商、生产商销售办事处。

1. 商人批发商

商人批发商是指自己进货,取得产品所有权后再批发出售的商业企业,也就是人们通常所说的独立批发商。商人批发商是批发商的最主要类型。

商人批发商按职能和提供的服务是否完全可分为以下两种类型:

(1)完全服务批发商

这类批发商执行批发商业的全部职能,它们提供的服务主要有:保持存货、雇用固定的销售人员、提供信贷、送货和协助管理等。它们又分为批发商人和工业分销商两种。批发商人不仅向零售商销售产品,还提供广泛的服务;工业分销商向生产商而不是向零售商销售产品。

(2)有限服务批发商

这类批发商为了减少成本费用,降低批发价格,只对生产商和零售商提供一部分服务。主要包括以下六种类型:

① 现金购物自行运货批发商。现金购物自行运货批发商不赊销、不送货,客户要自备货车去批发商的仓库选购货物并当场付清货款,并自己用车把货物运回来。现金购物自行运货批发商主要经营食品杂货,其目标顾客群主要是小食品杂货商、饭馆等。

② 卡车批发商。卡车批发商从生产商处把货物装车后立即运送给各零售商店、饭馆等处。由于卡车批发商经营的产品多是鲜活、易腐或半易腐产品,所以一接到客户的要货通知就立即送上门。卡车批发商基本上不需要仓库和储存产品。实际上卡车批发商主要执行推销员和送货员的职能。

③ 寄售批发商。寄售批发商主要在杂货店或超级市场设置货架或专柜,展销其经营的产品,产品出售后零售商才付给其货款。这种批发商的经营费用较高,主要经营家用器皿、化妆品、玩具等产品。

④ 邮购批发商。邮购批发商指那些经营全部批发业务均采用邮购方式的批发商,主要经营食品杂货、小五金等产品,其客户主要是边远地区的小零售商等,采用邮寄或

更有效低廉的运输方式。

⑤ 承销批发商。承销批发商是指当拿到目标顾客的订货单以后,通过相关途径,向特定生产商订货,并协议约定时间和条件,生产商生产产品后直接将产品运交给目标顾客。这种批发商不需要仓库和储存产品,费用少,定价低。承销批发商经营的产品多为大型的工业品。

⑥ 农场合作社。此类批发商是成员为整体协作,扩大影响力,形成品牌,而自愿组成的合作社。农场合作社归其成员所有,负责集中农产货物并分散销售到当地各个市场。

2. 经纪人和代理商

经纪人和代理商是从事促成产品交易的洽谈工作,但不取得产品所有权的批发商。与商人批发商不同的是,他们对其经营的产品没有所有权,所提供的服务比有限服务批发商还少,其主要职能在于促成产品的交易,产品售价的一定比例提取佣金作为利润报酬。与商人批发商共同的是,他们也专门经营某些产品种类或服务于某些目标顾客群。

经纪人和代理商主要包含以下五种:

(1) 产品经纪人

产品经纪人的主要作用是为买卖双方牵线搭桥,协助他们进行谈判,买卖达成后,向委托方收取费用作为报酬。它们并不持有存货,也不参与融资,更不承担风险。

(2) 生产商代表

生产商代表比其他代表批发商人数更多。它们代表两个或若干个产品线互补的生产商,分别和每个生产商都签订就有关定价政策、销售区域、订单处理程序、送货服务和各种保证以及佣金比例等方面的正式书面合同。它们了解每个生产商的产品线,并利用其广泛的社会关系来销售生产商的产品。生产商代表常被用在服饰、家具和电气产品等产品线上。那些受资源实力影响、无力为自己雇用外勤销售人员的小生产商往往雇用此类代表商。另外,某些大生产商出于开辟新市场的需要,也雇用生产商代表。生产商代表的销售区域受一定限制。

(3) 销售代理商

销售代理商是在签订合同的基础上,为委托人销售某些特定产品或全部产品的代理商,并且对价格、条款及其他交易条件可全权处理。这种代理商在纺织、木材、某些金属产品、某些食品、服装等行业中常见。这些行业的竞争非常激烈,产品销路对企业的生存至关重要。某些生产商特别是那些没有力量推销自己产品的小制造商通常使用销售代理商。销售代理商的销售区域一般不受限制。

(4) 采购代理商

采购代理商一般和顾客保持长期联系,负责为他们买货、验货、储运等,并将物品运交给买主。如在我国的主要服饰批发市场中就有常驻采购员,他们为小城市的零售商采购适销的服饰产品。他们知识丰富,消息灵通,可向顾客提供有用的市场信息,而且往往还能以较低价格买到较好的物品。

（5）佣金商

佣金商是指取得产品实体持有权，并参与产品销售协商的代理商。大多数佣金商从事农产品的代销业务。不愿参加农场合作社的农场主往往委托佣金商代销农产品，并支付一定的佣金。

3. 生产商的分销机构以及零售商的采购办事处

生产商的分销机构以及零售商的采购办事处不借助独立的批发商来进行批发业务，而是卖方或买方自营批发业务。

（1）生产商的分销机构和销售办事处

生产商通过建立自己的分销机构来执行产品储存、销售、送货以及销售服务等职能。生产商的销售办事处主要从事产品销售业务，没有仓储设施和产品库存。生产商设置分销机构和销售办事处，目的在于改进存货控制、销售和促销业务。

（2）零售商的采购办事处

许多零售商在大城市设立采购办事处，这些办事处的作用与经纪人或代理商相似，只不过它是买方组织的一个组成部分。

二、零售商

（一）零售与零售商

零售是指所有向最终消费者直接销售产品和服务，用于个人及非商业性用途的活动。任何从事这种销售活动的机构，不论是制造商、批发商还是零售商，也不论这些产品和服务是如何销售（经由个人、邮寄、电话或自动售货机）或者是在何处（在商店、在街上或在消费者家中）销售的，都属于此范畴。零售商或者零售商店是指那些销售量主要来自零售的商业企业。

（二）零售商的功能

零售商是生产者与消费者或批发商与消费者之间的中间环节，其功能表现在以下两个方面：

1. 为生产商承担风险，促进产品销售，提供市场信息

零售商对生产商来说，是承担所有权和占用权风险的买卖中间商，并为生产者或批发商减轻了流通过程中的负担，如仓储、运输等方面的费用和风险等。零售商利用人员推销、广告宣传、销售促进等营销手段来促进产品的销售，扩大产品的市场占有率，还向生产者提供有关零售市场上消费者、竞争者以及市场状况等多种有价值的信息。

2. 通过各种手段满足消费者的需求

零售商将不同生产商的产品汇集在一起，满足消费者不同的需求；通过广告宣传、人员推销等促销手段向消费者传播商品信息，并提供免费送货、免费维修等服务。

(三)零售商的类型

零售商的类型千变万化,新组织形式层出不穷。我们可以把他们大体分为三种类型,即商店零售商、无门市零售商、零售机构。各类零售类型的变化都体现了消费者对服务水平要求的提高。

我国的零售商店主要有八类:百货店、超级市场、大型综合超市、便利店、仓储式商场、专业店、专卖店、购物中心。结合世界发达国家情况看,最主要的零售商店类型有:

1. 专业商店

专业商店经营的产品线较为狭窄,但产品的花色品种较为齐全。例如,服装店、体育用品商店、家具店、花店、书店和眼镜专售店均属于专用商店。专业商店的经营要求经营者必须具备较高的专业知识和操作技能,销售与服务能紧密结合,周到且专业的服务是吸引顾客的关键,如专业眼镜店需要眼科专家和专业的验光、配光人员。随着品牌的扩张,连锁商业的发展,各类专业商店不断涌现,尤其品牌专卖店更是一个发展趋势。

2. 百货商店

百货商店一般经营几条产品线的产品,尤其是服装、家具和家庭用品等,每一条产品线都作为一个独立部门由专门的采购员和营业员管理。此外,还有一些专门销售服装、鞋子、美容化妆品、礼品和皮箱的专用品百货商店。百货商店是一种高度组织化的企业,商品类别多,花色品种齐全,能够满足消费者不同的购买需要。但是,由于目前百货商店之间竞争激烈,还有来自其他的零售商,特别是来自折扣商店、专业连锁商店、仓储零售商店的激烈竞争,加上交通拥挤、停车困难和中心商业区的衰落,百货商店正逐渐失去往日魅力。

3. 超级市场

超级市场是指主要经营各种食品、洗涤剂和家庭日常用品等满足家庭日常生活需要的经营机构。超级市场往往采用大规模、低成本、薄利多销、自我服务等经营方式。超级市场的主要竞争对手是方便食品店、折扣食品店和超级商店。目前,随着零售商业竞争的加剧,超级市场采用增加经营面积,扩大经营范围,实施"大卖场"策略,从而获取规模效益。超级市场在我国城市普及较快,也被越来越多的消费者所认可,已经成为城市居民购买食品和日常用品的主要场所。

4. 便利商店

便利商店是设在居民区附近的小型食品杂货商店,营业时间长,销售品种范围有限、周转率高的方便产品。消费者主要利用它们做"填充"式采购,因此,其商品价格要高一些。便利商店主要满足了消费者省时、方便的需求。

5. 超级商店、联合商店和巨型超级市场

超级商店比传统的超级市场更大,主要销售各种食品和日用品。它们通常还提供洗衣、干洗、修鞋、支票付现、代付账单和廉价午餐等服务。

联合商店的面积比超级市场和超级商店更大,呈现一种经营多元化的趋势,主要向医药和处方药领域发展。

巨型超级市场比联合商店还要大,综合了超级市场、折扣和仓储零售的经营方针,其花色品种超出了日常用品,包括家具、大型和小型家用器具、服装和其他许多品种。其经营方法是通过陈列原装产品,尽量减少商店人员搬运,实施消费者自助式服务,同时向愿意自行搬运大型家用器具和家具的顾客提供折扣。如美国的沃尔玛超市就属于此类零售企业。

6. 折扣商店

折扣商店具有下列特点:① 商店经常以低价销售产品。② 商店重点销售全国性品牌,产品质量有保障。③ 商店在自助式、设备最少的基础上经营。④ 店址趋向于在租金低的地区,要能吸引较远处的顾客。

7. 仓储商店

仓储商店是一种以大批量、低成本、低售价和微利多销的方式经营的连锁式零售企业。仓储商店一般具有以下特点:① 店堂装饰简单;② 主要服务对象是工薪阶层和机关团体;③ 产品价格低廉;④ 精选正牌畅销产品;⑤ 采用会员制,加强与会员的情感沟通;⑥ 先进的计算机管理系统;⑦ 经营成本低等。仓储商店经营的产品多为家具等体积较大、比较笨重的用品,也有各种日常生活用品等。商店往往设在房租低廉的郊区,消费者从货架上选中商品,付清货款,就可取走货物。商品价格比一般商店低10%~20%。

8. 产品陈列室推销店

这类商店将产品目录推销和折扣原则用于品种繁多、加成高、周转快和有品牌的产品,主要包括珠宝首饰、动力工具、提包、照相机及照相器材。产品陈列室推销店的目标顾客是那些对服务要求不高,产品价格低的消费者。目标顾客可通过电话订货,由商店送货上门,顾客支付运费或顾客也可开车来商店亲自验货提货。这些商店已经成为零售业最热门的形式之一,甚至对传统的折扣商店形成威胁。

9. 摩尔

摩尔,英文全称为shopping mall,意为大型购物中心。摩尔最早起源于20世纪50年代中期的美国,是美国物质生活高度丰富时代的产物,也是继连锁店、专卖店、折扣店、超市、购物中心之后兴起的一种新的商业形态。它集购物、餐饮、娱乐、休闲、旅游、社交、商务等功能为一体,为消费者提供一站式服务,实际上它属于大型综合性购物休闲中心。20世纪80年代以后,因其商品功能逐渐向休闲消费功能转移,这一商业模式很快风靡全球。21世纪初,我国的上海就出现了摩尔。

摩尔与传统商业模式相比较,具有以下三个特点:第一,摩尔坐落城市新区,租价低、占地面积大、建筑规模大、绿地多和停车场大;第二,行业多、店铺多、功能齐全,集购物、休闲、娱乐、商务等功能为一体;第三,购物环境好、档次高,顾客购买力聚合性好。

第三节 分销渠道策略

案例8-4

吉人乐妆：发掘家居行业的"快乐"蓝海

(1) 独特的商业模式，就是最有价值的核心竞争力

价值，曾经更多地被赋予有形资产，可能是一条生产线，一座仓库，或者是一栋办公大楼……然而在今天的商业世界，规则已经改变，无形资产的价值远远超过了这些有形资产。

苹果的成功，让大家发现，极致的"用户体验"居然价值上千亿美元；小米的横空出世，凭借独特的商业模式和玩法，成就核心竞争力；海底捞的火爆，让"变态服务"和"快乐"都成其独门利器！

仔细分析这些案例，你就会发现，它们都遵循着一条"情感带动，引领需求"的法则。产品传递给用户的是产品携带的附加意义，是思想的传达、情感的流露，是产品带给用户那种超出他期望值的愉悦。

"吉人乐妆"，同样是这样一家以创新商业模式引领消费需求的企业，它以"快乐营销"和"创客模式"为两翼，开创"家居化妆品"这个全新消费品类。

从情感的触点来说，"吉人乐妆"的品牌调性正是新兴的消费人群"85后""90后"年轻一族所期待的，他们喜欢有个性的东西，新奇、有趣、有想象空间成了他们判断产品是否有价值的重要依据。

市场的变化总是风起云涌，有人认为创新需要颠覆，有人认为创新来源于传统行业的升级，升级产品的功能又将开辟产品的蓝海市场。

未来企业的对手将不仅仅是同行业的竞争，还有可能来自于跨界的颠覆。不管如何，吉人乐妆创始人王同筱认为："消费者成为未来商业的中心已成为不争的事实，不管是满足消费者的需求还是创造消费者的需求，也不管是物质层面的还是精神层面的，能够触动消费者心理的品牌必将成功。"

(2) 生产快乐的"创客"团队

明星企业的背后，一定有一位功力深厚的高人。如果用金庸的武侠世界来比喻商业世界，吉人乐妆创始人王同筱就属于黄老邪这样的"鬼才"，跳出三界外，不在五行中。

王同筱在涂料行业拥有16年的工作经验，被评为中国涂料工业百年"突出贡献人物"，以鲜明的个性、可圈可点的作为获得业内颇高的声誉，他服务的品牌无一不在其任期内成为行业黑马，天马行空而又能落地执行的营销手法一直为同行所钦佩。

王同筱麾下,拥有一支前所未见的创客团队,其管理制度和组织文化高度浓缩为一部《快乐基本法》,"快乐大本营"是办公中心;市场、电商、品牌、营销四大中心分别命名为东邪、西毒、南帝、北丐;管理中心化身中神通!好一个自成一统的小江湖!团队中的每个人,都是吉人乐妆的创业合伙人,他们不仅用无穷的创新点子快乐自己,更要愉悦客户、愉悦用户。

如何用这个充满热情和快乐的创客团队,点燃客户,并最终感染消费者?

在经销商的选择上,王同筱严格遵守天地人的理念——认可吉人乐妆、跟得上时代步伐、愿意同吉人乐妆一起玩嗨新模式、共同愉悦用户成为合作的首要条件。

当然,如果只是单方面的要求,经销商肯定不买账,为此,总部也为经销商提供了更有吸引力的奖励和如何有效开展快乐营销的指导。王同筱认为,吉人乐妆会提供一套大众化标准借以参考,但合作伙伴不必拘泥于此,应该根据本地的实际情况灵活应对,创新快乐体验。

吉人乐妆也会为那些有创新的组织和个人提供学习的机会,标准化是一半,关键还是要靠另一半的创新来迎合趋势、适应未来。对于那些能力强的合作伙伴,可能会成为吉人乐妆的股东,分红持股,打造事业合伙人。

(3) 想人所不敢想,做人所不敢做

吉人乐妆不仅拥有完备的、新型的经销商管理方案,更有令用户咋舌的体验环境。因为在王同筱看来,要想在大众市场树立差异化、个性化形象,"变态式"服务是关键,要和用户走得最近,所以要服务得最好。

就像"三只松鼠"称消费者为主人一样,吉人乐妆将经销商称为"爷",注重经销商被称为老大的感受或者被尊重的感觉,突出服务的"变态"。吉人乐妆的店长和导购叫做大S、美人顾问,施工师傅叫美容师,增加与消费者的亲切感,将墙面人格化。

家居行业的产品目前大部分还停留在环保、健康、耐用的基本物质满足层面,王同筱却认为这些功能是基本的保障,一个企业必须尽到的义务,并且在这个同质化的红海里不能给消费者带来真正的乐趣,因此,要想在红海里开创一片蓝海,增加精神层面的价值成了企业未来的重中之重。

试想一下,墙面上粉饰着你爱的颜色、喜欢的东西是否会给你的生活带来更多欢乐的色彩;根据属相、血型、星座、风水等的私人定制墙面图案是否会给家人带来更多的情趣和欢乐;刷上萌宠,给小孩子创造漂亮的房间是否会促进亲子互动、开动脑筋,带来更多的想象力呢?

吉人乐妆的产品稀奇古怪,有喷上去还能撕下来的彩膜,有根据温度改变颜色的温变膜,有松软可爱的彩棉墙体衣,以及各类墙妆乳和润木水等。产品种类众多,符合用户多样性需求的表达,产品创造的画面会带来更多新的想象空间。

带动这种消费是需要强大的精神支持的,那就是吉人乐妆的一套快乐营销方案:每一个员工都成为美妆的一部分,他们接受快乐模式的培训,将快乐传递给顾客。在创客机制里,整个链条上的人员,分别通过创客、众筹、期权、股权等快乐管理体系,让优秀者各得其所,进而将快乐精神传递给更多的人。

未来的商业模式是产品与用户之间会产生快乐情绪的连接,用户购买产品不再是仅仅参考产品的基本属性,未来的商品会跟用户产品场景连接,为用户带来快乐的精神属性。

正如美国前副总统戈尔在一次演讲中所说,未来世界将属于具有高感性能力的另一族群——有创造力、有同理心、能观察趋势、能为事物赋予意义的人。

王同筱和他的吉人乐妆,就是这样一群正在改变世界的人。

资料来源:慧职网.吉人乐妆:发掘家居行业的"快乐"蓝海[EB/OL].(2016-03-30). http://info.coating.hc360.com/2016/03/300833662850.shtml.

一、影响分销渠道设计的因素

企业只有通过一定的分销渠道将产品送达目标市场才能实现产品的价值,从这个角度看,分销渠道选择与设计的起点应是企业所要到达的目标市场,分销渠道选择与设计的中心环节则是确定企业到达目标市场的最佳途径。也就是说,企业不但要找到准确的目标市场,而且要选择正确的分销渠道,只有这样,企业才可能获取理想的利润。

企业在选择和设计分销渠道时,首先应对影响渠道选择与设计的因素进行综合分析,然后再做出决策。影响分销渠道选择与设计的因素主要有以下六个方面:

(一)顾客特性

渠道设计一般要受到顾客人数、地理分布、购买频率、购买数量、购买行为以及对不同营销方式的敏感性等因素的影响。这主要包括:

1. 目标顾客的数量

顾客的数量决定市场的规模。目标顾客多,则产品销售需要更多中间商的服务,渠道层次多;目标顾客少,则产品可由生产商直接供应,渠道层次少。

2. 目标顾客的分布

如果目标顾客分布地区较大,则企业适宜采用间接式渠道,通过中间环节销售产品;如果企业的目标顾客集中,则企业适宜采用直接式渠道销售产品。

3. 购买数量

购买数量主要指消费者或用户一次购买产品的数量,常称为"批量"。对于那些购买批量小、购买次数多的,企业利用中间商销售最有利;对于购买批量大、购买次数少的,企业可以采用直接销售渠道。

4. 消费者的购买习惯

购买习惯,指消费者购买不同产品时接近渠道的习惯。对于日常生活必需品而言,消费者的购买频率大,因此希望价格低、购买方便,此时生产商应采用长而宽渠道;对于耐用消费品而言,大部分消费者希望买到优质产品,他们中意选择1~2家知名商店购买,并且期望有良好的服务,此时生产商适宜采用短而窄渠道。

(二) 产品特性

1. 产品单位价值

一般情况下,产品单位价值与分销渠道密切相关。产品的单位价值低,生产商往往通过中间商进行销售,扩大市场覆盖率,分销渠道长而宽;反之,产品的单位价值高,分销渠道就短而窄。日用消费品一般要经过一个或一个以上的中间环节;一些耐用消费品则不采用长渠道。

2. 产品的时尚性

若产品的式样或款式容易发生变化,时尚程度高,一般宜采取少环节的短渠道。如时装、新奇玩具等产品,应尽量缩短分销渠道,减少中间流通环节,降低周转时间,以避免由于潮流变化而使产品过时,造成积压。

3. 产品的易腐、易毁性

易腐的鲜活产品应尽量缩短分销渠道,迅速出售给消费者。如经营水果、蔬菜、鲜鱼肉类的企业,生产商需尽量缩短分销渠道,迅速把产品出售给消费者。

4. 产品的大小与重量

体积过大或过重的产品,如建筑机械、大型的机器设备等,往往装运成本较高,应采用少环节的短渠道。大型的机器设备多数由生产商直接供应给用户。

5. 产品的技术性与服务性

凡技术性较强而售后服务要求高的产品,如大型机电设备等,生产商应该尽量直接卖给消费者,以便于企业销售人员当面介绍产品,由专门技术人员提供各种必要的服务。

6. 产品的生命周期

处于不同生命周期阶段的产品,其分销渠道也应有所不同。对处在引入期的新产品,生产商为尽快打开销路,可以组织自己的营销团队,通过各种方式使新产品与消费者直接见面;对于处在成熟期的产品,企业可采用间接渠道进行销售。

7. 产品的标准化程度

用途广泛、通用的、标准的产品可用间接渠道销售。专用设备、特殊品种和规格等非标准的产品,需要生产者和用户直接商议产品质量、规格等方面的要求,以采取直接销售渠道结构为宜。

(三) 中间商特性

中间商特性主要涉及中间商的类型、执行的职能与可能提供的服务、实力状况、市场声誉、分销业绩与经验等方面。

(四) 竞争特性

竞争特性主要涉及竞争者的实力、营销目标、营销战略以及市场营销组合策略等情况。企业在设计渠道时,要分析和研究市场上经营同类产品的竞争企业的渠道设置。一方面,企业可以从竞争者那里得到启发,参考对方的渠道结构;另一方面,企业可以根据竞争企业采取的分销渠道策略制定自己的分销渠道策略。

(五)企业自身特性

企业在选择渠道时,要进行企业自身条件分析,包括企业规模、声誉、管理能力和销售经验、售前与售后服务情况等多方面因素。

1. 企业的声誉和实力

一些生产商的声誉高、资金力量雄厚、管理水平较高,因此,其可根据自身意愿调整对渠道的控制程度及长短设置;甚至,生产商可以建立自己的销售网点,而不经过任何中间商。而声誉不高、资金力量不强的企业,一般不具备大企业的条件,必须依靠中间商提供销售服务,甚至会受到中间商的严重制约。

2. 销售管理能力

企业管理者经验丰富、销售管理能力强、职工业务素质高,企业抉择分销渠道的主动性就大,甚至不用中间商;否则,企业选择权就小,甚至完全依赖中间商。

3. 渠道的要求

凡生产商营销策略要求对分销渠道时刻加以控制的,不宜采取长渠道、宽渠道结构。企业如有较强的销售能力,最宜把产品直接出售给消费者或用户;当中间商必不可少时,则企业宜选短渠道。

除了以上诸方面基本因素的分析之外,企业还应考虑到自身产品组合的状况。一般说来,企业产品组合的广度越大,与顾客直接交易的能力越强,企业越适宜采用直接销售方式;企业产品组合的深度越大,采取专营性或选择性的渠道策略对中间商就越有利;企业产品组合的关联度越大,企业分销渠道的中间商的类别就越相似。

(六)环境特性

环境特性涉及的因素较多,如经济形势、交通运输条件、民族传统与民族习惯、国家对商品流通所制定的法律、法规、政策和流通管理制度等。例如,经济萧条时,消费者希望廉价购买到商品,生产商会选择使用较短的渠道以及减少或不提供一些不必要的服务。

二、分销渠道的设计

(一)设计分销渠道的步骤

设计一个有效的分销渠道,主要分为三个步骤:确定渠道目标与限制、明确各主要渠道交替方案和评估各种可能的渠道交替方案。

1. 确定渠道目标与限制

建立渠道的目标是确定产品到达目标市场的最佳途径。企业应该根据所设定的目标市场、服务水平来确定渠道目标。在确定渠道目标时,要考虑多方面的因素。例如,渠道目标因产品特殊性不同而不同,易腐产品要求较直接的渠道,非标准化产品应尽可能由企业销售代表直接销售等。此外,渠道的设计还受到经济环境、顾客、产品、企业政策、竞争者渠道设计以及法律规定的制约。

2. 明确各主要分销渠道交替方案

一个渠道方案的选择由三个要素确定:中间商的类型、中间商的数目以及渠道成员彼此之间的权利和责任。

(1) 中间商的类型

中间商指介于生产者和消费者之间,参与商品的流通,促进实现交易的组织和个人。根据中间商商品流通过程中的作用不同,可分为商人中间商和代理中间商。

(2) 中间商的数目

中间商的数目是指每个渠道层次上中间商的个数。

(3) 分销渠道成员彼此之间的权利和责任

在设计了渠道的长度和宽度之后,企业还要规定中间商彼此之间的权利和责任。如服装企业对不同地区、不同类型和不同购买量的中间商给予不同的价格折扣;服装企业为其产品提供质量保证和跌价保证,规定交货和结算条件;中间商在享受各种权利的同时,应提供市场信息和各种业务统计资料,保证基本销量等。

3. 评估各种可能的渠道交替方案

每一个分销渠道选择方案都是生产商将产品送达目标顾客的可能路线,为了从已经拟订的方案中选择出能够满足企业长期目标的最好方案,企业就必须对各种可供选择的方案进行评估。

(二)分销渠道方案评估标准

分销渠道方案的评估标准由经济性标准、控制性标准、适应性标准三个方面组成。

1. 经济性标准

生产商最终的目的是获取最佳经济效益,经济性标准是最主要的标准。判别一个分销渠道方案的好坏,生产商不应单纯看其能否产生较高的销售额或较低的成本,而应看其能否取得利润,并能保持长期经济效益最大。

经济分析的三个步骤是:

第一,估计每个分销渠道方案的销售水平,因为有些成本会随着销售水平的变化而变化。

第二,估计各种分销渠道方案实现某一销售额所需花费的成本。

第三,分析和估计各种分销渠道方案的投资收益率及其可能得到的利润额。

2. 控制性标准

控制性标准是生产商对中间商的主导和控制的问题。产品的流通过程是企业营销过程的延续。生产商不能对分销渠道的运行有一定的主导性和控制性，分销渠道中的物流、商流、货币流、促销流、信息流就不能围绕企业的营销目标有效地运行。生产商和中间商只是合作关系，中间商是一个独立的企业，它追求自己的利益；这时往往出现中间商的经营与生产商的市场诉求的矛盾。也就是说，中间商有时会违背生产商的利益。

3. 适应性标准

适应性标准，是生产商是否具有适应环境变化的能力。生产商采用不同的分销渠道时需要承担一定的义务，不能随意变动。每个渠道方案都会因为生产商某些固定期间的承诺而失去弹性。例如，当某一制造商决定利用销售代理商推销产品时，可能要签订3~5年的合同，这段时间内即使采用其他销售方式更有效，但生产商也不得任意取消销售代理商。因此，生产商在考虑一个长期承诺的分销渠道方案时，应注意经济性、控制性和适应性等方面条件是否优越。

三、分销渠道的管理

企业在进行渠道设计之后就需要对中间商进行选择和确定，在分销渠道投入运行后还包括对中间商的激励、评估以及根据市场变化对分销渠道进行适当的调整等方面的管理。

（一）渠道成员选择

选择渠道成员就是依据一定的标准，选择一个适合本企业的中间商。生产商在招募中间商时经常出现两种情况：第一，毫不费力地找到愿意加入渠道系统的中间商。出现这种情况往往由于企业的声誉好、社会知名度高或者企业的产品销售好、利润高。当然，在某些市场中，独家经销和独家代理的特权对于中间商的吸引力也是非常大的。第二，必须费尽心思才能找到期望数量的中间商。这是由于企业实力弱或产品市场竞争激烈、利润低等。生产商必须研究中间商是如何做出购买决策的，尤其是在制定决策时，对毛利率、广告与销售促进、退货保证等的重视程度。此外，生产商更要开发出能使中间商赚钱的产品。

不论遇到哪一种情况，生产商都必须明确中间商的优劣势和特性。一般来讲，生产商在选择渠道成员的过程中，要了解中间商的信誉和声望、经营的理念、经营时间的长短、成长历程、人员的素质与数量、资金实力、偿债信用度、合作态度、经销产品的种类、经销产品的数量、销售业绩、商店的位置、经常光顾的顾客类型、未来发展潜力等情况。

（二）渠道成员指导

生产商在选择和确定渠道成员以后，为更好实现企业营销目标，在分销渠道的运行过程中仍需对中间商不断地进行监督、指导与鼓励，提高其经营管理水平，使中间商更好地完成任务。但是进入分销渠道的中间商类型多种多样、经营方式也较多、与生产者之间的经销关系不完全相同,因而对中间商的监督、指导与激励的工作相当复杂。

在生产商试图通过激励渠道成员并且准备与中间商建立长期、协调、稳定的合作关系时,应注意以下问题:

1. 生产商必须先了解各个中间商的心理状态与行为特征

中间商常受到生产商的指责和批评,总结起来有如下情况:① 不重视某些特定品牌的销售;② 缺乏产品的相关知识;③ 不能认真使用生产商的广告宣传资料;④ 忽略了对生产商而言重要的顾客;⑤ 不能准确地保存销售记录。

针对上述情况,生产商如果站在中间商的立场来看待这些问题,就会很容易理解:

中间商是一个独立的市场营销机构,经过经营实践,能够形成以实现自己经营目标的一套行之有效的方法,能够自由制定政策而不受他人干涉。

中间商首先要执行顾客购买代理商的职能,其次才是执行供应商销售代理的职能,他卖得起劲的产品有可能是顾客愿意购买的产品,而不是生产商让它卖的产品。

中间商总是努力地将他所供应的所有产品进行货色搭配,然后卖给顾客。中间商为了销售目标,一般会尽力取得一整套货色搭配的订单,而不是单一货色的订单。

生产者若不给中间商特别奖励,中间商绝不会保存所销售的各种品牌的记录。那些有关产品开发、定价、包装和激励规划的有用信息,常常保留在中间商很不系统、很不标准、很不准确的记录中,有时甚至故意对供应商隐瞒不报。

所以,生产企业激励渠道成员的首要问题就是站在他人立场上了解现状,设身处地地为他人着想,而不是仅从自己的角度出发看待问题。

2. 必须避免激励过分与激励不足

当生产商给予中间商的优惠条件超过取得合作与努力水平所需条件时,就会出现激励过分的情况,其结果是生产商的产品销量提高,企业利润下降。当生产商给予中间商的条件过于苛刻,以至于不能激励中间商努力工作时,则会出现激励不足的情况,其结果是产品销量降低、企业利润减少。所以,生产商必须认真研究确定花费多少力量以及花费何种力量来鼓励中间商。

一般来讲,生产者对中间商的基本激励水平应以双方现有的交易关系组合为基础。如果对中间商仍激励不足,则可以考虑采取以下措施:

① 提高中间商可得的毛利率,放宽信用条件或改变交易关系组合,使之更有利于中间商。

② 采取人为的方法来刺激中间商,使之付出更大努力。如挑剔中间商,迫使他们创造更有效的销售业绩;举办中间商销售竞赛,以提高其销售积极性;加强对中间商与最终顾客的广告支持等。

不论上述做法与现有交易关系组合存在着怎样的关系,生产商都必须小心观察中间商如何从自身利益出发来看待和理解这些措施。在分销渠道关系中,潜伏着众多的冲突和矛盾,拥有相对控制权的生产商很容易无意地伤害到中间商的信誉与声望。

3. 可以借助某些权力来赢得中间商的合作

这里所说的权力涉及以下五个方面：

（1）强制力

强制力是指生产商在中间商没有很好合作时威胁撤回某种资源或中止关系的表现。如果中间商对生产者依赖程度较高，这种权力的影响是非常明显的。

（2）付酬力

付酬力是指生产商在中间商依据其要求执行某种职能而付以额外报酬的权力。使用付酬力存在着潜在的副作用：由于中间商依据生产商的要求做事，并不是出于固有的信念，而是希望得到额外的报酬，因此，每当生产者要求中间商执行某种职能时，中间商就会提出报酬的要求，如果报酬被撤销或报酬不能满足中间商的要求，便会出现怠工现象。

（3）法定力

法定力是指生产者依据合同条款要求中间商执行某种职能的权力。

（4）专家力

专家力是指生产商具有某种专业知识而对中间商形成的控制力。专家力是一种有效的权力，因为中间商如果不从生产商那里得到这方面的帮助，那么，他的经营就很难成功，这时专家力的效果才会好。

（5）声誉力

声誉力是指中间商对生产商有很高的敬意，并希望成为分销渠道中的一员，保持长期的合作权力。

一般情况下，生产者应注意使用声誉权、专家权、法定权以及付酬权，避免使用胁迫权，这样反而会收到较好的效果。

4. 分销规划与经销商建立长期、稳定、协调的使用关系

现代市场竞争激烈，生产商与中间商必须共同努力，开发市场，才能实现双赢。所谓分销规划，指的就是建立一个有计划的、实行专业化管理的垂直分销渠道系统，以把生产者的需要与经销商的需要更为紧密地结合起来。生产商在市场营销部门下专设一个分销关系规划处，负责确认经销商的需要，制订交易计划以及有关方案，帮助经销商以最佳方式经营。该部门应与经销商合作，确定交易目标、存货水平、商品陈列计划、销售人员训练要求、广告与销售促进计划等。通过分销规划，中间商可以从消费者的角度向生产商提供市场信息，中间商也可以从生产商的角度向消费者传递产品的信息，将大大提高分销系统的运行效率，使生产者、经销商以及消费者都可以从中受益，从而大大提高分销渠道系统的运行效率。

（三）渠道成员评估

生产者除了选择和激励渠道成员外，还必须定期评估他们的绩效。如果某一渠道成员的绩效低于既定标准，就要找出原因并考虑可能的补救方法。评估中间商的绩效

不仅要看中间商销售水平的绝对值,而且要考虑中间商所处环境的变化,生产商的产品在中间商的销售产品组合的重要程度。

测量中间商绩效的方法主要有以下两种:

① 将每一个中间商的销售绩效与上期销售绩效进行比较,同时将每一个中间商的本期销售绩效与整个群体的平均销售绩效进行比较。

② 将各中间商的绩效与根据对该地区销售潜量分析而设立的配额相比较,然后将各中间商按先后名次进行排列。

中间商的销售绩效低于群体平均水平或未达既定比例而排名偏后,既可能是一些客观原因造成的,如当地经济衰退、某些顾客不可避免地流失、主力推销员的丧失或退休等;又可能是主观原因造成的。生产商应依据不同的原因,对中间商采取不同的措施。

(四)渠道系统改进

生产者在设计了一个良好的分销渠道系统后,不能放任其自由运行而不采取任何纠正措施。事实上,为了适应企业政策、市场环境、中间商的变化,整个分销渠道系统或部分渠道成员必须随时加以调整。

分销渠道的调整与改进可以从以下三个层次来进行:

1. 改进渠道成员

在分销渠道的调整和改进活动中,最常见的就是增减某些中间商或对某些中间商的职能进行调整。企业在进行这方面决策时,应注意渠道成员的相互关系和影响,要着重弄清、调整和改进某些渠道成员后企业的销售量、成本与利润将如何变化。这些调整和改进应有利于提高分销渠道的效率。

2. 改进分销渠道

随着市场需求、环境条件以及自身生产经营活动地不断变化,企业的某些分销渠道可能会失去作用,同时又需要新的分销渠道进入新的市场部分。因而,企业在分销渠道的管理活动中应注意对某些分销渠道的目标市场重新定位和对某个目标市场的分销渠道进行重新选定。

3. 改进分销渠道系统

对生产企业来说最困难的渠道变化决策就是调整和改进整个分销渠道系统,因为这种活动不仅涉及渠道系统本身,而且迫使生产商改变其营销组合和营销政策。所以,制定或执行此政策时,必须慎重对待,全面考虑,才能做出正确的判断。

本章小结

本章学习了分销渠道的含义和五种分销渠道流程,理解了中间商的概念,初步掌握了对分销渠道设计影响因素的分析方法和渠道设计方法。

一、知识测试

1. 五种分销渠道流程分别是：_____、_____、_____、_____和_____。

2. 批发商分为：_____、_____和_____。

3. 影响分销渠道设计的因素主要有：_____、_____、_____、_____、_____和_____。

4. 分销渠道设计的三个步骤分别是：_____、_____和_____。

5. 分销渠道评估的三个标准分别是：_____、_____和_____。

二、课堂实训

1. 请用实例来分别说明使用零层渠道、一层渠道和二层渠道的企业。

2. 根据你对某一企业的调查（或选一个企业经营的案例），分析其所处的经营环境，并为该企业设计或改进一套渠道建设方案。

三、案例分析

关于"微信收费"的话题

微信要吸引用户，就需要具有市场热度，让大众持续关注、不断谈论。怎样才能达到这一目的呢？制造一个"微信收费"的话题，就会有很多人反对，就会议论纷纷、热热闹闹，就有媒体免费传播，必定能吸引大众的关注。

2013年年初，腾讯制造的"微信收费"话题，似乎"地球人都知道了"。在微信朋友圈、QQ群、微博、论坛等场合，到处都是关于微信要收费的传言和讨论，很多人都在痛斥通信运营商，力挺微信，运营商成为众矢之的，而腾讯则从昔日互联网行业的"公敌"变成了需要同情和保护的弱者。

事实上，从没有哪家通信运营商说过要对微信收费，只是腾讯自己"担心"运营商要收费。用户已经向运营商交了移动数据流量费，运营商绝对不可能再向用户收取"微信费"；即使收费，也是由运营商向腾讯收取或者由腾讯向用户收取。但是，腾讯就是不说明"到底是谁要收费"和"是否要向用户收费"。腾讯高管表示："微信作为基础服务，不应该有额外的收费，因为用户已经在流量上付了最基础的费用。"其实，这种说法可能会误导大众，让人觉得腾讯不想收费，有人逼着腾讯向用户二次收费。这样一来，公众的认知变成：运营商要收用户的钱，大家要团结起来，与运营商大干一场，阻止运营商收费。

腾讯通过"示弱"将运营商推向公众的对立面，吸引大量愤愤不平的用户替自己反对运营商；而自己作为"弱者"，收获了大家的同情。无论腾讯的初衷是什么，能否维权成功，广大用户与腾讯共同反击"垄断魔头"的难忘经历将大大增强双方的感情，使微信的用户量迎来又一拨爆炸性的增长。

资料来源：中国网.微信收费[EB/OL].(2020-07-21).http://opinion.china.com.cn/event_2084_1.html.

结合案例回答以下问题：

1. 运营商与腾讯微信哪一个是中间商？
2. 你认为，腾讯制造"微信收费"话题的目的有哪些？

第九章 促销策略

(1) 掌握促销与促销组合的含义,以及影响促销组合决策的主要因素。
(2) 掌握人员推销、广告、营业推广和公共关系的概念及相关内容。
(3) 掌握人员推销、广告、营业推广和公共关系的特征、策略及技能。

(1) 能利用一种或多种促销技巧。
(2) 能为企业撰写一种或多种产品促销方案。

选择适合自己的促销策略

甲公司是经营啤酒的中外合资企业,具有较先进的生产设备和设施,拥有较强的技术力量和素质较高的职工队伍,制定了严格的生产管理和质量控制措施。公司管理者认为:我们的产品按纯正的原生产风味配方,别具特色,质量过硬,消费者会喜欢我们的产品;我们不会轻易地改变产品的配方;我们组织外销机构和内销队伍分别负责出口产品和国内产品的销售,推销人员定期与老客户联系,争取取得订单,收回货款;为了保证利润,我们按成本价一定比例的利润来计算价格;我们是合资企业,而且质量控制严,因此成本比较高,我们不会随意降价;目前公司的效益较好,我们不需要吹嘘自己的产品,产品质量本身就是最好的宣传。

乙公司是啤酒行业中的后起之秀,由于底子较薄、基础较差,设备、厂房、技术力量都相对落后,管理者决定首先以当地市场作为目标市场,按本地区消费者的习惯和口味进行配方,尽可能地降低成本,以低廉的价格占领本地市场,使该公司啤酒畅销于本地的各副食商店,各大、中、小餐馆。同时针对一部分有经济实力的消费者,决定将价格昂贵的"生啤"送到高级宾馆、娱乐场所,赚取高额利润。在此基础上,市场调研部门组织社会力量,调查研究各地市场的偏好,计划向外地扩张,逐步扩大经营范围;推广部门借助各种媒介积极宣传企业的业绩,使企业不断发展壮大。

资料来源:教研室网.扬起风帆再行船[EB/OL].(2011-05-25).http://www.jiaoyanshi.com/article-1556-1.html.

第一节 促销策略概述

一、促销的概念

(一)促销的内涵与外延

在日益繁荣的商品社会中,人们每天都能从生活中感受到商业经营方式的变化。从百货商店刺激购买的有奖酬宾活动到专卖店的打折海报,从公共汽车上更换频繁的流动广告到保险公司促销人员挨家挨户送宣传单……这些都影响并引导着社会的消费行为。人们通常把这种旨在促进销售、增加利润的商业活动称为促销。

促销的实质是一种沟通活动,是企业作为行为主体发出作为刺激物的信息,以刺激影响信息受众的有效过程。换言之,就是企业发出信息,提出意图,传递给目标对象——消费者或顾客,以影响其态度和行为,使其贯彻企业意图,并产生企业所期待的行动。

二、促销的功能

促销的功能归纳起来有以下几点:

(一)传递信息,激发购买

通过促销活动,可以使顾客知晓企业生产经营的产品信息,企业生产什么产品,产品有什么特色,到什么地方购买,购买的条件是什么,这些信息能引起顾客注意,激发其购买欲望,为实现销售和扩大销售作好舆论准备。

(二)突出产品特点,提高竞争能力

在市场竞争激烈的情况下,同类商品很多,有些商品差异微小,消费者很难分辨。企业通过促销活动,宣传本企业产品的特点和优势,便于顾客了解本企业产品在哪些方面优于同类产品,从而认识并购买该产品。

(三)强化企业形象,巩固市场地位

通过促销活动,可以树立良好的企业形象和产品形象,尤其是对企业名、优、特产品

的宣传,更能促使顾客对企业产品及企业本身的好感,从而培养和提高"品牌忠诚度",巩固和扩大产品市场占有率。

(四)指导消费,开拓市场

在市场竞争中,企业产品的市场地位常处于不稳定状态,致使有些企业的产品销售此起彼伏,波动较大。企业运用适当的促销方式,开展有效的促销活动,通过促销沟通,在一定程度上对消费者起到了教育指导作用,从而有利于激发消费者的需求,变潜在需求为突出需求,从而使产品打开市场,突显扩大销售之功效。

三、促销方式

促销方式有:人员推销、广告、营业推广和公共关系等多种形式。企业的促销策略,就是对促销方式的选择、组合和运用;是把公共关系、广告、营业推广和人员推销有机组合,综合运用,以便实现最佳的整体促销效果。各促销方式又包括许多具体的促销方式,如表9.1所示。

表9.1 常用的沟通促销方式

广告形式	营业推广	人员推销	公共关系
印刷与广播广告	竞赛游戏	推销展示陈说	报刊稿子
外包装广告	有奖销售	销售会议	演讲
随包装广告	彩票	交易会与展销会	研讨会
电视广告	赠品	电话营销	年度报告
简订本和小册子	样品	样品	慈善捐款
海报和传单	交易会与展销会	/	捐款

四、促销分类

从促销信息流向的角度看,促销可以分为"推"和"拉"两种策略。

(一)推式策略

推式策略就是企业把产品推销给批发商,批发商再把产品推销给零售商,最后零售商把产品推销给消费者。在这种方式中,促销信息流向和产品流向是同方向的。因而,人员推销和营业推广可以认为是"推"的方式。采用"推"的方式的企业,应针对不同的产品、不同的对象,采用不同的方法。推式促销流程图如图9.1所示。

图9.1 推式促销流程图

（二）拉式策略

拉式策略就是企业不直接向批发商和零售商做广告，而是直接向广大顾客做广告。把顾客的消费欲望刺激到足够的强度，顾客就会主动找零售商购买这些产品。购买这些产品的顾客多了，零售商就会去找批发商。批发商觉得有利可图，就会去找生产企业订货。采用"拉"的方式，其促销信息流向和产品流向是反向的。其优点就是能够直接得到顾客的支持，不需要讨好中间商，在与中间商的关系中占有主动。但采用"拉"的方式需要注意中间商(主要是零售商)是否有足够的库存能力和良好的信誉及经营能力。拉式促销流程图如图9.2所示。

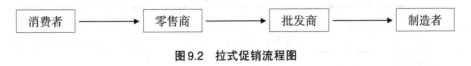

图9.2 拉式促销流程图

（五）促销组合策略

促销组合是指企业在促销活动中，把公共关系、广告、营业推广和人员推销有机组合，综合运用，以便实现最佳的整体促销效果。

1. 促销目标

所谓促销目标，是指企业促销活动所要达到的目的。前者属于短期促销目标，为了近期利益，它宜采用广告促销和销售促进相结合的方式；后者属于长期促销目标，其公关促销具有决定性意义，辅之以必要的人员销售和广告促销。

2. 产品类型

不同类型产品的消费者在信息的需求、购买方式等方面是不相同的，需要采用不同的促销方式。不同的促销方式在工业品和消费品市场上的作用是不同的。如表9.2所示。

9.2 消费品和工业用品市场促销工具的相对组合差异

市场类别	重要程度排序
消费品市场	销售促进＞广告＞人员推销＞公共关系
工业品市场	人员推销＞销售促进＞广告＞公共关系

3. 市场特点

企业目标市场的不同特征也影响着不同促销方式的效果。在地域广阔、分散的市场，广告有着重要的作用。如果目标市场窄而集中，则可使用更有效的人员推销方式。

4. 促销预算

促销预算的多少直接影响促销手段的选择，如预算少，就不能使用费用高的促销手段。预算开支的多少要视企业的实际资金能力和市场营销目标而定。不同的行业和企业，促销费用的支出也不相同。

5. 产品生命周期

在不同的产品生命周期阶段,企业的营销目标及重点都不一样,因此,促销方式也不尽相同。在投入期,要让消费者认识和了解新产品,可利用广告与公共关系作为宣传,同时配合使用营业推广和人员推销,鼓励消费者试用新产品;在成长期,要继续利用广告和公共关系来扩大产品的知名度,同时用人员推销来降低促销成本;在成熟期,市场竞争激烈,要用广告及时介绍产品的改进情况,同时使用营业推广来增加产品的销量;在衰退期,营业推广的作用更为重要,同时配合少量的广告来保持顾客的记忆。产品市场生命周期不同阶段促销组合与目标重点如表9.3所示。

9.3 产品市场生命周期不同阶段促销组合与目标重点

产品市场生命周期	促销目标重点	促销组合
投入期	使消费者了解产品	各种介绍性广告、人员推销
成长期	提高产品的知名度、信誉度	改变广告形式、利用公共关系
成熟期		
衰退期	促成信任购买	营业推广为主、提醒性广告
整个周期阶段	消除顾客的不满意感	利用公共关系

第二节 人员推销

案例9-2

出奇制胜的推销

美国雷顿公司总裁金姆曾当过推销员。在一次订货会上,规定每人有10分钟登台推销的时间。金姆先将一只小猴装在用布蒙住的笼子里带进会场,轮到他上台时,他将小猴带上讲台,让它坐在自己肩膀上,任其跳蹿,一时间场内轰乱。不一会儿,他收起小猴,场内恢复平静,金姆只说了一句话:"我是来推销'白索登'牙膏的,谢谢。"说完便飘然离去,结果他的产品风靡全美。金姆采用的陪衬推销法,独出心裁,别具一格,短短一句话给人留下极其深刻的印象,达到了最佳的广告宣传效果。

资料来源:宋健.销售基础知识实例分析[EB/OL].(2021-01-30).https://max.book118.com/html/2021/0130/7105055024003051.shtm.

一、人员推销的概念和特点

人员推销是企业运用推销人员直接向消费者宣传介绍商品和劳务,从而起他们的兴趣,促成购买行为的一种促销活动。推销人员、推销对象和推销品构成人员推销的三个基本要素,推销人员是推销活动的主体。

人员推销是一种双向沟通的直接推销方法,是从商品交换产生后就出现的一种最古老的推销方法。人员推销具有以下特点:

(一)人员推销具有双向信息传递

与其他沟通和促销形式相比,人员推销的最大特点是直接与顾客进行双向沟通,并通过观察顾客反应来捕捉商机。人员推销在与顾客的沟通中,可以向顾客传递企业、产品、价格、购买时间、购买地点等方面信息。

(二)人员推销针对性强

推销人员直接面对顾客推销产品,架起一座顾客与企业之间最直接的桥梁。由于人员推销的针对性强,能够利用推销人员对商品的熟悉程度,根据顾客对商品的不同需求,采取不同的解说和介绍,有利于促成顾客购买。

(三)人员推销的互利性

传统观念认为,推销就是为了卖出产品,不在乎顾客需求的真正意义上的满足。事实上,人员推销的有效结果应该是为顾客获得实际利益,为顾客"解决问题",其次才是企业卖出了商品,实现了盈利。成功的推销是买卖双方实现了"双赢"。另外,人员推销能与顾客建立长期、友好、合作的关系,不断地实现和谐共赢的结果。

(四)人员推销的成功率高

由于人员推销掌握了本企业产品的全部知识,事先拟定了推销方案,充分研究了产品的市场行情,确定了推销对象,可以把主要精力集中于目标顾客,减小了盲目性,把失败率降到最低,因此提高了推销的成功率。

二、人员推销的基本流程

人员推销要按照一定的程序进行,人员推销过程中的每个"节点"都值得重视,这是成功推销的关键。推销过程的程序化和推销方法的因人而异,是推销人员取得良好业绩的必要条件。完整的人员推销过程,一般包括七个阶段,如图9.3所示。

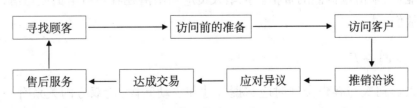

图9.3 人员推销过程

(一）寻找顾客

寻找顾客是指寻找有可能成为潜在和现实购买的顾客，这是推销成功的第一步。客户由老客户和新客户构成，老客户即所谓的现有用户，这永远是推销的第一目标，将产品销售给一位新客户的成本是销售给老客户的6倍。据一家企业统计，每年将产品卖给老顾客有50%，卖给新顾客只有15%。由此可见，维护与老客户之间的关系，加强与其的沟通联系十分重要，而那种边开拓客户边失去客户的做法是很不明智的。

（二）访问前的准备

"凡事预则立，不预则废。"推销是一项复杂的工作，要使得推销成功，需要推销人员做必要的准备，成功的几率往往取决于准备的程度。

1. 推销人员的物质准备

物质准备做得好，可以让客户感到销售人员的诚意，可以帮助推销人员树立良好的洽谈形象，形成友好、和谐、宽松的洽谈气氛。

2. 信息准备

一位著名的销售大师说："不论你销售什么东西，最有效的办法就是让客户相信——真心相信——你喜欢他、关心他。"要达到这一点，推销人员必须尽可能多地收集有关访问对象的各种信息，包括客户的个人信念，如客户的背景、性格、偏好等；关于客户所在企业的信息，如企业规模、经营范围、企业声誉及选择供应商的办法和标准等。

3. 制订推销计划

除了做好访问前的物质与信息准备工作外，还需根据推销目标做周密的安排。寻找客户线索可以通过以下方法进行：

① 向现有客户询问潜在顾客有关信息。

② 培养其他能提供线索的来源，如供应商、非竞争性的推销人员、银行和有关协会负责人。

③ 加入潜在客户所在的群体。

④ 从事能引人注意的演讲和写作活动。

⑤ 通过细阅各种资料，如报纸、指南等，寻找信息。

⑥ 通过电话和邮件寻找线索。推销人员必须懂得如何淘汰那些没有价值的线索。对潜在客户，可以通过研究他们的财务能力、业务量、具体的需求、地理位置和连续进行业务的可能性，来衡量他们的资格。推销人员应当给潜在客户打电话或写信，以便确定是否访问他们。

（三）访问客户

推销人员初次与客户交往时应掌握分寸和主动问候，使双方的关系有一个良好的开端，这包括推销人员仪表、开场白和随后谈论的内容。推销人员所穿的衣着应得体或尽量与顾客的衣着相类似;对待顾客要殷勤、有礼貌。

(四) 推销洽谈

推销人员可以按照AIDA模式①向顾客推销产品,即争取顾客关注产品—引起兴趣—激发欲望—采取行为。推销人员在该过程中应以产品性能为依据,着重说明产品给顾客带来的利益。

案例9-3

尊重顾客意见

美国著名的福特汽车公司,每年拥有250万顾客,为了了解他们的需求,公司定期邀请一些顾客与产品设计人员和汽车推销员讨论产品及销售服务等问题,并专门设计一种软件数据系统,供各部门经理和雇员详细了解掌握顾客的意见。一次有位顾客抱怨说,乘坐福特汽车不愿在后排,因为后排空间太小腿伸不开,很不舒服。听到这个意见后,公司立即将前排座位下部进行了调整改进,加宽了前后排之间的距离。这一举动赢得了顾客的普遍称赞,使福特汽车更加畅销。因此为顾客服务,不仅要面带笑容、热情周到,更重要的是从市场调查、产品设计、广告宣传到刺激购买的每一环节都紧紧围绕着顾客。

资料来源:宋健.销售基础知识实例分析[EB/OL].(2021-01-30).https://max.book118.com/html/2021/0130/7105055024003051.shtm.

(五) 应对异议

推销人员在推销产品或洽谈过程中,客户会表现出一些抵触情绪或提出一些异议。推销人员要采取积极的方法对此一一予以应付,如请客户说明他反对的理由,向客户提一些他们不得不回答的他们自己的反对意见的问题,否定他们意见的正确性或者将对方的异议转变成购买的理由等。

(六) 达成交易

推销人员必须懂得如何从顾客那里发现可以达成交易的信号,包括顾客的动作、语言、评论和提出的问题。达成交易有以下几种方法:① 推销人员可以要求客户订货时,应重新强调一下协议的要点,帮助其填写订单,询问客户是要产品A,还是产品B,让客户对颜色、尺寸等次要内容进行确认,或者告诉顾客如果现在不订货将会遭到什么损失;② 推销人员也可以给予购买者以特定的成交劝诱,如特价、免费赠送额外数量或是赠送一件礼物。

---

① AIDA模式:根据消费心理学研究,顾客购买的心理过程分为四个阶段,即注意(attention)、兴趣(interest)、欲望(desire)和行动(action)。

（七）售后服务

如果推销人员想保证顾客感到满意并能继续订购，售后服务必不可少的。交易达成之后，推销人员就应着手履约的各项具体工作，如交货时间、购买条件及其他事项等。

三、人员推销的策略与技巧

（一）推销策略

1. 试探性策略

试探性策略，又称刺激-反应策略，就是在不了解客户需要的情况下，事先准备好要说的话，对客户进行试探。同时密切注意对方的反应，然后根据反应进行说明或宣传。

2. 针对性策略

针对性策略，又称配合-成交策略，这种策略的特点是，事先基本了解客户在某些方面的需要，然后有针对性地进行"说服"，当讲到"点子"上引起客户共鸣时，就有可能促成交易。

3. 诱导性策略

诱导性策略，又称诱发-满足策略，这是一种创造性推销，即首先设法引起客户需要，再说明我所推销的这种服务产品能较好地满足这种需要。这种策略要求推销人员有较高的推销技术，在"不知不觉"中成交。

（二）推销技巧

1. 上门推销技巧

① 找好上门对象。可以通过商业性资料手册或公共广告媒体寻找重要线索，也可以到商场、门市部等商业网点寻找客户相关信息。

② 做好上门推销前的准备工作，尤其要对本公司的发展状况和产品、服务的内容材料要十分熟悉、充分了解并牢记，以便推销时有问必答；同时对客户的基本情况和要求应有一定的了解。

③ 掌握"开门"的方法，即要选好上门时间，以免吃"闭门羹"。例如，可以采用电话、传真、电子邮件等手段事先将相关资料给对方并预约面谈的时间、地点，也可以采用请熟人引见、递送名片、与对方有关人员交朋友等策略，赢得客户的欢迎。

④ 把握适当的成交时机。应善于观察顾客的情绪，在给客户留下好感和信任时，抓住时机发起"进攻"，争取签约成交。

⑤ 学会推销的谈话艺术。

2. 洽谈艺术

销售员要注意自己的仪表和服饰打扮，争取给客户留下一个良好的印象；可采取以关心、赞誉、请教、炫耀、探讨等方式入题，顺利地提出洽谈的内容，以引起客户的注意和兴趣。在洽谈过程中，推销人员应谦虚谨言，注意让客户多说话，认真倾听，并做出积极的反应。遇到障碍时，要细心分析，耐心说服，排除疑虑，争取推销成功。在交谈中，语言要客观、全面，既要说明优点所在，又要如实反映缺点，切忌高谈阔论。

案例9-4

说话的艺术

俗说话，一句话说得人家跳，一句话说得人家笑。同是一句话，不同的说法，效果大不相同。

食品推销员马休正想以老套话"我们又生产出一些新产品"来开始他的销售谈话，但他马上意识到这样做是错误的。于是，他改口说："班尼斯特先生，如果有一笔生意能为你带来1200英镑的收益，你感到有兴趣吗？""我当然感兴趣了，你说吧！""今年秋天，香料和食品罐头的价格最起码上涨20%。我已经算好了，今年你能出售多少香料和食品罐头，我告诉你……"然后他就把一些数据写了下来。多少年来，他对顾客的生意情况非常了解，这一次，他又得到了食品老板班尼斯特先生很大一笔订单，都是香料和食品罐头。

资料来源：宋健.销售基础知识实例分析[EB/OL].(2021-01-30).https://max.book118.com/html/2021/0130/7105055024003051.shtm.

3. 排除推销障碍的技巧

① 排除客户异议障碍。若发现客户欲言又止，应少说话，直截了当地请对方充分发表意见，以自由问答的方式真诚地与客户交换意见。对一时难以纠正的偏见，可将话题转移；对恶意的反对意见，可以"装聋扮哑"。

② 排除价格障碍。当客户认为商品价格偏高时，应充分介绍和展示产品、服务的特色和价值，使客户感到"一分钱一分货"；当客户质疑商品价格低时，应介绍定价低的原因，让客户感到物美价廉。

③ 排除习惯势力障碍。实事求是地介绍客户不熟悉的产品或服务，并将其与他们已熟悉的产品或服务相比较，让客户乐于接受新的消费观念。

第三节 广　　告

案例9-5

无现金日：造节见多不怪，不如玩出态度

6·18，"双十一"，12·8……电商造节，已经见多不怪了，且传统商业的每次过"节"，

无非就是商家促销,"剁手"党买买买。

在层出不穷的造节运动下,以支付方式为卖点的节日还是首个,微信支付打造的"无现金日"显得独树一帜。2015年8月8日,微信支付首届"无现金日"在全国30多个城市的8万余家线下商户的支持下拉开帷幕,有别于传统造节活动中简单粗暴的优惠折扣,微信支付则是从生活理念出发强调买单这个简单的动作也可以更时尚、环保,将产品功能和主流的生活方式、环保理念结合,号召大家告别现金,使用移动支付、刷卡在内的节能低碳的支付方式。当天,用户可在活动门店使用"无现金日"体验金,切身将低碳环保的理念转换为实际行动;同时,当天使用微信支付消费的用户都会收到一张"无现金日"纪念卡,插入微信卡包中永久保存,给用户贴上低碳达人的标签。

"线上圈群认同 + 线下参与",这一简单的串联,使得每年的8月8日成为微信支付与用户的约会"暗号",想必微信支付也会持续将"无现金日"打造成未来用户持续参与的生活纪念日。

资料来源:CLOVEY.4个案例告诉你,2015年微信支付是如何玩转体验式营销的[EB/OL].(2015-12-23).http://socialbeta.com/t/98163.

一、广告的外延和内涵

(一) 广告的概念

通过传播媒介将经过科学提炼和艺术加工的特定信息传达给目标受众,以达到改变或强化人们观念和行为为目的的、公开的、非面对面的信息传播活动。从广义的角度来看,上述概念反映出现代广告的主要特征:它强调了广告的本质特征是一种以公开的、非面对面的方式传达特定信息到目标受众的信息传播活动,而且这种特定信息是付出了某种代价的特定信息;明确了广告是一种通过科学策划和艺术创造将信息符号高度形象化的、带有科学性和艺术性特征的信息传播活动。

(二) 广告的构成要素

以大众传播理论为出发点,在广告信息传播过程中,广告的构成要素主要包括:广告信源、广告信息、广告媒介、广告信宿等。

以广告活动的参与者为出发点,广告的构成要素主要有:广告主、广告经营者(广告代理商)、广告发布者(广告媒介)、广告的目标受众、广告文本等。其中,广告主、广告经营者、广告发布者是广告运作的主体。

以构成广告作品所具备的因素,即广告作品的要素来划分,广告由广告标题、广告正文、广告画面(静态画面或者动态画面)三个要素构成。

以广告主开展广告活动的主要内容,即广告的活动要素来划分,广告由广告调查、广告计划、广告预算、媒介选择和效果测定几个要素构成。

二、广告媒介

(一)大众传媒

传播媒介(media),又称媒介,是指存在于事物信息传递过程中的中介或中介物。传播媒介是现代社会生活必不可少的构成要素,媒介形式的不断发展日益拓展着人们的活动范围和能力范围。电视、广播、报纸、杂志由于传播范围广泛、时效性强、传播效果明显以及在传播史上的意义重大,因而被视为四大大众传播媒介,在广告活动中它们同样充当着主流广告媒介的角色,发挥着强大的作用。四大大众传播媒介的优缺点如表9.4所示。

表9.4 大众传播媒介的优缺点

媒介类型 特点	优点	缺点
电视广告	传播迅速、覆盖面广;形象生动、感染力强;形式多样、适应面广;创造力及创意的承载能力强;具有社会声望和公信力	时间短、信息简单;广告转瞬即逝,难以查存;广告费用高;观众缺乏选择性
广播广告	受众广泛,接收自由;移动性强、随意性强;传播速度最快,传播范围最广,不受时空限制;制作和播出费用相对低廉;创意可具备独特功效	只限于声音;很少被听众主动接受且受众分散;时效极短,转瞬即逝
报纸广告	信息传递迅速;地域性强,广告受众具有针对性;可信度高,影响力强;创作简单,费用较低	有效时间短;广告注意率低;艺术感染力不强;内容庞杂,缺乏针对性
杂志广告	时效长,广告传播效果持久;读者相对稳定,广告目标受众明确;广告印刷质量较高,形式灵活多变,杂志品牌对广告品牌有提升作用;发行区域大,覆盖率高	不及时,时效性差;无法以低成本到达大批目标受众

(二)其他广告媒介

除大众广告传媒外,还有户外广告媒介、售点广告、邮寄广告、交通广告和网络广告等广告媒介。户外广告媒介,又称OD(out door)广告媒介,是指设置在室外,借以使公众了解有关广告信息的一切传播手段,其形式多种多样,主要包括路牌、招贴、条幅、霓虹灯、电子显示屏、灯箱、广告模型等。以上其他传播媒介的优缺点如表9.5所示。

表9.5 其他传播媒介的优缺点

媒介类型 特点	优点	缺点
户外媒介	位置固定、有效期长;形式多样;费用低廉	传播范围小;传播内容有限
售点广告	刺激消费者的购买行为;可以使消费者就近观看和接触商品;可以美化购物环境,增强销售现场的装饰效果	传播范围较小;需经常更换;清洁度要求高

媒介类型 \ 特点	优点	缺点
邮寄广告	针对性强；形式灵活；信息的反馈量大	实际购买效果较差；广告本身的信誉度不高；费时费力
交通广告	流动性大；印象深刻；广告费用低	传播范围有限
网络广告	不受任何时间、地点限制；广告目标受众明确；集合了传统媒介的优点；容易对广告传播内容进行低费用的更新或补充；广告信息容易保存；信息互动式传播；广告效果容易测评	信息发布的自由性使得网络媒介上出现的信息真假难辨，造成了网络广告媒介最大的弱点，即较低的广告可信度

三、广告策略的主要类型

（一）生活信息广告策略

这主要是针对理智购买的消费者而采用的广告策略。这种广告策略，通过类似新闻报道的手法，让消费者马上能够获得有益于生活的信息。

（二）塑造企业形象广告策略

这种广告策略一般来说，适合于老厂、名厂的传统优质名牌产品。这种广告策略主要是强调企业规模的大小及其历史性，从而诱使消费者依赖其商品服务形式。也有的是针对其产品在该行业同类产品中的领先地位，为在消费者心目中树立领导者地位而采取的一种广告策略。

（三）象征广告策略

这种广告策略，主要是为了调动心理效应而制定的。企业或商品通过借用一种东西、符号或人物来代表商品，以此种形式来塑造企业的形象，给予人们以情感上的感染，唤起人们对产品质地、特点、效益的联想。同时，由于把企业和产品的形象高度概况和集中在某一象征上，能够有益于记忆，扩大影响。

（四）承诺式广告策略

这是企业为使其产品赢得用户的依赖而在广告中做出某种承诺式保证的广告策略。值得提出的是，承诺式广告的应用在老产品与新产品上的感受力度和信任程度有所不同的。承诺式广告策略的真谛是：所做出的承诺必须确实能够达到。否则，就变成更加地道的欺骗广告了。

（五）推荐式广告策略

企业与商品自卖自夸的保证，未必一定能说服人。于是，就要采用第三者向消费者强调某商品或某企业的特征的推荐式广告策略，以取得消费者的信赖。所以这种广告策略，又可称为证言形式。对于某种商品，专家权威的肯定、科研部门的鉴定、历史资料的印证、科学原理的论证，都是一种很有力的证言，可以产生"威信效应"，从而赢得消费者的信任。在许多场合，消费者产生购买动机，是因为接受了有威信的宣传。

（六）比较性广告策略

这是一种针对竞争对手而采用的广告策略，即是将两种商品同时并列，加以比较。欧美的一些国家广告较多运用此策略。"不怕不识货，就怕货比货。"比较，可以体现产品的特异性能，是调动信任的有效方法。

（七）打击伪冒广告策略

这是针对伪冒者而采取的广告策略。鉴于市场上不断出现伪冒品，为避免鱼目混珠，维护企业名牌产品的信誉，就需在广告中提醒消费者注意其名牌产品的商标，谨防上当。

（八）人性广告策略

这是把人类心理上变化万千的感受加以提炼和概括，结合商品的性能、功能和用途，以喜怒哀乐的感情在广告中表现出来。其最佳的表现手法是塑造消费者使用该产品后的欢乐气氛，通过表现消费者心理上的满足，来保持该产品的长期性好感。

（九）猜谜式广告策略

即不直接说明是什么商品，而是将商品渐次地表现出来，让消费者好奇而加以猜测，然后一语道破。这种策略适宜于尚未发售之前的商品。猜谜式广告策略，看起来似乎延缓了广告内容的出台时间，其实却延长了人们对广告的感受时间。

（十）如实广告策略

这是一种貌似否定商品，实际强化商品形象、争取信任的广告策略。这与竭力宣传商品的各种优点，唯恐令人不信的广告有很大区别。如实广告就是针对消费者不了解商品的情况，如实告诉消费者应当了解的情况。

案例9-6

本来生活网的广告策略

从2012年开始，生鲜电商逐渐成为电商领域的新热点。去年策划"褚橙进京"的生鲜电商本来生活网今年仍然在进行它的褚橙"爆款"营销。本来生活网的褚橙营销走的是幽默营销路线。在预售期内,本来生活网的网站上就推出一系列青春版个性化包装,那些上印"母后,记得一颗给阿玛""虽然你很努力,但你的成功,主要靠天赋""谢谢你,让我站着把钱挣了""我很好,你也保重"等幽默温馨话语的包装箱,推出没多久就在本来生活网上显示"售罄",可见其受欢迎程度。

资料来源:学习啦网.互联网思维的十大营销经典案例(2)[EB/OL].(2016-09-13). https://www.xuexila.com/success/chenggonganli/147997_2.html.

四、广告策略制作的程序

广告是企业同顾客进行沟通的常用方式。企业要对广告宣传进行规划,其中要进行的决策如下:广告要达到的目的;传递的信息;媒体的选择;传送的时机;广告预算;衡量效果。

五、确定广告目标

企业做广告一般是为了销售商品、增强企业实力、树立企业形象,常见的具体广告目标有以下12种:

① 加强新产品宣传,使新产品能迅速进入目标市场。
② 扩大或维持产品目前的市场份额。
③ 提高企业或产品的知名度,以配合人员推销活动。
④ 介绍新产品的用途或老产品的新用途。
⑤ 对销售人员一时难以接近的潜在顾客起预备性接触作用。
⑥ 加强广告商品的品牌、商标印象。
⑦ 在销售现场起提示性作用,促进消费者的直接购买行动。
⑧ 帮助消费者确认其购买决策。
⑨ 加强消费者对零售店的好感,为零售店建立信誉。
⑩ 纠正错误印象和不确实的传闻,以排除销售上的障碍。
⑪ 通过广告宣传,延长产品的使用季节或提高消费者对产品变化使用和一物多用的认知,以增加产品的销售。
⑫ 劝导潜在消费者到销售现场或展览陈列场所参观访问,以提高对产品的认识,增强购买信心。

毫无疑问,广告的最终目标是通过宣传提高商品的知名度,促使消费者在购买同类商品时,能首先选择广告商品,达到扩大市场占有率的目的,从而增加企业的利润。

六、形成广告信息

广告信息是解决向顾客说什么的问题。大多数的零售要求信息传播周期短,强调一种即时的效果,这就要求广告的内容具有吸引力。

（一）确定产品目标市场的广告策略

市场是零售店的起点又是终点，每一个零售店都应重视对市场的调查研究。市场是商品交换的场所，也是广告活动的大地。了解市场，就是了解市场需求，从而根据消费者的需求提供令人满意的商品和劳务。产品市场是十分宽广的，任何一种产品都不可能完全适合整个市场的需要。因此，首先要研究产品的目标市场在哪里，然后再研究怎样运用广告宣传手段和宣传策略，有的放矢地进行策略宣传。

（二）对媒体的选择

在形成广告信息后，下一步就是决定如何选择恰当的媒体将这些信息传递给客户了。一般的媒介载体有：报纸、杂志、广播、电视、户外广告、直接邮寄、海报等。各种媒体均有一定的优缺点。

（三）广告信息传播时机

要选择最佳广告媒介，企业不仅需要了解各种广告媒介的优点和缺点，而且需要确定所考虑的各种媒介的可达范围、有效范围和广告宣传的频率。这就需要采用相应的时限策略和广告频率决策，广告时间决策是广告信息传播的重要决策之一。

（四）广告预算

制定广告预算决策，即为企业的各种产品制定的广告预算。其依据可以是广告的销售反应，以便估算不同的广告预算战略的获利结果；也可以根据历史数据资料及新的情报，求出销售反应函数的估计参数作为确定新的广告预算的依据。

（五）广告效果的测定

测定检验广告效果有助于加强销售能力，数量检验结果，可以用来争取犹豫不决的客户。

第四节　营业推广

案例9-7

与众不同的承诺

宝花空调曾在《经济日报》上打广告，它的广告词是这样的："与众不同的承诺。买空调,最怕买到一台不满意的产品。如果您正持币待购,犹豫不决,不妨看下面的一条消息。"

宝花空调在全国率先推出开箱验质销售,如果消费者开箱第一台不合格,奖励500元;开箱第二台不合格,奖励1000元;开箱第三台不合格,赠送一台宝花空调。

一、营业推广的内涵及外延

营业推广,又称销售促进(sales promotion,SP),是指不同于广告及人员推销的一种促销手段,它由一系列具有短期诱导性的战术性促销方式组成。

(一) 营业推广的内涵

营业推广是指企业在一定的预算内,对某一目标市场所采取的能够迅速刺激购买欲望,用以达成交易的临时性促销措施。

(二) 营业推广的作用

1. 有利于新产品快速进入市场

企业产品在投入期时,对市场还缺乏了解,通过营业推广可使潜在购买者很快知晓、认识和了解产品,使企业的产品在短期内占有一定的市场份额。

2. 有利于诱导重复购买和增加购买

通过一定的物质刺激,有利于争取回头客,使现实型顾客转为常客。不少企业通过再购买优惠形式吸引回头客,有利于使现有顾客增加购买量。

3. 有利于应付竞争对手

市场竞争是全方位的竞争,有促销战、价格战、人员推销战等,还有营业推广战。企业可扬长避短与对手进行营业推广竞争,把原本用于广告竞争的一部分预算转用于营业推广,所谓"把实惠留给顾客",通过给购买者更多的优惠刺激其购买。

(三) 营业推广的特点

营业推广与其他促销方式相比较,具有以下明显特征:

1. 促销的非连续性

营业推广一般是为了某段时期的促销目标而专门开展的一次性促销活动。

2. 促销形式多种多样

营业推广的方法多种多样,如优惠券、抽奖活动、加量不加价、积分优惠、现场打折、免费送样品等。

3. 促销的短期效应

营业推广是在一个特定的时间里,针对某方面的消费者或中间商提供一种特殊优惠的购买条件,能给买方以强烈的刺激作用。因此,营业推广比较适合于突击式的,需要短期见效的促销目标。

4. 促销手段的局限性

企业在运用营业推广进行促销时,应认识到有些产品不适合用此方式,如品牌效果较好的产品不能过多地采取营业推广,而应依靠品牌形式来获得消费者的青睐。营业推广难以建立品牌忠诚度,只能在短时期内刺激购买力,一旦营业推广结束,可能会面临"销售冷淡期"。

案例 9-8

东方眼镜秋季大行动赠送"现金券"

广州东方眼镜连锁集团是国内最大的眼镜连锁集团之一,在广州设有14间分店。去年11月份,为刺激成熟品牌商品的销路,他们推出一项SP活动,即在《羊城晚报》等报纸上刊登广告,发起以赠送"现金券"为主的秋季大行动。现金券从5元到300元不等,品种有护理药水、镜水和眼镜,包括浪尼卡、依莲娜、圣丹佛、罗敦斯德等30个品牌。每张现金券除了现金价以外,就是每个品牌的CI设计。因此,随着买卖的进行,商店提供给消费者的只是一种推销商品本身的信息,可以加强消费者对品牌的了解。但是,对于眼镜零售商来说,却很难建立消费者特殊偏好。这种赠送现金券的方法对于近期有购买欲望的消费者来说,是一种见效快的方法,也可以从同行业竞争者中争取到部分顾客。但从长期看,对于零售商的促销几乎没有什么效果。

资料来源:豆丁网.赠寄代价券与价格折扣[EB/OL].(2009-06-27).www.docin.com/p-25449423.html

二、营业推广方式

(一)面向消费者的营业推广方式

① 赠送促销。向消费者赠送样品或试用品,赠送样品是介绍新产品最有效的方法,缺点是费用高。样品可以选择在商店或闹市区散发,也可以在其他产品中附送,还可以公开广告赠送,或入户派送。

② 折价券。在购买某种商品时,持券可以免付一定金额的钱。折价券可以通过广告或直邮的方式发送。

③ 包装促销。以较优惠的价格提供组合包装和搭配包装的产品。

④ 抽奖促销。顾客购买一定的产品之后可获得抽奖券,凭券进行抽奖,一般可获得奖品或奖金且抽奖的形式多样。

⑤ 现场演示。企业派促销员在销售现场演示本企业的产品,向消费者介绍产品的特点、用途和使用方法等。

⑥ 联合推广。企业与零售商联合促销,将一些能显示企业优势和特征的产品在商场集中陈列,边展边销。

⑦ 参与促销。引导消费者参与各种促销活动，如技能竞赛、知识比赛等活动，从而获取企业的奖励。

⑧ 会议促销。各类展销会、博览会、业务洽谈会期间的各种现场产品介绍、推广和销售活动都属于会议促销。

⑨ 样品试用。样品试用是所有营业推广手段中成本最高，但同时也是最适宜于新产品推介的一种手段。样品试用是让消费者免费试用产品，借此培养他们使用该产品的习惯。样品不但可以采用邮寄、上门派送或店内人员分发的方法；还可以设计成小包装，进行赠送。

⑩ 设置特价品。以低于正常价格的优惠价格优待消费者，或在产品包装上特别标明，或采用特价方式推广。

⑪ 奖品。奖品是为了刺激消费者购买某一种产品而以赠送或低价的形式提供给消费者的物品。奖励会对购买行为产生影响，它在促使消费者购买非必需品方面的功效往往更大。奖励的目的在于提高产品形象，赢得美誉，扩大消费者基数，产生近期销售。

⑫ 商业印花。购买一定金额的产品，送印花一张，累积达到一定数量后可兑换奖品。

(二) 面向中间商的营业推广方式

① 批发回扣。企业为争取批发商或零售商多购进自己的产品，在某一时期内给经销本企业产品的批发商或零售商加大回扣比例。

② 推广津贴。企业为促使中间商购进企业产品并帮助企业推销产品，可以支付给中间商一定的推广津贴。

③ 销售竞赛。根据各个中间商销售本企业产品的实绩，分别给优胜者以不同的奖励，如现金奖、实物奖、免费旅游、度假奖等，以起到激励的作用。

④ 扶持零售商。生产商对零售商专柜的装潢予以资助，提供POP广告，以强化零售网络，促使销售额增加；可派遣厂方信息员或代培销售人员。生产商这样做目的是提高中间商推销本企业产品的积极性和能力。

⑤ 货位津贴。即生产商为获得新产品占有货架或地面位置的特权而支付的费用，价格不等。

⑥ 贸易折扣。生产商与中间商之间设定某一幅度的贸易折扣，由生产商向中间商提供短期折扣或资金上的优惠条件。一般来说，生产商必须给自己所有的中间商提供相同的贸易折扣。经销商一般通过短期减价或"特卖"的形式将这部分折扣转让给消费者。

⑦ 陈列津贴。即店铺为生产商的产品设置专门区域和安装陈列品的费用。店内陈列包括柜台陈列、落地陈列、货架陈列和特制陈列架。这些物件都是为促销产品而经专业设计的宣传载体，零售商拿去就能用。

⑧ 回购津贴。在推出新产品时，生产商有时会向零售商提供回购津贴，购回尚未售

出的旧产品。为了促使零售商经销自己的产品,有些生产商甚至回购竞争对手的存货。

⑨ 广告津贴。是指生产商常常给零售商补贴广告的全部费用或部分费用。一般来说,消费用品的广告津贴比工业用品的广告津贴更为常见,主要是大型生产商提供的。不过,有些小企业对经销量大的客户也提供这种优惠。

⑩ 合作广告。合作广告指全国性生产商向自己的中间商补偿他们在经销区域内为厂家的产品或标志做广告所支付的广告费用。生产商一般根据中间商的销售量来决定补贴额。有时,为了推出新产品,宣传某一品种或迎战竞争对手,生产商还会采取特别合作方式。

⑪ 奖励与竞赛。为了使中间商达到特定的销售目标或储备某种产品,生产商会给他们提供奖励或礼品。

⑫ 中间商聚会。多数生产商会举办中间商聚会来推介新产品,公布营业推广方案或展示新广告战役,有时还举办销售和服务培训班。中间商聚会完全可以成为生产商有力的营业推广工具。

(三) 面对内部员工的营业推广方式

主要是针对企业内部的销售人员,鼓励他们积极推销自身产品或处理某些老产品,或促使他们积极开拓新市场。一般可采用方法有:销售竞赛、免费提供人员培训、技术指导等。

第五节 公 共 关 系

案例9-9

把握公关促销之机

一年一度的高考,成了社会注目的焦点。南京天纯果品饮料公司去年打出一张漂亮的"高考牌"。去年高考期间,南京地区的近万名考生统一穿上了被称为"高考文化衫"的T恤,赶赴考场。T恤上印有"送给你一声祝福,一份希望"字样。别致的着装使考生们在夏日的人流中格外显眼,近万名考生分散在南京市的各个考场,构成了一幅独特的文化景观,将天纯果品饮料公司的形象带到各个引人注目的角落,刮起了一阵"天纯"旋风。天纯果品饮料公司为这次活动资助了近20万元,除向全市考生和有关教师发放12000件文化衫外,他们还向南京考区的200多个考场提供了饮料、灭蚊剂和芳香剂。随同文化衫发放的还有天纯公司致考生的一封信。信中道到:"沉着、冷静,将胜败得失暂时忘却,全身心地投入积极审慎的应战,人生的价值不会取决于一时的成败,只要做出了无愧的努力,你就是命运的强者。"此信情真意切,犹如一付"精神营养剂"。高考是人生中难以忘却的一次拼搏。天纯公司选择这样的时机进入人们的感情世界,可谓是独具匠心。

资料来源:道客巴巴.品牌推广方案分析 企业如何把握公关促销危机[EB/OL].(2014-03-26).http://www.doc88.com/p-8029033052918.html.

一、公共关系的特征

所谓公共关系,是指社会组织为树立自身形象,通过传播媒体,与其公众之间建立一种平等互惠的社会关系。从市场营销学的角度来讨论公共关系,主要是指企业为了使社会公众认识并认同自身以及企业的产品,在社会公众心目中树立良好的形象,从而促进产品销售的一种现代经营管理行为。

公共关系作为现代社会的一种管理职能和管理科学,具有以下特征:

(一)以良好信誉、形象为基本目标

建立良好信誉,塑造美好形象,是社会组织开展公共关系的基本目的,也是其孜孜以求的长期目标。谈到麦当劳,我们就会想起那金黄色的M型拱门;说起飞人乔丹,我们就会想起芝加哥公牛队。某个鲜明的形象代表了组织在公众中的评价和印象。

(二)以真诚、互惠为基本原则

公共关系就是以组织与公众之间相互真诚、平等、互惠、互利为基础,唯此才能赢得组织和公众的支持,最终实现双赢的目的。

案例9-10

黄太吉煎饼

如今,对于北京的"吃货"们来说,如果不知道"黄太吉"就真的OUT了。谁是"黄太吉"?它不是一个人名,而是一家面积只有10多平方米,却在微博上有3万多粉丝、被风投估值4000万的煎饼店。"黄太吉"为何如此之火?它的煎饼安全卫生是值得肯定的,但要说味道有何独到之处却也未必,在大众点评网上就有网友这样写道:"实话说,味道一般。"还有网友对其服务做出了评价:"店面很小,环境较差,空调不凉。"既然如此,"黄太吉"为何走红?网友"紫色羽扇豆"一语道破:"老板的营销宣传很厉害!大家之所以接受'黄太吉'及其营销方式,关键一点还是老板本身也是年轻人,了解年轻人的需求,知道年轻人喜欢用什么样的沟通方式沟通,并熟练运用了年轻人流行的'社会化媒体'进行推广和营销,这是他们能够迅速在社会化媒体上走红的根本原因。"

资料来源:百度文库.网络营销成功案例分析[EB/OL].(2019-07-11).https://wenku.baidu.com/view/99504704db38376baf1ffc4ffe4733687e21fca8.html.

(三) 以长远发展为基本方针

建立组织与公众的良好关系，赢得组织的良好声誉，并让公众获益，从而达成公关目标。这绝非一朝一夕就能取得，必须依赖长期、有计划、有目的、持久不断地艰苦努力，是一项长期的战略性任务。

(四) 以双向传播、沟通为基本手段

为了维持组织与公众之间的良好关系，一方面要及时、全面地了解、收集信息，为改善组织的决策和行动提供依据；另一方面又要迅速、有效地将组织的各方面信息传播给相关公众，争取公众的全面认识、了解、拥护和支持。双向传播、沟通是实现公关目标的最佳方式。

(五) 以目标公众为基础对象

公共关系是社会组织同构成其生存环境的内外部公众之间的关系，组织是其主体，公众是其客体，它与主体构成公关的基本矛盾。一切工作均应围绕公众而展开，目标公众便成为公关的基本研究对象。

二、公共关系的原则

公共关系作为一门科学与艺术，是任何组织在开展公关工作时，务必遵循共同的基本原则。主要包括：真实性原则、公众利益优先原则、创新原则、互惠互利原则、全员公关原则。

(一) 真实性原则

真实性是公关活动成败的关键，也是公关总原则的核心所在。它要求以事实为基础，以信用为目标，尊重客观现实。

(二) 公众利益优先原则

公众利益优先既是公关人员的一项职业道德准则，也是公关工作的一项基本原则。组织的公关工作首先就要从满足公众利益出发，时时处处为公众利益着想，坚持公众利益至上，有时甚至要牺牲暂时的、局部的利益，以换取长期的、整体的利益。

(三) 创新原则

公共关系是一门富有超前意识的经营管理艺术，创新性是永葆青春魅力的所在。从现代公关诞生的那一天起，公关人无不以无穷无尽的创新精神来丰富和发展自身的思想、理论，与时俱进，不断适应社会历史发展的新趋势。

（四）互惠互利原则

互惠互利原则，指组织在公关活动中，应当正确认识和处理主客体关系，摆正组织与公众之间的利益关系，切实取得双方获利、共同发展的预期效果，从而实现双赢共进的目的。

（五）全员公关原则

全员公关原则是指全体人员都具有公关意识，按照公关工作的要求，提高公关行为的自觉性，加强整体的公关配合与协调，努力将日常工作与塑造组织良好形象相联系，形成浓厚的公关氛围与公关文化。

三、公共关系的对象

公共关系对象主要是按照公众的横向划分，一般来说，有多少类公众就有多少类公共关系对象。企业面对的公共关系对象主要有以下六种：

（一）消费者关系

在这里，消费者既是物质产品的消费者，也是指某种服务和精神产品的消费者。社会组织与这两种消费者之间的关系，一并称之为消费者关系，也可称作顾客关系。

案例9-11

庆丰包子

可以说，庆丰包子铺之前几乎完全处于人们的主要视线之外，至少从来没有成为一个聚焦点。但习总书记的光临让庆丰包子铺在2013年的冬天烧起了一把热情的火焰。1948年创立之后，庆丰包子铺一直声名不显，但2013年12月28日之后，由于被赋予了特殊意义，庆丰包子成为了现下最火爆的就餐首选，21元一位的套餐成为其标配。火爆之后，庆丰包子铺就从各种渠道接到了不少加盟的咨询和申请。根据庆丰包子铺官方网站提供的加盟要求，在与加盟者签订特许经营合同时，需要加盟者交纳32万元，其中包括一次性加盟费10万元，保证金16万元，首年权益金6万元。另外，以后每年交费6万元。加盟门槛确实不低，但阻挡不了投资者的热情。据悉，从2013年12月30日上午9点开始，北京老字号庆丰包子铺的加盟电话一直处于忙碌状态。

资料来源：百度文库.网络营销成功案例分析[EB/OL].(2019-07-11).https://wenku.baidu.com/view/99504704db38376baf1ffc4ffe4733687e21fca8.html.

（二）经销商关系

企业产品销售除了设立直接销售门市部外，更多的是通过经销商把产品销售给顾客,经销商在把产品由企业向消费者传送过程中起着十分重要的作用。

(三) 媒介关系

主要是指新闻机构或工具,主要包括报纸、广播、电视、杂志等。媒介关系又称"新闻界关系",指企业与这些传播媒介的关系。对于企业来说,媒介是一种特殊的公众,具有双重的性质。一方面,它是企业公共关系人员赖以实现公共关系的重要手段;另一方面,它又是企业公共关系必须努力争取的重要公众。

(四) 社区关系

社区,是指人们共同活动的一定区域,如村落、城镇、街道等。社区关系也称区域关系、地方关系。企业的社区关系,主要是指与企业相邻的周围工厂、机关、学校、医院、公益事业单位与居民等社会群体同企业之间的关系。

(五) 政府关系

政府关系是企业应处理好的一种最重要的外部关系。这里所说的政府是一个广义概念,它有不同层次,如中央政府及各级地方政府,还有不同类型,如工商管理、土地管理、司法管理等,本书仅就其一般属性而论。政府是对社会进行统一管理的权力机构,企业是社会整体运行的一部分,当然免不了要与政府发生关系。

(六) 职工关系

企业内部的职工关系是整个公共关系的基础,也是企业开展卓有成效的外部公共关系的保证。职工是一个企业直接面对而又最接近的公众,他们是企业赖以生存的细胞,企业的发展目标,首先要得到他们的理解和支持,要靠他们身体力行地去实现。

四、公共关系策划

一项完整的公共关系活动,或者一项战略性地公共关系工作,一般要经过四个步骤:公共关系调查、公共关系策划、公共关系实施、公共关系效果评估。

(一) 公共关系策划的涵义

策划,简单地说,就是计划、运筹、打算。策划就是以既定的目标为出发点,对相关信息进行分析,制定针对性的策略及行动方案,以实现目标。

公共关系策划,就是策划人员为了达到组织的目标,在充分调查研究的基础上,对组织总体公共关系战略、对组织重大的公共关系专项活动进行谋划和设计工作。

（二）公共关系策划的原则

1. 目的性原则

公共关系策划要有明确的目的，不可无的放矢。目的越明确、越清晰，公共关系策划就相对容易，公共关系活动的执行方案就具有可行性。

2. 整体性原则

公共关系策划本身是一项需要花费大量人力、物力的系统工程。在策划时既要考虑组织利益，又要考虑社会利益。既要考虑当前利益，又要考虑长远利益。既要考虑局部利益，又要考虑全局利益。

3. 创新性原则

公共关系策划过程是一种思维过程，公共关系离不开创新性的思维。在公共关系策划中，既要借鉴前人或当代成功的公共关系案例，吸取其精华，又要不为所限，充分发挥想象力，激发灵感，才能设计出新颖独特、别具一格的方案。

4. 可行性原则

在策划公共关系方案中，既要考虑组织期望实现的公共关系目标，又要考虑外部环境的影响力，考虑组织的现有资源状况。因此，公共关系方案的策划必须能够使组织的公共关系目标与组织外部环境、组织的现有资源（内部条件）处在动态的平衡中，公共关系方案才能具有可行性。

5. 灵活性原则

世界唯一不变的是，一切都在变。变化是绝对的，不变是相对的。环境发生变化了，公共关系的策略也要随之变化，切不可认为计划周密就可以不顾外部环境的变化。

（三）公共关系策划过程

公共关系策划是一个动态的过程，一般经过以下三个阶段：

1. 策划构思与准备

（1）信息的分析

在前期调查的基础上，公共关系策划者要进一步对调查所获悉的大量信息作认真的分析。其中包括两方面的工作：一是去伪存真、去粗取精地筛选有价值的信息；二是选择与特定的公共关系工作或公共关系专项活动有关的信息。

（2）目标及主题的确认

公共关系工作或专项公共关系活动目标，一方面要为组织发展战略目标和公共关系整体目标服务，另一方面要能够对具体的公共关系工作或专项公共关系活动指明方向。主题是策划的灵魂、核心，贯穿于整个策划之中，是对公共关系活动内容的高度概括。

（3）公众的选择

具体的公共关系工作或专项公共关系活动都是针对特定的公众而言的，明确公众范围,分析公众的特征,了解公众的需求。

(4) 媒体选择

公共关系工作或公共关系活动的开展是离不开传播活动的。媒体选择是公共关系策划的重要内容。在媒体选择的构思中,一是根据公共关系工作或公共关系活动的目的、特点;二是依据目标公众接触媒体的习惯;三是考虑组织与媒体的关系状况。在全面衡量的基础上,有针对性地选择媒体。

2. 计划编制与经费预算

(1) 计划编制

公共关系策划者在经历了上述步骤之后,对策划要做总体规划,使比较零乱的、局部的构思形成一个有序的整体,使公共关系策划具有可操作性。这项工作就是制定切实可行的公共关系工作或公共关系专项活动计划。作为公共关系工作计划,比如年(月或周)公共关系计划,一般包括:年(月或周)公共关系具体目标、年(月或周)公共关系工作项目、各项目的财务预算、各项目的计划及人员分工、各项目的评估方式。作为公共关系专项活动计划,一般包括:目标、主题、时机、方式、地点、人员、步骤、经费、总结。

(2) 经费预算

公共关系工作或公共关系活动都需要一定的经费支持。在经费预算中既要考虑公共关系工作或公共关系活动本身对经费的客观需要,又要考虑组织的经费承受能力。经费预算的办法有两种:一是总额包干,量入为出,有多少钱办多少事;二是各项费用汇总相加。

3. 公共关系策划书制定

公共关系策划书的制定是公共关系策划的最后环节,也是公共关系策划的结果。策划书的写作应包括以下10个方面:

① 封面。封面应注明策划的形式与名称、策划的主体(策划者及所在公司或部门)、策划日期、文件编号。

② 序文。序文是指把策划书所讲的要点加以提炼概括,内容简明扼要,使人一目了然,一般在400字左右。

③ 目录。目录要对内容提纲挈领,务求让人读过后能了解策划的全貌,目录与标题应协调统一。

④ 宗旨。这是策划的大纲。应该将策划的重要性、公共关系目标、社会意义、操作实施的可能性等问题加以具体说明,展示策划的合理性、重要性。

⑤ 内容。这是策划书的主体和最重要的部分。内容因策划种类不同而变化,但应层次分明、逻辑性强,切忌过分详尽冗长。

⑥ 预算。即按照策划确定的目标(包括总目标与分目标)列出每项细目,计算出所需费用。在预算经费时最好绘出表格,列出总目标、分目标的支出内容,既方便核算又便于以后查对。

⑦ 策划进度表。把策划活动的全部过程拟成时间表,作为策划进程的指导。进度

表最好体现在一张纸上,以作一览表之用。

⑧ 有关人员目标责任分配表。根据目标管理原则,对各项目标,各项任务由何人负责,所有事关人员的责、权、利应明确清楚,避免因责任不清,权力交叉而造成混乱。

⑨ 所需要的物品和活动场地。活动中需要的各种物品、设施、场地的布置规模、停车场地等也要细致安排。

⑩ 与策划有关的资料。一般指有关的背景资料、前期调查结果、类似项目及竞争对手的情况等。给策划的参与者和审查者提供决策参考。

总之,策划书的写作应该注意扼要地说明背景,引人入胜地描绘策划主题,详尽地描述整体形象,严谨科学地说明预算。如果可能,还应该用图表给读者以直观形象。

五、确定与选择公共关系活动的方式

公共关系活动方式,是以一定的公关目标和任务为核心,将若干种公关媒介和方法有机地结合起来,形成具备特定公关功能的工作方法系统。公共关系不是一成不变的,不同类型的组织机构、同一组织的不同发展阶段或同一阶段中针对不同的公众对象及公关任务,都需要有不同的公共关系活动方式。

(一)公共关系活动的业务类型

根据公共关系工作的业务特点,可以将公共关系活动划分为以下五种类型:

1. 宣传型公关

运用印刷媒介、电子媒介等宣传手段,传递组织的信息,影响公众舆论,迅速扩大组织的社会影响。宣传型公关的特点是主导性强、时效性强、传播面广、推广组织形象的效果快,特别有利于提高组织的知名度。其具体形式有:发新闻稿、公共关系广告、印刷发行公共关系刊物和各种视听资料、演讲或表演等,要广泛运用报纸、杂志、电台、电视等不同的传播媒介。

2. 交际型公关

运用各种交际方法和沟通艺术广交朋友、协调关系、缓和矛盾、化解冲突,为组织创造"人和"的环境。交际型公关的特点是直接沟通、形式灵活、信息反馈快、富于人情味,在加强感情联络方面效果突出。其方式包括社团交际和个人交际,如工作餐会、宴会、座谈会、招待会、谈判、专访、慰问、接待参观、电话沟通、亲笔信函等。总之,通过语言、文字、人与人之间的直接对话等来交往与沟通。

3. 服务型公关

以实际的服务行为作为特殊媒介,吸引公众,感化人心,获取好评,争取合作,使组织与公众之间关系更加融洽、和谐,为企业提高社会信誉。服务型公关的特点是以行动作为最有力的语言,实在实惠,最容易被公众所接受,特别有利于提高组织的美誉度。

4. 社会活动型公关

以组织的名义发起或参与社会性的活动,在公益、慈善、文化、体育、教育等社会活

动中充当主角或热心参与者,在支持社会事业的同时,扩大企业的整体影响。社会活动型公关的特点是社会参与面广,与公众接触面大,社会影响力强,形象投资费用也高,能较有效地同时提高知名度和美誉度。

5. 征询型公关

运用收集信息、社会调查、民意测验、舆论分析等信息反馈手段,了解舆情民意,把握时势动态,监测组织环境,为决策提供咨询。征询型公关的特点是以输入信息为主,具有较强的研讨性、参谋性,是整个双向沟通中不可缺少的重要机制。其形式有:开办各种咨询业务、建立来信来访制度和合理化建议制度、制作调查问卷、设立热线电话、分析新闻舆论、广泛开展社会调查、进行有奖测验活动、聘请兼职信息人员、举办信息交流会等。

六、公共关系专题活动

(一)公关赞助

公关赞助是指企业通过无偿地提供资金或物质对各种社会公益事业做出贡献,以提高社会声誉,树立良好社会形象的公关专题活动。

1. 公关赞助的类型

① 从赞助的对象来看,赞助的类型可以分为赞助环保、赞助文艺、赞助科教、赞助公益和赞助体育。

② 从赞助的形式来看,赞助的类型可以分为企业参加赞助和企业发起赞助。企业参加赞助即对其他组织或企业的赞助邀请做出响应;企业发起赞助,即一个企业为实现某项公关目的而主动发起的赞助活动,是创意性的。

案例9-12

奇瑞汽车的公关赞助

《安徽日报》2006年6月30日讯 代表中国民族自主品牌的奇瑞汽车已成为武警天安门警卫支队专用汽车。6月28日下午,奇瑞汽车向武警部队的赠车仪式在北京举行。当天傍晚,在天安门广场举行的仪式上,来自国内外的上万名群众目睹了国产品牌的魅力。

本次捐赠天安门警卫队的10辆奇瑞汽车,包括4辆黑色东方之子、4辆蓝色瑞虎、2辆蓝色奇瑞V5,将用于每日升降旗用车,并用于天安门、天安门广场、人民大会堂、人民英雄纪念碑、毛主席纪念堂、历史博物馆和长安街、中南海沿线巡逻工作。

武警天安门警卫支队的官兵表示,奇瑞汽车是中国自主品牌的象征,使用它不仅能更便捷完成保卫及巡逻等工作任务,更重要的是,开国产品牌车护卫国旗,使"国旗班"的卫士们更增加了民族自豪感。

资料来源：搜狐网.奇瑞车成天安门卫队专用车[EB/OL].(2006-06-30).http://news.sohu.com/20060630/n244019713.shtml.

（二）公关赞助的策划

1. 赞助的目的

总的来说，公关赞助的目的就是促进理解，提高声誉，树立形象。但是每一次赞助活动往往要选定一个具体的目标。

2. 筹备与实施

（1）企业参加赞助

对于企业参加的赞助应从以下方面着手进行筹划：

① 要考虑所赞助的活动与企业能否和谐自然地使公众联想在一起，能否对企业产生有利的影响。

② 要考虑所赞助的活动的社会影响，如媒介报道的可能性、报道频率和报道的广泛性，受益人是谁，受影响的公众的分布情况，影响的持久程度，活动本身能否引起人们的注意，能否产生"轰动效应"等。

③ 要考虑企业在活动中与公众见面和直接沟通的机会有多少、赞助费用以及赞助的形式。

④ 要考虑赞助的监督情况，如通过何种方式对赞助活动予以控制？赞助活动是否合法？发起单位的社会信誉如何？赞助费用如何落实到受益人？等等。

⑤ 应考察赞助活动对企业的产品销售有无赞助价值。如果发现值得赞助，便可着手落实赞助。在具体落实赞助时，应有专人负责，落实过程中要主动了解活动的筹备与进展情况，争取把握有利机会。

⑥ 赞助活动结束后，还应对参加赞助的效果进行评价。一方面依据媒介报道和广告传播的情况测定，另一方面要对参加赞助的全过程进行回顾和总结。

（2）企业发起赞助

对于企业发起的赞助应该从以下方面着手进行策划：

① 主办单位要有良好的形象。

② 赞助活动本身要有吸引力和周密的计划。

③ 应争取得到媒介及各种权威性公众的支持。

④ 赞助活动的具体负责人（直接与赞助人打交道）应该有良好的个人形象，以期在具体的游说、解释、沟通和宣传过程中得到公众的接受，并能在最大程度上影响公众的支持程度。

⑤ 赞助活动必须给赞助人（单位和个人）可以看得见的"实惠"。

3. 举办新闻发布会

新闻发布会，又称记者招待会，是一个企业集中发布新闻，扩大社会影响，搞好媒介关系的一种重要方法。

（1）举办新闻发布会的因由和时机

除了政府机关，一般社会组织都不举办定期的新闻发布会。企业或组织在举办新闻发布会前，一定要慎重地选择发布会的因由和时机。

（2）新闻发布会的准备工作

新闻发布会的准备工作包括：邀请记者、统一宣传口径、选择主要发言人、准备报道提纲和答案要点、准备好会场、与会议主持人沟通确认工作内容、准备辅助工具、安排记者活动。

（3）策划媒介事件

策划媒介事件不是指无根据地编造新闻，而是指有意识、有目的、有计划地根据新闻事件的特点，有效地展开一些宣传组织形象的活动，以便引起新闻媒介的广泛报道，从而产生重大的社会影响。

案例9-13

"奔驰"新车的隆重推出

德国奔驰新车新闻发布会曾给记者们留下深刻的印象。一是规模与耗资巨大。有50多个国家和地区的1200多名记者参加，为记者每天支出的住宿费就至少在180万元人民币。二是材料全。有公司历史沿革、经营情况、首脑简况以及公司总部大楼艺术特色等介绍。关于新车的材料，光数据就详不胜详，可供挑选的照片有二三百幅，有专门拍摄的一部专题影片，有介绍情况的CD光盘等。三是组织严密。第一天上午在公司总部报到，下午1点半首次举行30分钟的会议，介绍日程安排和新车的大致情况，中间穿插两段短片，给人形象、具体的感觉。2点所有记者二至三人为一组，分别驾驶近百辆不同型号、性能、装饰的新车，从斯图加特市出发，沿着乡间公路，向160多公里外的乌尔姆市进发，让记者们亲自感受这些新车的创新性、安全性、舒适性等，晚上6点左右，各国记者驾车到乌尔姆市，先参观新车展览，然后参加由奔驰公司首脑主持的新闻发布会，第二天早上8点，记者再驾车从另一条以高速公路为主的道路返回，中午到达斯图加特机场解散、回国。四是注意收集记者反映。公司注意抓住机会同记者交谈，当试车结束后，公司又请部分记者座谈。五是服务细致。奔驰公司通过新闻发布活动，让世界更好地了解奔驰。

资料来源：淘豆网. "奔驰"新车的隆重推出：新闻发布[EB/OL].（2018-02-07）.https://www.taodocs.com/p-110234300.html

4. 开放参观活动

开放组织是指将本组织的工作场所或工作程序对外开放，欢迎社会各界人士或有关公众代表参观考察的一种社会活动。

5. 举办展览

展览活动可以从不同的角度划分为不同的类型：

(1) 根据内容上划分,可分为综合性展览和专题性展览。

综合性展览通常是由专门性的组织机构或单位负责筹办,不同组织应邀参加的一种全方位的展示活动。例如,世界著名的"日本筑波国际博览会"、我国举办的"改革开放成果展览会"等,都是在世界范围内全面展示一个国家、地区的优秀成果的展览活动。

专题性展览通常是由组织或行业性组织围绕某一特定专题而举办的展示活动。与综合性展览相比,它内容较为单一、规模较小,但主题更鲜明、内容更集中而有深度。例如,我国举办的"中国酒文化博览会",就是专门以酒为核心,通过酒来展示企业文化和中国传统的酒文化。

(2) 根据展览规模划分,可分为名城街、博览会、陈列室、样品室、橱窗等。

名城街是指具有重要文物价值的历史城街。例如,北京的文化街"琉璃厂",安徽屯溪市的"宋城"老街,天津市的"食品街",等等。

(3) 根据展览时间划分,可分为长期固定形式的展览、定期更换部分内容的展览和一次性展览。

(4) 从展览性质上分,可分为展览会和展销会。

展览的目的是宣传,不是销售,也就是说,参观者在展览会上只能观看展品,不能购买展品。

展销会则是销售花色品种较多、选择性较强的工业品的一种零售方式。具体的做法是把展销的商品分类设立专柜,标明生产单位,对比陈列,边展边销,让消费者在评比中选购,在选购中评比。

本章小结

现代市场营销不仅要求企业发展适销对路的产品,制定吸引人的价格,使目标顾客易于取得他们所需要的产品,而且还要求企业控制其在市场上的形象,设计并传播有关产品外观、特色、购买条件以及产品给目标顾客带来的利益等方面的信息,即进行促销活动。通过对本章的学习让学生了解促销组合策略的基本内容,了解广告预算的主要方法,学会广告媒体的选择与广告效果的测量,掌握人员推销的特点和人员推销策略的主要内容,熟悉销售促进和宣传等基本原理并通过实训进行运用。

一、知识测试

1. 单项选择题

(1) 促销工作的核心是(　　)。
  A. 出售商品　　　　B. 沟通信息
  C. 建立良好关系　　D. 寻找顾客

(2) 促销的目的是引发刺激消费者产生( )。
　　A．购买行为　　B．购买兴趣
　　C．购买决定　　D．购买倾向
(3) 下列各因素中,不属于人员推销基本要素的是( )。
　　A．推销员　　B．推销品
　　C．推销条件　　D．推销对象
(4) 对于单位价值高、性能复杂、需要做示范的产品,通常采用( )策略。
　　A．广告　　B．公共关系
　　C．推式　　D．拉式
(5) 公共关系是一项( )的促销方式。
　　A．一次性　　B．偶然
　　C．短期　　D．长期
(6) 营业推广是一种( )的促销方式。
　　A．常规性　　B．辅助性
　　C．经常性　　D．连续性
(7) 人员推销的缺点主要表现为( )。
　　A．成本低,顾客量大　　B．成本高,顾客量大
　　C．成本低,顾客有限　　D．成本高,顾客有限
(8) 企业广告又称( )。
　　A．商品广告　　B．商誉广告
　　C．广告主广告　　D．媒介广告
(9) 人员推销活动的主体是( )。
　　A．推销市场　　B．推销品
　　C．推销人员　　D．推销条件
(10) 一般日常生活用品、( )适合于选择媒介做广告。
　　A．人员　　B．专业杂志
　　C．电视　　D．公共关系

2. 多项选择题(下列各小题中正确的答案不少于两个,请准确选出全部正确答案)
(1) 促销的具体方式包括( )。
　　A．市场细分　　B．人员推销
　　C．广告　　D．公共关系
　　E．营业推广
(2) 促销策略从总的指导思想上可分为( )。
　　A．组合策略　　B．单一策略
　　C．推式策略　　D．拉式策略
　　E．综合策略

(3)影响促销组合和促销策略制定的因素较多,主要应考虑的因素有( )。
　　A．消费者状况　　B．促销目标
　　C．产品因素　　　D．市场条件
　　E．促销预算

(4)人员推销的基本形式包括( )。
　　A．上门推销　　　B．柜台推销
　　C．会议推销　　　D．洽谈推销
　　E．约见推销

(5)广告最常用的媒体包括( )。
　　A．报纸　　　　　B．杂志
　　C．广播　　　　　D．电影
　　E．电视

(6)公共关系的活动方式可分为( )。
　　A．宣传性公关　　B．征询性公关
　　C．交际性公关　　D．服务性公关
　　E．社会性公关

二、课堂实训

根据即将到来的节日,为一家大型超市做一个节日促销策划。要求如下:

1. 根据节假日性质恰当选择促销主题。
2. 围绕促销主题精心设计促销组合项目。
3. 策划书撰写要格式规范、思路开阔、语言精练、内容有创意。
4. 策划书字数不低于3000字。

三、案例分析

西门子公司的营销

当作为欧洲排名第一、世界第四大家用电器制造商的西门子公司雄心勃勃地进军中国家电市场时,面临的却是白热化的市场竞争。如何将第一款与欧洲同步的滚筒洗衣机成功推向中国消费者,曾深深困扰西门子市场营销人员。

当时众多家电厂商都将市场推广的手段都集中广告上,然而西门子营销人员通过对市场调查和消费者分析发现,随着广告大战越演越烈,广告的促销作用已越来越弱。因此,为了吸引消费者并刺激他们的购买欲望,西门子必须采取一些别出心裁的促销措施。

当年恰逢西门子公司成立150周年,借此喜庆的日子,营销人员策划了一次席卷全国的"西门子150周年金银欢乐送"全国性推广活动:凡购买西门子洗衣机,可获赠"限量绝版定制的西门子150周年纪念纯银币"一枚,并同时参加纯金币大抽奖。这些制造精美极具收藏价值的纪念币与设计简洁高贵典雅的西门子洗衣机相映生辉,令人爱不释手,使西门子洗衣机的品质感得到充分凸现。活动开始后在全国受到出乎意料的欢迎,制造精美的纪念币配合高品质的西门子滚筒洗衣机,给国内家电市场带来一股浓郁的欧洲风情,一万枚银币在活动开始不久就伴随洗衣机的销售被抢购一空。

西门子先后在各大城市开展一系列与名牌服装联合推广的活动。在武汉,西门子洗衣机与名牌服装马天奴、经典故事联合演绎一台主题为"好衣服当然要用西门子洗衣机"的大型时装表演与新装上市活动。活动当天洗衣机销售量创武汉当年最高纪录;在上海,又与著名休闲装品牌ESPRIT合作,双方通过资源共享以及联合广告宣传与新闻发布,使两个品牌在形象树立上相得益彰。ESPRIT当月销量成倍增长,西门子洗衣机也以简洁高贵的形象成为广大ESPRIT年轻消费者未来结婚购置的首选目标。

独特的营销策略,使得西门子在短短两年时间内成为了中国家电市场上的一支不可忽视的力量。

资料来源:豆丁网.把促销做到消费者心里[EB/OL].(2010-09-08).http://www.docin.com/p-78295560.html.

结合案例请思考:
1.西门子公司都运用了哪些促销手法?
2.西门子公司的这些促销方式为什么获得了成功?给我们什么启示?

第十章　市场营销管理

(1) 市场营销计划、组织、控制的基本概念。
(2) 市场营销组织的形式,以及市场营销组织设计程序。
(3) 年度计划控制、盈利能力控制、效率控制和战略控制的方法。

(1) 能够结合实例制订市场营销计划。
(2) 能够结合实例设计市场营销组织。

华为:5200亿背后的销售管理体系

对于华为、爱立信、诺基亚和中兴这四大通信厂商而言,2016年是风云变幻、战火纷飞的一年。根据财报数据,领头羊华为以24%的年复合增长率持续拉开和后三家的收入差距,且其营收规模突破700亿美元并超过后三家之和,相当于诺基亚或爱立信的3倍和中兴的5倍之多。"华为的产品也许不是最好的,但那又怎么样? 什么是核心竞争力? 选择我而没有选择你就是核心竞争力!"任正非如是说。技术不是华为公司的核心竞争力,营销才是,华为营销核心的核心就是华为销售管理体系。作战有计划、战时有控制、敌人有了解、战后有统计,建立起属于华为的销售管理体系。华为的实践证明,做好销售流程包括前段后端的严格管理,建立起一套完善的销售管理体系,是业绩提升的当务之急。GTT全绩效管理系统中就有一套完整的销售管理体系,其中销售通过销售管理功能将客户导入到系统里。这样销售就可以在我的客户功能里面看到自己名下的客户,同时还会显示最后一次联系了该客户公司的哪位对接人、联系记录是什么、联系时间等。在全部联系记录功能里面会显示销售填写过的所有联系客户的记录,每条记录会显示联系时间、联系人、联系方式、联系内容等,还能根据客户名称、联系方式等直接查询。销售管理者可以查看每个销售的联系记录,了解销售人员在销售过程中遇到的困难、需求或成果等。同时,如果销售有拜访量或者沟通量的月度目标要求,销售管理者可以直接根据系统记录的联系记录来确定销售的目标完成度。如果销售的目标滞后,销售管理者可以督促或者帮助员工尽快达成目标。如果销售管理者发现销售名下的客户许久都没有跟进,可以将该客户从销售名下移到"公海"中,给别的销售更多机会。销售也可以将自己名下没有意向的客户释放到"公海"里,或者在"公海"里面捡取有意向能开发的客户进行二次开发。

资料来源:华为:搜狐网.5200亿背后的销售管理体系[EB/OL].(2017-12-01).https://www.sohu.com/a/207967611_174221.

第一节　市场营销管理概述

一、市场营销管理的概念

市场营销管理是指为了实现企业或组织目标,建立和保持与目标市场之间的互利的交换关系,进而对设计项目进行分析、规划、实施和控制。营销管理的实质,是需求管理,即对需求的水平、时机和性质进行有效地调解。在营销管理实践中,企业通常需要预先设定一个预期的市场需求水平,然而,实际的市场需求水平可能与预期的市场需求水平并不一致。这就需要企业营销管理者针对不同的需求情况,采取不同的营销管理对策,进而有效地满足市场需求,确保企业目标的实现。企业存在的价值,在于企业提供的产品能满足别人的需求,双方愿意交换,如此而已。所以需求是营销的基础,交换是满足需求的手段,两者缺一不可,营销管理就是需求管理。

二、市场营销管理的内容

营销管理要满足什么需求呢?这个问题涉及企业的很多方面,企业强调团队合作,强调供应链,因此,各个环节的需求都要考虑到。营销管理要满足企业的需求、满足消费者的需求、满足经销商的需求、满足终端的需求、满足销售队伍的需求,在不断满足需求的过程中企业得到了发展。

(一)满足企业的需求

企业的需求有哪些呢?在企业发展的不同阶段和市场发展的不同阶段,企业有不同的需求。

市场孕育期,企业开发了创新产品。企业面临两个问题,一是要迅速完成资本的原始积累,且要迅速打开市场。所以,此时企业可能采取急功近利的操作手法,如高提成、高返利、做大户等。

市场成长期,企业飞速发展,出现了类似的竞争对手。因此,企业要用比对手更快的速度,扩大市场份额,占领市场制高点。此时,可能采取的措施是开发多品种、完善渠道规划、激励经销商等。

市场成熟期,企业需要延续产品的生命周期。企业要追求稳定的现金流量,同时还要开发其他产品。这时企业要不断推出花样翻新的促销政策。

市场衰退期,企业要尽快回收投资,变现。

从上面简单的生命周期描述中,我们看到,不同时段企业有不同需求,满足企业需求是第一位的。营销管理是对企业需求的管理,以满足企业的需求为根本。

(二)满足消费者的需求

真实的、理性的消费者需求是什么?消费者对好的产品质量有需求,消费者对合理的价格有需求,消费者对良好的售后服务有需求。消费者的需求对企业来说是最重要、最长久的。对企业来说,满足消费者的需求是企业存在的价值,是企业最长久的保障。在满足需求的基础上,企业还要发掘需求,引导消费的潮流,甚至去取悦和讨好消费者。

(三)满足经销商的需求

经销商的需求是经常变动的,但归根结底有三个方面:销量、利润率及稳定的下家。所以企业在制定营销政策时要知道经销商的需求是什么,如经销商是要长远发展,还是要短期赢利。企业制定政策时候,要考虑到经销商的发展,而不是仅仅从企业自己出发,也不是仅仅从消费者的角度出发。毕竟在有些行业,经销商是不可或缺的。经销商也有发展阶段,他在创业阶段需要你给他指点,需要企业的支持。当他的网络已经形成,管理基本规范时,他最需要的就是利润。不同发展阶段,他的需求是不同的。因此,企业要针对经销商的实际需要不断制定出符合经销商的销售政策、产品政策、促销政策。

(四)满足终端的需求

很多企业强调"终端为王"。很多企业都有终端策略,企业要制定区别于经销商的终端政策,满足终端的需求。终端的需求越来越多,尤其是连锁商家,更是"难缠"。终端和经销商同为渠道的组成部分,如果让厂家做出选择,他们宁肯选择终端,而不是选择经销商。

(五)满足销售队伍的需求

任何营销政策,最终都靠销售队伍来执行,销售代表执行力度的大小可能比政策本身的好坏更重要。营销竞争是靠团队的,所有的经销商、终端、消费者的需求,都要通过销售队伍来满足。他们的需求有:要求合理的待遇,获得培训机会,希望有一定的发展空间。因此企业要在不同的阶段,发掘销售队伍的需求,尽量来满足他们。

企业需求是根本,是营销管理的出发点。其中,消费者的需求、营销商的需求、终端的需求是串联的,一个环节没满足,就会使营销政策的执行出现偏差。一个环节"不爽",就可能导致企业"不爽"。作为营销管理者,要从这五个方面出发,来考虑营销问题。如果营销出了问题,就一定是这五个方面的某一个环节出了问题。优秀的营销管理者,要善于分析这五个方面,善于平衡这五个方面的资源投入,取得营销的最佳效果。

三、市场营销管理的基本过程

所谓市场营销管理过程是指企业为实现目标、完成任务而发现、分析、选择和利用市场机会的管理过程。具体包括:分析市场机会、选择目标市场、设计市场营销组合以及执行和控制营销计划。

(一)分析市场机会

市场机会就是未满足的需要。所谓潜在的市场,就是客观上已经存在或即将形成、而尚未被人们认识的市场。要发现潜在市场,必须做深入细致的调查研究,弄清市场对象是谁,容量有多大,消费者的心理、经济承受力如何,市场的内外部环境怎样,等等;要发现潜在市场,除了充分了解当前的情况以外,还应该按照经济发展的规律,预测未来发展的趋势。为了发现市场机会,营销人员必须广泛收集市场信息,进行专门的调查研究,除充分了解当前情况外,还应该按照经济发展的规律,预测未来发展的趋势。营销人员不但要善于发现和识别市场机会,还要善于分析哪些才是适合本企业的营销机会(就是对企业的营销具有吸引力的,能享受竞争优势的市场机会),市场上一切未满足的需要都是市场机会,但能否成为企业的营销机会,要看它是否适合于企业的目标和资源,是否能使企业扬长避短、发挥优势,比竞争者或可能竞争者获得更大的超额利润。

(二)选择目标市场

目标市场,就是企业决定要进入的那个市场部分,也就是企业拟投其所好,为之服务的那个顾客群(该顾客群的需要相同或类似)。企业选定符合自身目标和资源的营销机会以后,还要对市场容量和市场结构进行进一步分析,确定市场范围,无论是从事消费者市场营销,还是从事产业市场营销的任何企业,都不可能为具有某种需求的全体顾客服务,而只能满足部分顾客的需求。这是由顾客需求的多样变动性及企业拥有资源的有限性所决定的。因此,企业必须明确在能力可及的范围内要满足哪些顾客的要求,即首先进行市场细分,然后选择目标市场,最后进行市场定位。

(三)设计市场营销组合

企业在确定目标市场和进行市场定位之后,市场营销管理过程就进入第三阶段——设计市场营销组合。市场营销组合,即公司为了满足这个目标顾客群的需要而加以组合的可控制的变量。市场营销战略,就是企业根据可能机会,选择一个目标市场,并试图为目标市场提供一个有吸引力的市场营销组合。市场营销组合是现代市场营销理论中的一个重要概念。市场营销组合中所包含的可控制的变量有很多,可以概括为四个基本变量,即产品、价格、地点和促销。除了市场营销组合的"4P"之外,再加上"权利"(power)与"公共关系"(public relations),成为"6P",构成"大市场营销"(megamarketing)概念。这就是说,要运用政治力量和公共关系,打破国际或国内市场上的贸易壁垒,为企业的市场营销开辟道路。

(四)执行和控制市场营销计划

只有有效地执行计划,才能实现企业的战略任务。在营销计划的执行过程中,可能会出现意想不到的问题,需要一个控制系统来保证营销目标的实现。

第二节 市场营销计划与执行

案例10-2

合理的计划功不可没

李经理是山东某一地级市场的白酒经销商,到今年为止,李经理从事经营白酒行业已有6年。从事白酒行业初期开始,李经理就把每年制订行之有效的年度营销计划作为公司发展的头等大事。在正确的目标指引下,李经理的公司每年制定的营销目标都能顺利完成,使得公司销售业绩发展迅速。从公司成立初期的销售人员5名,送货车辆3辆,库房300平方米,单一品牌销售,年销售额300万左右,发展到今天的公司人员50人,送货车辆15辆,库房1500多平方米,高中端、多价位、多品牌销售,年销售额8000多万的商贸公司。那么,李经理每年都会从以下几个方面制订营销计划:进行充分的市场调研;整合公司的所有资源;掌握公司一个发展的"度";对产品界定,突出产品的作用;分工明确、目标清晰;确保各种营销制度要配套合理有效;充分考虑竞争对手的威胁。从而顺利完成每年的销售目标。

资料来源:道客巴巴.经销商如何制订年度营销计划?[EB/OL].(2015-04-22).http://www.doc88.com/p-0834643836151.html.

为了实现企业的营销战略,必须制订更为具体的细致的营销计划来分解或细分企业营销战略内容,才能使其成为可操作的具体措施并指导执行,从而使企业目标的实现成为可能。

一、市场营销计划

(一) 市场营销计划的概念

市场营销计划是指在研究目前行业潜力、市场营销状况,分析企业所面临的主要机会与威胁、优势与劣势以及存在问题的基础上,对财务目标与市场营销目标、市场营销战略、市场营销行动方案以及预计损益表的确定和控制。营销计划是商业计划的一部分。市场营销计划在企业实际工作中,常常被称作市场营销策划。对于专业营销公司而言,营销计划也就是公司计划,但对其他经营领域的企业而言,营销计划是公司计划的其中一个组成部分。

营销计划涉及两个最基本的问题:一是企业的营销目的是什么?二是怎样才能实现这一营销目标?企业在进行营销活动之前,必须计划营销活动的目的及其实施手段。离开营销计划的活动是盲目的、脱离实际的,即便完成了也将是混乱的和低效率的。

(二) 市场营销计划的类型

1. 按内容不同分

按照内容不同可将营销计划分为品牌计划、产品类别市场营销计划、新产品计划、细分市场计划、区域市场计划及客户计划。这些不同层面的市场营销计划之间需要协调、有机整合。不同内容的计划分别为具体的营销工作提供指导。

① 品牌计划(brand marketing plans),即单个品牌的市场营销计划。

② 产品类别市场营销计划(product category marketing plans),是关于一类产品、产品线的市场营销计划。

③ 新产品计划(new product plans),是指在现有产品线上增加新产品项目、进行开发和推广活动的市场营销计划。

④ 细分市场计划(market segment plans),是面向特定细分市场、消费者群的市场营销计划。

⑤ 区域市场计划(geographical market plans),是面向不同国家、地区、城市等的市场营销计划。

⑥ 客户计划(customer plans),是针对特定的主要消费者的市场营销计划。

2. 按时间跨度不同分

按照时间跨度不同可将营销计划分为长期的战略性计划和年度计划。

(1) 战略性计划

是基于企业整体而制定的,强调企业整体的协调,为企业未来较长时期(通常为5年以上)设立总体目标和寻求企业在环境中的地位的计划。需要考虑哪些因素将会成为今后驱动市场的力量、可能发生的不同情境、企业希望在未来市场占有的地位以及应当采取的措施。它是一个基本框架,要由年度计划使之具体化,必要时,企业需要每年对战略性计划进行审计和修改。

(2) 年度计划

可以理解为具体的阶段性的战略规划分解,它包含战略规划的很多要素,如目标的设定、措施的选择和与此相适应的资源保障等。

(三) 市场营销计划的制订

市场营销计划书是在市场开发工作中的计划制订部分,是后期执行营销方案的重要依据。一份完备的营销计划,包括以下内容:计划提要、营销现状、机会和问题分析、营销目标、营销战略、行动方案、预期损益、实施与控制。

1. 计划提要

市场营销策划书的开头,需要概括说明本计划主要的策划背景、总体目标、任务对象和建议事项。提要在整份策划书中起统领和介绍作用,目的是让计划审议者能够迅速把握本策划书的要点。在提要之后应附上计划的内容目录。

2. 营销现状

① 市场状况。市场状况提供的是有关目标市场的主要数据:市场的规模和成长,按过去几年的总销售量、各细分市场、区域市场来表示;顾客的需求、观念和购买行为的发展趋势。

② 产品状况。产品状况反映过去几年中主要产品的销售量、价格、边际收益和净利润。

③ 竞争状况。识别主要的竞争对手,包括他们的规模、目标、市场份额、产品质量、营销战略和行动。

④ 分销状况。对小企业的销售渠道规模和现状进行描述。

⑤ 宏观环境。要对影响小企业产品前途的各种宏观因素进行分析,包括人口、经济、技术、政治、法律、社会和文化等因素。

3. 机会和问题分析

营销策划者在进行上述现状的分析后,找出关于企业营销或者生产、产品、品牌、分销等方面的形式,然后进行SWOT分析,从而提出下一步的目标和对应策略。

4. 营销目标

小企业必须对营销计划的目标做出决策,包括财务目标和营销目标。财务目标必须转化为营销目标,才具有可操作性。例如,销售收入目标、产品价格、产品销量目标、市场份额目标以及产品知名度、分销范围等,营销目标要尽量具体化和数量化。如"下一年度获得总销售收入2000万元,比今年提高10%""经过该计划的实施,品牌知名度从15%上升到30%""扩大分销网点10%""实现390元的平均价格"。

5. 营销战略

在制定战略时,产品经理要与企业其他部门进行协商,以保证计划实施的可行性。小企业或产品经理要制定营销战略。营销战略可以用下述结构来表示:

① 目标市场:中等收入的家庭。
② 定位:最好的质量,最可靠的性能。
③ 产品线:增加两种高价格的产品。
④ 价格:高于竞争品牌。
⑤ 分销:专业电器商店,力争进入百货商店。
⑥ 销售人员:增加10%。
⑦ 广告:制定一个新的广告活动,支持新的两款高价产品,增加20%的广告预算。
⑧ 销售促进:促销预算增加15%,增加POP广告。
⑨ 研究与开发:增加25%的费用,开发出更好的产品。

6. 行动方案

行动方案必须是具体的、细节化的,全面考虑时间、空间、步骤、责任、项目费用等要素。在行动方案中,要有为了实现业务目标所采取的主要营销行动,如将要做什么、什么时候做、谁来做、成本是多少等内容。

7. 预期损益

在行动计划中,要表明计划的预算。预算报告根据目标、战略和行动方案来编写,包括收入和支出两个模块。如收入,要反映预计的销售量和价格;费用要反映成本的构成和成本的细目。两者之差就是预计的利润。企业要对计划的预算进行核查,预算如果太高,就要适当削减。

8. 实施与控制

组织实施和控制是营销策划的最后一个环节,是对执行整个营销计划过程的管理。包括建立灵活而有适应性的组织架构;制定相应的激励制度;协调企业各部分和营销计划执行部门的关系等确保计划的实施有条不紊地进行。另外,要注意过程控制,来监测计划的进度。企业要对计划的执行结果进行核查,出现问题要及时弥补和改进,对预先难以做出预测的因素,要制订应急计划。

二、市场营销计划的执行

所有计划的核心在于执行,再好的计划没有一流的执行,营销计划将前功尽弃。营销计划的执行是指企业为实现其战略目标而致力于将市场营销计划转化为行动方案的过程,即有效地调动企业全部资源投入到营销活动中去。

(一)市场营销计划执行过程

1. 制定行动方案

为了有效地实施市场营销计划,必须制定详细的行动方案。这个方案应该明确市场营销战略实施的关键性决策和任务,并将执行这些决策和任务的责任落实到个人或小组。另外,还应包含具体的时间表、明确的行动时间。

2. 建立组织结构

企业的正式组织在市场营销执行过程中产生决定性的作用,组织将战略实施的任务分配给具体的部门和人员,规定明确的职权界限和信息沟通渠道,协调企业内部的各项决策和行动。具有不同战略的企业,需要建立不同的组织结构。也就是说,结构必须同企业战略相一致,必须同企业本身的特点和环境相适应。组织结构具有两大职能:首先是提供明确的分工,将全部工作分解成管理的几个部分,再将它们分配给各有关部门和人员;其次是发挥协调作用,通过正式的组织联系沟通网络,协调各部门和人员的行动。

3. 设计决策和报酬制度

为实施市场营销战略,还必须设计相应的决策和报酬制度。这些制度直接关系到战略实施的成败。就企业对管理人员工作的评估和报酬制度而言,如果以短期的经营利润为标准,则管理人员的行为必定趋于短期化,他们就不会有为实现长期战备目标而努力的积极性。

4. 开发人力资源

市场营销战略最终是由企业内部的工作人员来执行的,所以人力资源的开发至关重要。这涉及人员的考核、选拔、安置、培训和激励等问题。在考核选拔管理人员时,要注意将适当的工作分配给适当的人,做到人尽其才;为了激励员工的积极性,必须建立完善的工资、福利和奖惩制度。此外,企业还必须决定行政管理人员、业务管理人员和一线工人之间的比例。应当指出的是,不同的战略要求具有不同性格和能力的管理者。例如,"拓展型"战略要求具有创业和冒险精神的、有魄力的人员去完成;"维持型"战略要求管理人员具备组织和管理方面的才能;"紧缩型"战略则需要寻找精打细算的管理者来执行。

5. 建设企业文化

企业战略通常是适应企业文化和管理风格的要求来制定的。企业文化是指一个企业内部全体人员共同持有和遵循价值标准、基本信念和行为准则。企业文化对企业经营思想和领导风格,对职工的工作态度和作风,均起着决定性的作用。企业文化包括企业环境、价值观念、模范人物、仪式、文化网五个要素。企业环境是形成企业文化的外界条件,它包括一个国家、民族的传统文化,也包括政府的经济政策以及资源、运输、竞争等环境因素。价值观念是指企业职工共同的行为准则和基本信念,是企业文化的核心和灵魂。仪式是指为树立和强化共同价值观,有计划地进行的各种例行活动,如各种纪念、庆祝活动等。文化网则是传播共同价值观和宣传介绍模范人物形象的各种非正式的渠道。

与企业文化相关联的,是企业的管理风格。有些管理者的管理风格属于"专权型",有些管理者的管理风格称为"参与型",这两种对立的管理风格各有利弊。不同的战略要求不同的管理风格,具体需要什么样的管理风格取决于企业的战备任务、组织结构、人员和环境。

(二)市场营销计划执行存在的问题

1. 计划脱离实际

企业的市场营销战略和市场营销计划通常是由上层的专业计划人员制订的,而执

行则要依靠市场营销管理人员,由于这两类人员之间往往缺少必要的沟通和协调,导致下列问题的出现:

① 企业的专业计划人员只考虑总体战略而忽视执行中的细节,结果使计划过于笼统和流于形式。

② 专业计划人员往往不了解计划执行过程中的具体问题,所定计划脱离实际。

③ 专业计划人员和市场营销管理人员之间没有充分的交流与沟通,致使市场营销管理人员在执行过程中经常遇到困难,因为他们并不完全理解需要他们去执行的工作。

④ 脱离实际的战略导致计划人员和市场营销管理人员相互对立和不信任。现在,许多西方企业已经认识到,不能光靠专业计划人员为市场营销人员制订计划。因为市场营销人员比计划人员更了解实际,让他们参与企业的计划管理过程会更有利于市场营销执行。

2. 长期目标和短期目标相矛盾

市场营销战略通常着眼于企业的长期目标,涉及今后3~5年的经营活动。但具体执行这些战略任务的市场营销人员通常是根据他们的短期工作绩效,如销售量、市场占有率或利润率等指标评估和奖励的。因此,市场营销人员常选择短期行为。

3. 因循守旧的惰性

企业当前的经营活动往往是为了实现既定的战略目标,新的战略如果不符合企业的传统和习惯就会遭到抵制。新旧战略的差异越大,执行新战略可能遇到的阻力也就越大。要想执行与旧战略截然不同的新战略,常常需要打碎企业传统的组织机构和供销关系。

4. 缺乏具体明确的执行方案

有些战略计划之所以失败,是因为计划人员没有制定明确而具体执行方案。实践证明,许多企业面临的困境,就是因为缺乏一个能够使企业内部各有关部门协调一致作战的具体实施方案。

5. 两种常犯的执行错误

(1)"老鼠营销"

当公司领导对于营销本质与方向认识模糊时,他们就容易提出各种营销计划,以至于力量分散,难以做好任何一件事,"老鼠营销"便应运而生。"老鼠营销"的问题并不在于计划执行上的障碍,而是由于管理阶层在营销策略上缺乏明确的方向,以至于在计划的执行上理不清头绪。

(2)"空头承诺营销"

假设一家公司希望执行一个全国性的客户计划,以改进对主要客户的服务,那么,该公司应该怎样推行这个计划呢?也许总经理会组织一次以总部为基地的全国性客户服务计划,于是,他派人担任全国客服经理,负责改进服务的计划。全国客服经理隶属于行销总监,但对公司分支机构的销售和服务人员不具备约束力。最终,负责这项全国客户服务的改进计划的客服经理除了提交一份全国性顾客的意见表格之外,没有任何成绩,公司对重要客户的服务依然如故,许多大客户转而寻求其他服务优良的企业。从上面的例子我们不难明白这种空头承诺营销的危害。

第三节 市场营销组织

案例10-3

成功必须依靠团队力量

销量持续下滑,一位朋友向张老板献计:"老张,现在都讲目标管理,干脆让业务员包干算了!"张老板接受朋友建议,改变方式采用了包干的办法:① 业务员每销一件提成25元,包括自己的提成、客户赞助费、招待费以及回扣等一切费用;② 客户开发费用由业务员自己支出,公司不再负责。可是这个办法并没有扭转销量继续下滑的趋势。销售月报显示,公司新开发的大客户仍在减少,一些以前的老客户也在慢慢流失。一番调查后,细心的张老板发现,包干的办法一经宣布,业务员纷纷打起了小算盘:卖给小店1件货,自己可以拿25元的纯提成,还是现款交易,省心省力;卖给大店1件货,赞助费起码就要15元,再加上招待费、回扣等杂七杂八的费用,自己就没什么搞头了。再说大店还要铺货,万一垮了更是划不来。于是业务员都喜欢与小店合作,不愿意与大店合作。当然丢掉大店就丢掉了整个市场,到头来连小店都保不住。可见,营销如果不是依靠团队的力量,而是依靠业务员的个人能力在市场上单兵作战,无异于以卵击石。

资料来源:豆丁网.责权利如何统一[EB/OL].(2015-10-29).http://www.docin.com/p-1337290260.html.

一、市场营销组织的概念

市场营销计划必须依托其职能组织才能实施和完成。市场营销组织是指企业内部涉及市场营销活动的各个职位及其结构。它是以市场营销观念为理念建立的组织,是企业为了实现经营目标、发挥营销职能内有关部门协作配合而建立的有机的科学系统,是企业内部链接其他职能部门使整个企业经营一体化的核心。它以消费者的需求为中心,把消费者需求置于整个市场运行过程的起点,并将满足消费者的需求作为其归宿点。

二、市场营销组织设置的原则

(一) 整体协调和主导性原则

协调是管理的主要职能之一。设置市场营销机构需要遵循的整体协调和主导性原则,可从以下方面加以认识:① 设置的市场营销机构能够对企业与外部环境,尤其是市场、顾客之间关系的协调,发挥积极作用;② 设置的市场营销机构能够与企业内部的其他机构相互协调,并能协调各个部门之间的关系。市场营销部门内部的人员机构以及层次设置,也要相互协调,以充分发挥市场营销机构自身的整体效应。只有做到从自身内部到企业内部,再到企业外部的协调一致,市场营销机构的设置才能说是成功的。总之,市场营销部门应当做到在面对市场和顾客时,能够代表企业;面对企业内部各个部门、全体员工时,又能代表市场和顾客。同时,自身内部又具有相互适应的弹性机构,是一个有机的系统。

(二)幅度与层次适当原则

管理跨度,又称管理宽度或管理幅度,指领导者能够有效地直接指挥的部门或员工的数量,这是一个横向的概念;管理层次又称管理梯度,是一个纵向的概念,指一个组织属下不同的等级数目。管理职能、范围不变,一般来说,管理跨度与管理层次时互为反比关系的:管理的跨度越大,层次越少;反之,跨度越小,则管理层次越多。应当指出的是,市场营销组织管理跨度以及管理层次的设置不是一成不变的,应当具有一定的弹性。企业需要根据变化着的内部外部情况,及时调整市场营销部门的组织结构,以适应发展的需要。应当记住,组织形式和管理机构只是手段,不是目的。

(三)有效性原则

效率是指一个企业在一段时间内可以完成的工作量。一个组织的效率高,说明它内部结构合理、完善,能够顺利地生存和发展。在企业内部,各个部门的效率表现在:① 能否在必要的时间里,完成规定的各项任务;② 能否以最少的工作量换取最大的成果;③ 能否很好地吸取过去的经验教训,并且业务上不断有所创新;④ 能否维持机构内部的协调,而且即使适应外部环境、条件的变化。

三、市场营销组织类型

为了实现企业的营销目标,企业必须建立适合企业自身特点的营销组织,同时必须适应市场营销活动的四个方面,即职能、地理、产品和消费对象。市场营销组织具有五种基本模式,企业可以选择其中一种或者综合几种方法来组织自己的营销部门。

(一)职能型市场营销组织

这是最常见的市场营销机构的组织形式,是在市场营销经理领导下由各种营销职能专家构成的职能性组织,如图10.1所示。功能性组织的主要优点是管理简单。但是,随着产品的增多和市场扩大,这种组织形式会暴露出很大的缺点。由于没有一个人对一项产品或一个市场负全部的责任,因而关于每项产品或每个市场的计划并不完整,导致有些产品或市场容易被忽略。另外,各个职能部门为了各自利益,容易发生纠纷。

图10.1 职能型市场营销组织

（二）地区型市场营销组织

在全国范围内组织营销的企业往往按地理区域组织其推销人员，如图10.2所示。例如，在我国，许多公司把市场分成华东、华南、华北、西南四大区域，每个区域设一区域经理，区域经理根据所管辖省、市的销售情况再设若干地区销售经理，地区销售经理下再设若干地方销售经理/主任，每个地方经理/主任再领导几位销售代表。这种模式明显增加了管理的幅度。但在推销任务复杂，推销人员对利润影响很大的情况下，这种分层是很必要的。此种组织形式适用于销售区域大且经营品种单一的企业。

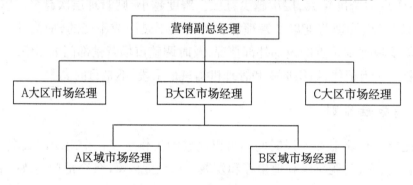

图10.2 地区型市场营销组织

在这种组织体内，为避免一些不必要的职能重复，调研、广告、行政管理等仍归属原职能部门，且与各地区部门并列。它的优点是有利于发挥每个地区部门熟悉该地区情况的优势；其缺点是当企业经营品种较多时，很难按不同产品的使用对象来综合考虑，而且各地区的活动也难以协调。

（三）产品管理型市场营销组织

生产不同产品或品牌的公司往往需要设立产品或品牌管理组织。这种组织并没有取代功能性管理组织，只不过是增加一个管理层次，如图10.3所示。其基本做法是，由一名产品主管经理领导，下设若干个产品大类（产品线）经理，产品大类（产品线）经理下再设几个具体产品经理。产品管理最初是由美国宝洁公司于1927年率先采用的。该组织优点是：① 可以协调其所负责产品的营销组合策略；② 能及时反映产品在市场上出现的问题；③ 即使不太重要的产品也不会被忽视掉。其缺点是：① 需要同其他营销部门合作，容易造成部门冲突；② 很难成为公司其他部门的专家；③ 管理成本往往比预计的高；④ 经理的流动率高导致该产品营销规划缺乏连续性，影响产品的长期竞争力。

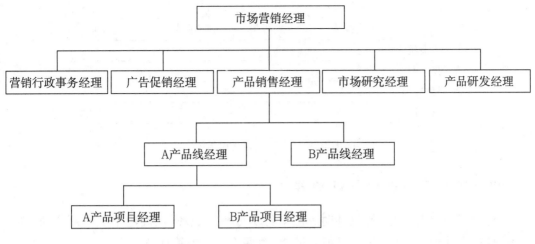

图10.3 产品管理型市场营销组织

(四) 市场管理型市场营销组织

当企业把一条产品线的各种产品在不同的市场进行营销时可采取这种组织模式,如图10.4所示。如生产电脑的企业可以把目标客户按不同的购买行为和产品偏好分成不同的用户类别,设立相应的市场型组织结构。该市场型组织的优点是:企业的市场营销活动是按照满足各类不同顾客的需求来组织和安排的,有利于企业加强销售和市场开拓;其缺点是:存在权责不清和多重领导的矛盾。

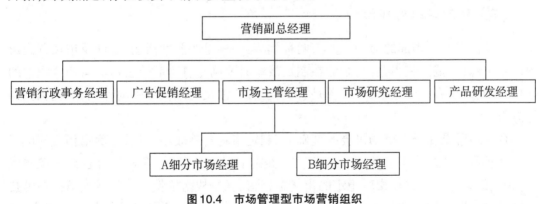

图10.4 市场管理型市场营销组织

(五) 产品-市场管理组织

生产多种产品并向多个市场销售的企业,既可以采用产品管理型,也可以采用市场管理型,还可以建立一种既有产品经理,又有市场经理的二维矩阵组织,如图10.5所示。但该组织结构管理费用太高,而且容易产生内部冲突。比如各个产品在市场上的定价是由市场经理决定还是产品经理来决定?如何组织销售人员?是按人造丝、醋酸纤维等产品品种分别组织销售队伍?还是按男装、女装等市场来分别组建队伍?

		市场经理			
		男式服装	女式服装	家庭服装	工业市场
产品经理	人造丝				
	尼龙				
	醋酸纤维				
	涤纶				

图10.5 产品-市场管理组织

四、市场营销组织设计的程序

企业对其营销组织进行设计时一般要经历分析组织环境、确定组织内部活动、确立组织职位、设计组织结构、配备组织人员、组织评价与调整等环节。

（一）分析组织环境

任何一个市场营销组织都是在不断变化着的社会经济环境中运行的，并受这些环境因素的制约。由于外部环境是企业的不可控因素，因此，市场营销组织必须随着外部环境的变化而不断地调整、适应。组织环境包括很多复杂因素，如政治、经济、社会、文化、科技等，而对市场营销组织影响最为明显的主要是市场环境和竞争者状况。此外，市场营销组织作为企业的一部分，也受整个企业特征的影响。

（二）确定组织内部活动

市场营销组织内部的活动主要有两种类型：一种是职能性活动，它涉及市场营销组织的各个部门，范围相当宽泛，企业在制定战略时要确立各个职能在市场营销组织中的地位，以便开展有效的竞争；另一种是管理性活动，涉及管理任务中的计划、协调和控制等方面。

企业通常是在分析市场机会的基础上，制定市场营销战略，然后再确定相应的市场营销活动和组织的专业化类型。假定一个企业满足下述条件：企业年轻且易于控制成本，企业的几种产品都在相对稳定的市场上销售，竞争战略依赖于广告或人员推销等技巧性活动，那么，该企业就可能设计职能型组织。同样，如果企业产品销售区域很广，并且每个区域的购买者行为与需求存在很大差异，那么，它就会建立地区型组织。

（三）确定组织职位

企业对市场营销组织内部活动的确立有利于企业对组织职位的分析，通过组织职位的分析使这些组织活动有所归附。企业在建立组织职位时应考虑三个要素，即职位类型、职位层次和职位数量，从而弄清楚各个职位的权力、责任及其在组织中的相互关系。

1. 职位类型

每个职位的设立都必须与市场营销组织的需求及其内部条件相吻合。

2. 职位层次

职位层次是指每个职位在组织中地位的高低。比如,公共关系和销售管理的地位孰高孰低,不同的企业,其情况也不一样。这主要取决于职位所体现的市场营销活动与职能在企业整个市场营销战略中的重要程度。

3. 职位数量

职位数量是指企业建立组织职位的合理数量,它同职位层次密切相关。一般来说,职位层次越高,辅助性职位数量也就越多。确定组织职位的最终结果就是形成工作说明书。工作说明书是对权力和责任的规定,包括工作的名称、主要职能、职责、职权和此职位与组织中其他职位的关系以及与外界人员的关系等。如果企业决定设立新的职位,有关部门主管就要会同人事部门拟出一份关于该职位的岗位说明书,以便于对应聘人员进行考核和挑选。

(四)设计组织结构

在确定了组织职位的基础上我们就可以对组织结构进行设计了。企业在设计组织结构时必须注意两个问题:一是把握好分权化程度,即权力分散到什么程度才能使上下级之间更好地沟通;二是确定合理的管理宽度,即确定每一个上级所能控制的合理的下级人数。

此外,市场营销组织总是随着市场和企业目标的变化而变化,所以,设计组织结构要立足于将来,为未来组织结构的调整留下更多的余地。

(五)配备组织人员

在分析市场营销组织人员配备时,必须考虑两种组织情况,即新组织和再造组织(在原组织基础上加以革新和调整)。相比较而言,再造组织的人员配备要比新组织的人员配备更为复杂和困难。这是因为,人们总是不愿意让原组织发生变化,往往把再造组织所提供的职位和工作看作是一种威胁。事实上,组织经过调整后,许多人在新的职位上从事原有的工作,这就大大损害了再造组织的功效;同时,企业解雇原有的职员或招聘的职员也非易事,考虑到社会安定和员工个人生活等因素,许多企业不敢轻易裁员。但是,不论哪种情况,企业配备组织人员时必须为每个职位制定详细的岗位说明书,从受教育程度、工作经验、个性特征及身体状况等方面进行全面考察。对再造组织来讲,还必须重新考核现有员工的水平,以确定他们在再造组织中的职位。

(六)组织评价与调整

任何一个组织都是存在着冲突的,只有在冲突中,组织才能不断地发展和完善。因此,从市场营销组织建立之时,市场营销经理就要经常检查、监督组织的运行状况,并及时加以调整,使之不断得到发展。

综上所述,企业市场营销组织的设计和发展大体要遵循以上六个步骤,各步骤间相互联系、相互作用,形成一个动态有序的过程。为了保持市场营销组织的生机和活力,市场营销经理就要根据这一过程进行有效决策。

第四节　市场营销控制与实施

案例10-4

严密监控成就宝洁

宝洁的促销之所以历来井然有序,一个重要原因是有严格的项目监控系统,其监控工作主要有:

(1) 区管及督导日常巡店。主要内容包括监督促销员有无迟到、早退现象,促销服装是否整洁,服务态度是否良好,POP张贴是否到位,有无广播支持以及产品是否充足等。在巡店过程中,区管或督导对促销员进行打分,对一些问题,如销售技巧,进行当面培训。

(2) 对电影院活动的监控。电影院的布置是否到位,奖品是否准备充足,促销员的服务态度与仪表检查、活动现场的控制等。

(3) 巡查员对整个活动进行巡查:巡查员负责对整个地区的促销情况进行不定时的检查,对各区管及促销员的工作进行监督。

(4) 报表体系。① 促销员每日(促销活动结束后)递交日报表、每周递交周报表,并对销售数量和赠品发放数量进行统计;报表递交给各区管,并就当日发生的问题及时与区管沟通、解决。② 电影票领用表:对电影票的使用状况进行监控与统计。③ 目标销量考核:依据不同商场此前3个月的销量情况,结合活动的预计效果,给各个促销员设置不同的目标销量,并根据实现销量进行奖惩。采用有区别的目标销量制,避免了不同的店采用同一目标销量或不设置目标销量降低促销人员积极性的弊端。

(5) 项目奖励计划。实施项目奖励计划,使销售成绩与促销员的收益挂钩,调动促销员的积极性。在项目的执行过程中,对完成并超过目标销量的城市及促销员按其完成目标销量的比例给予不同的奖励,并设立销量排行榜,大大促进了促销员的积极。

资料来源:豆丁网.宝洁公司市场营销策略调研[EB/OL].(2016-10-28).http://www.docin.com/p-1768580948.html)

一、市场营销控制的概念

市场环境和企业内部环境都处于动态发展的过程中,任何策划完备的计划都可能因环境变化导致实施结果偏离预期甚至完全失败。同时由于执行人员对计划的理解不同或者执行力度不均也将使策划的营销目标不能很好地实现,因而营销管理者在营销计划的执行过程中,需要一个控制系统来保证营销目标的实现。所谓营销计划控制,就是企业营销管理部门为了营销目标的实现,保证营销计划的执行取得最佳效果而对实施过程中各营销要素进行监督、考察、评价和修正。

二、市场营销控制的步骤

市场营销控制包含七个步骤:确定控制对象、设置控制目标、建立衡量尺度、确定控制标准、比较实际效果、分析偏离原因、采取改进措施。

三、市场营销控制的类型

(一)年度计划控制

年度计划控制是指在本年内采取控制的步骤,检查实际业绩效益与计划的偏差,并采取必要措施,予以纠正。年度计划控制的内容,是对销售额、市场占有率、费用率等进行控制;年度计划控制的目的,是确保年度计划所规定的销售、利润和其他目标的实现。控制过程分为四个步骤:① 确定年度计划中的月份目标或季度目标;② 监督市场营销计划的实施情况;③ 如果市场营销计划在执行过程中有较大的偏差,则要找出其中的原因;④ 采取必要的补救或调整措施,缩小计划与实际之间的差距。企业营销管理人员通常可以运用下列绩效根据进行年度控制。

1. 销售分析

该方法用于衡量和评估市场营销人员所制定的计划销售目标与实际销售额之间的关系。

2. 销售差额分析

该方法用于分析各个不同因素对销售绩效的不同的影响程度。

3. 地区销售量分析

该种方法可以衡量导致销售差额的具体产品和地区。

4. 市场份额分析

在企业经营活动中,如果销售额增加了,但由于企业所处的整个经营环境发生改变,也可能因为其营销效果不同相对于竞争者有不同的经营表现。市场占有率剔除一般环境营销来考察企业本身的经营情况。如果企业产品的市场占有率升高,表明其较之于竞争者绩效更好,反之则差。衡量市场占有率有以下几种度量方法:

(1)总体市场占有率

这以企业的销售额占整个行业销售额的百分比来表示。需注意以下两点:一要正确认定行业的范围,即明确本行业所应包括的产品、市场等;二要以单位销售量或销售额来表示市场占有率。

(2) 可达市场占有率

以企业的销售额占企业所服务市场的百分比来表示。主要包括两个方面：一是指企业产品适合的市场；二是指企业市场营销努力所及的市场。企业可能有近100%的市场占有率，却只有相对较小百分比的全部市场占有率。

(3) 相对市场占有率（相对于市场领导者）

以企业销售额相对于市场领导者的销售额的百分比来表示。相对市场占有率超过100%，表明该企业是市场领导者；相对市场占有率等于100%，表明企业与市场领导者同为市场领导者；当相对市场占有率小于100%且增加时，表明企业正接近市场领导者。

(4) 相对市场占有率（相对于三个最大竞争者）

以企业销售额对最大的三个竞争者的销售额的总和的百分比来表示。

（二）赢利能力控制

赢利能力控制是用来测定不同产品、不同销售区域、不同顾客群体、不同渠道以及不同订货规模赢利能力的方法。由赢利能力控制所获取的信息，有助于管理人员决定各种产品或市场营销活动是扩展、减少还是取消。赢利能力控制的主要考查以下两个要点：

1. 市场营销成本

市场营销成本直接影响企业利润，主要包括：直销费用、品牌宣传费用、促销费用、仓储费用、运输费用、其他市场营销费用等。营销费用和生产成本构成了企业的总成本，直接影响到企业的经济效益。其中有些与销售额直接相关，称为直接费用；有些与销售额并无直接关系，称为间接费用；有时两者也很难划分。

2. 赢利能力的考察指标

取得利润是每一个企业最重要的目标之一，正因为如此，企业赢利能力历来为市场营销人员所重视，因而赢利能力控制在市场营销管理中占有十分重要的位置。在对市场营销成本进行分析之后，应该考察赢利能力指标，主要有以下四个方面：

(1) 销售利润率

销售利润率是指利润与销售额之间的比率，表示每销售100元使企业获得的利润，它是评估企业获利能力的主要指标之一，其计算公式是

$$销售利润率 = (本期利润 \div 销售额) \times 100\%$$

(2) 资产收益率

资产收益率是指企业所创造的总利润与企业全部资产的比率，其计算公式是

$$资产收益率 = (本期利润 \div 资产平均总额) \times 100\%$$

(3) 净资产收益率

净资产收益率是指税后利润与净资产的比率。净资产是指总资产减去负债总额后的净值。其计算公式是

$$净资产收益率 = (税后利润净 \div 资产平均余额) \times 100\%$$

(4) 资产管理效率

可通过以下比率来分析：

① 资产周转率。资产周转率是指一个企业以资产平均总额去除产品销售收入净额而得出的比率，资产周转率可以衡量企业全部投资的利润效率，资产周转率高说明投资的利用效率高。其计算公式是

$$资产周转率＝产品销售收入净额÷资产平均总额$$

② 存货周转率。存货周转率是指产品销售成本与产品存货平均余额之比，存货周转率是说明某一时期内存货周转的次数，从而考核存货的流动性。存货平均余额一般取年初和年末余额的平均数。一般来说，存货周转率次数越高越好，说明存货水准较低，周转快，资金使用效率较高。其计算公式是

$$存货周转率＝产品销售成本÷产品存货平均余额$$

（三）效率控制

效率控制是指企业不断寻求更有效的方法来管理销售队伍、广告、促销和分销等绩效不佳的营销实体活动。效率控制的目的是提高销售人员推销、广告、销售促进和分销等市场营销活动的效率，市场营销经理必须重视若干关键比率，这些比率表明上述市场营销职能执行的可靠性，显示出应该如何采取措施以改进执行情况。效率控制的内容主要包括四个方面：销售人员效率控制、广告效率控制、促销效率控制和分销效率控制。

1. 销售人员效率控制

销售人员效率控制，即企业各地区的销售经理需要记录本地区销售人员效率的几项重要指标，包括：每个销售人员销售访问次数、每次会晤的平均访问时间、每次销售访问的平均收益、每次销售访问的平均成本、每百次销售访问而订购的百分比、每期间的新顾客数、每期间丧失的顾客数、销售成本对总销售额的百分比。在销售人员效率评估之后，营销管理人员需要比照计划促使企业对效率低下的环节加以改进。企业从以上的分析中，可以发现一些非常重要的问题。例如，销售代表每天的访问次数是否太少，每次访问所花时间是否太多，在每百次访问中是否签订了足够的有效订单，是否增加了足够的新顾客并且保留住原有的顾客。

2. 广告效率控制

广告效率控制，即企业高层领导者通过采取若干措施来改进广告效率的行为，包括进行更有效的产品定位、确定广告目标、利用计算机来指导等。

企业市场营销人员要做好广告效率分析，至少要掌握以下资料：① 每一种媒体类型、每一个媒体工具触及千人所花费的广告成本；② 客户对每一媒体工具注意或联想或阅读的百分比；③ 客户对广告内容和效果的意见以及广告前后顾客对产品态度的比较；④ 由广告激发的询问次数和每次广告成本。

3. 促销效率控制

促销效率控制是指管理层对每一次销售促进的成本和销售影响做记录，并注意做好一系列统计工作的行为。对于每次促销活动，企业市场营销管理人员应该对促销的

成本及销售的影响做好记录,包括下列内容:由于优惠而销售的百分比,每一销售额的陈列成本,赠券收回的百分比,因示范而引起询问的次数;企业还应观察不同销售促进手段的效果,并使用最有效果的促销手段。

4. 分销效率控制

分销效率控制是指对企业对存货水准、仓库位置及运输方式进行分析和改进,以达到最佳配置并寻找最佳运输方式和途径。例如,面包批发商遭到了来自面包连锁店的激烈竞争,他们在面包的物流方面的处境尤其不妙,面包批发商必须作多次停留,而每停留一次只送少量面包。不仅如此,卡车司机一般还要将面包送到每家商店的货架上,而连锁面包商则将面包放在连锁店的卸货平台上,然后由商店工作人员将面包陈列到货架上即可。这种物流方式促使美国面包商协会提出是否可以开发更有效的面包处理程序。

(四)战略控制

战略控制主要是指在企业经营战略的实施过程中,检查企业为达到目标所进行的各项活动的进展情况,评价实施企业战略后的企业绩效,把它与既定的战略目标与绩效标准相比较,发现战略差距,分析产生偏差的原因,纠正偏差,使企业战略与企业当前所处的内外环境、企业目标协调一致,从而确保企业战略目标得以实现。

1. 战略控制的内容

对企业经营战略的实施进行控制,主要包括以下内容:

① 设定绩效标准。根据企业战略目标,结合企业内部人力、物力、财力及信息等具体条件,确定企业绩效标准,并以此作为战略控制的参照系。

② 绩效监控与偏差评估。通过一定的测量方式、手段、方法,监测企业的实际绩效,并将企业的实际绩效与标准绩效对比,进行偏差分析与评估。

③ 设计并采取纠正偏差的措施,以顺应变化着的条件,保证企业战略的圆满实施。

④ 监控外部环境的关键因素。外部环境的关键因素是企业战略赖以存在的基础,这些外部环境的关键因素的变化意味着战略前提条件的变动,必须给予充分的注意。

⑤ 激励战略控制的执行主体,以调动其自控置予自评价的积极性,以保证企业战略实施的切实有效。

2. 战略控制的步骤

战略控制的一个重要目标就是使企业实际的效益尽量符合战略计划。为了达到这一点,战略控制过程可以分为以下四个步骤:

(1) 制定效益标准

战略控制过程的第一个步骤就是评价计划,制定效益标准。企业可以根据预期的目标或计划,制定出应当实现的战略效益。在这之前,企业需要评价已定的计划,找出企业需要努力的方向,明确实现目标所需要完成的工作任务。

(2) 衡量实际效益

战略控制主要是判断和衡量实现企业效益的实际条件。管理人员需要收集和处理数据,进行具体的职能控制,并且监测环境变化时所产生的信号。此外,为了更好地衡量实际效益,企业还要制定出具体的衡量方法以及衡量的范围,保证衡量的有效性。

(3) 评价实际效益

用实际的效益与计划的效益相比较,确定两者之间的差距,并尽量分析形成差距的原因。

(4) 纠正措施和权变计划

考虑采取纠正措施或实施权变计划。在生产经营活动中,一旦企业判断出外部环境的机会或威胁可能造成的结果,则必须采取相应的纠正或补救措施。当然,当企业的实际效益与标准效益出现了很大的差距时也应及时采取纠正措施。

3. 战略控制的方法

(1) 预算

预算是一种以财务指标或数量指标表示的有关预期成果或要求的文件。一方面预算起着如何在企业内各单位之间分配资源的作用;另一方面预算也是企业战略控制的一种方法。预算做完以后,企业内部的会计部门就要保有各项开支记录,定期做出报表,表明预算、实际支出以及两者之间的差额。做好报表之后,通常要送到该项预算所涉及的不同层次的负责人手中,由他们分析偏差产生的原因,并采取必要的纠正措施。

(2) 个人现场观察

个人现场观察就是企业的各层管理人员(尤其是高层管理人员)深入到各种生产经营现场,进行直接观察,从中发现问题,并采取相应的解决措施。

(3) 营销审计

营销审计,又叫"营销稽核""营销审核",就是以一定的标准为依据,定期对企业营销的环境战略、组织、系统、效率和职能实施情况进行全面、系统、独立的审查评价的过程,其目的在于发现和解决问题,挖掘和利用机会,以提高公司的市场营销业绩。营销审计是现代营销新举措,是进行营销控制,实施营销管理的重要手段。

营销审计的技术方法有很多:有面向数据的审计方法,有面向制度的审计方法,还有抽样法、详查法、观察法、审阅法、查询法、比较法、分析法等。在此,着重分析营销审计常用的方法是:关键指标数值评价法和问题清单法。

① 关键指标数值评价法。关键指标数值评价法是通过对被评审企业的关键指标数值进行计算与评价,以判定该企业市场营销活动的水平和市场营销活动的绩效。具体操作是根据审计项目设定一个评价指标体系,当然所选项的那些关键指标是能够较好地反映被评审企业或业务单位市场营销活动水平和绩效的财务和非财务指标的。对这些指标根据其重要程度赋予一定的权重,计算这些指标的加权平均值,最后评价这些指标,确认被审计企业的营销活动的水平和绩效。对于哪些指标应作为市场营销活动及其绩效的关键指标可能争议较大,应根据不同的营销审计项目作适当的调整。

② 问题清单法。对于复杂营销系统的分析,关键是要按照清晰的逻辑,抓住重点进行分析。比较简捷和有效的方法是将关键的问题列出清单,对营销系统进行全面诊断。

问题清单法分为两种：一种是封闭式问题评价法，另一种是开放式问题评价法。

封闭式问题评价法是指营销审计人员根据营销审计项目的目标和任务，针对要评审的内容设计出一系列问题清单，针对每个问题都列出不同的回答，对不同的回答赋予不同的分值，营销审计人员对每个问题做出好、中、差三种状态的答案，给好的状态赋值2分，中的状态赋值为1分，差的状态赋值为0分。将企业营销活动及其绩效的实情与各个问题的备选答案进行比较，确定被评审企业在该问题上的分值；把各个分值相加，营销审计人员就得到了被评审企业的总得分。有了总得分，就可以根据事先给定的标准，对被评审企业的营销活动及其绩效给一个综合性的评价。

开放式问题评价法是指营销审计人员根据营销审计的项目的目标和任务，针对要评审的内容设计出一系列问题清单，然后由审计人员回答这些问题，在回答这些问题时不断发现市场营销机会和市场营销活动中存在的问题，以综合评价企业市场营销活动的水平和市场营销活动绩效的技术方法。这种方法与封闭式问题评价法不同，它未列出每个问题的备选答案，由审计人员或被审计企业自行回答这些问题。

开放式问题评价法的意义在于引发审计人员、企业经营管理人员和市场营销人员定期对所列问题的思考，从而使他们了解企业外部环境的变化，企业内部营销资源条件的变化，并不断地发现市场营销活动中存在的问题，把握住市场给企业提供的机会，最终通过解决问题、利用机会，改进市场营销活动水平，提高市场营销活动绩效。

本章小结

在营销管理实践中，企业通常需要预先设定一个预期的市场需求水平，然而，实际的市场需求水平可能与预期的市场需求水平并不一致。这就需要企业营销管理者针对不同的需求情况，采取不同的营销管理对策，进而有效地满足市场需求，确保企业目标的实现。

市场营销计划必须依托其职能组织才能实施和完成。市场营销组织是指企业内部涉及市场营销活动的各个职位及其结构。

营销管理者在营销计划的执行过程中，需要一个控制系统来保证营销目标的实现。所谓营销计划控制，就是企业营销管理部门为了营销目标的实现，保证营销计划的执行取得最佳效果而对实施过程中各营销要素进行监督、考察、评价和修正。市场营销控制有四种类型：年度计划控制、赢利能力控制、效率控制和战略控制。

一个完善的营销计划，并不会必然导致良好的营销活动，市场营销组织实施是指将市场营销计划转化为行动方案的过程，并保证这种任务的完成，以实现计划的既定目标。

实训操练

一、知识测试

1. 什么是营销组织？其特点和形式有哪些？
2. 市场营销控制包括哪些内容？
3. 某销售经理审查了公司的地区销售额，并注意到东部销售额低于定额3%。为进一步调查清楚事实真相，销售经理审查了该地区销售额。发现东部沿海的福建销售区对此有责任，然后，又调查了该销售区的三位销售员的个人销售情况。结果显示，高级销售员张某在这一阶段只完成了其分配额的60%。请问，是否可以推断张某工作懒散或有个人问题？
4. A公司在甲、乙、丙三地区的计划销售量分别是2000件、2500件、3500件，共计8000件，实际销售量分别是1000件、2000件、3300件。请分析其地区实际销售量与计划销售量之间的差距和原因。

二、课堂实训

1. 实训项目

假设你和你的同学打算创立一家西式餐厅需要资金20万。你们目前总共有10万元人民币。请描述你们的创业营销计划争取创业基金。

2. 实训目的

(1) 通过本次实际操作训练，使学生认识到营销计划在市场营销管理中的重要作用。

(2) 通过本次操作训练，使学生能够学会编写营销计划的基本技能。学会这一技能对学生将来从事营销工作或创业都是非常重要的。

3. 实训内容

(1) 要求学生在教师指导下，能够独立完成本次"创业营销计划"的制定。

(2) 要求学生通过"创业营销计划的编制"实践操作，更好理解营销计划的重要性，学会制订营销计划的基本技能。

三、案例分析

如何在疫情下做好营销计划方案

2020年，注定不是一个平凡之年，疫情发展，使全国人均GDP下降，在这个开年未曾料到的事件里，对于中国各企业来说，将是具有挑战性的一年。随着远程办公的进行，许多企业已经开始进入工作状态，而营销策划是一个企业的重中之重，如何在疫情严峻的事态下做好营销，制定应急策略是各企业的重要工作之一。

1. 深耕线上

这次疫情期间，许多人都已经在家中"躺到退化"。不光是大企业，就连身在市井当中的民营企业业务也受到了巨大影响。餐厅、补习室等全部受到牵连，我们身边许多民营老板也都纷纷垂头丧气，不知道该如何面对。其实，面对这样的事态发展，首先我们可以参照一些经典的案例,来做新一轮的线上营销传播。同时,我们还可以把眼光放得更加长远些,即如何在面对疫情的情况下,运用自身品牌传播为用户和社会带来有效价值,才是更好的一轮有效的营销方式。

2003年,阿里巴巴、京东、腾讯这三大电商巨头在"非典"时期,通过线上运营的方式,为自己的企业争取了起死回生的机会。所以,为满足线上不同人群的需要,为他们提供价值是当下最好的营销模式。

比如,开展线上学习后,教育部组织了22个在线课程平台,免费开放在线课程2.4万余门,网易有道、猿辅导发布了免费课程声明,等等。同时,远程办公软件也成为各大企业的刚需产品。这充分证明线上服务已经达到了极高的获客成本。

随着线上运营的开张,除了远程办公,教育等软件突出重围外,还有自如、贝壳房等产企业也通过VR看房,为用户们带来了新一波看房体验,也向各大房企转型线上营销卖出了重要的一步。

2. 先行做好线上策划

即便此刻大家用远程办公的方式开展了工作运营,但根据一些行业分析,虽然2月份一些企业还有所发展,但3月份的商业复苏还是有些微乎其微,这是因为大家长时间在家中"趴窝"度过,不出门的习惯被加深了,虽然疫情过后可能会迎来一轮报复性消费,但很有可能我们日后的消费更多会在网上完成。

受疫情影响,很多行业一季度的营销战略无法实施,但二季度无疑就是全年当中的重要节点,大家会释放禁锢已久的购买需求,新一轮的报复性消费随之走起,正如微博上大家一直在热议的话题一样,"等待疫情结束后,你最想干的事,最想见的人"这样的事情通通都会发生,第二季度势必会繁忙。

面对很多企业与其说如何在疫情面前做好营销,倒不如说成我们如何通过这场疫情运用自身的能力一起加入到这场看不见硝烟的战斗中。

资料来源:道客巴巴.经销商如何制订年度营销计划? [EB/OL].(2015-04-02).https://www.doc88.com/p-083464383615/.html.

结合案例,请讨论:

1. 谈一下突发公共卫生事件对企业营销计划的影响。
2. 如何调整和制定疫情危机下的营销计划方案?

参考文献

[1] 吴敬琏.中国经济改革进程[M].北京:中国大百科全书出版社,2018.
[2] 王学平,赵中见.基于五大发展引领下的中国新时代营销观念的思考[J].淮北职业技术学院学报,2018.12(6):77-79.
[3] 束军意.市场营销:原理、方法与实务[M].2版.北京:机械工业出版社,2015.
[4] 朱成钢,王超.市场营销学.[M].6版.上海:立信会计出版社,2015.
[5] 何立居.市场营销理论与实务[M].北京:机械工业出版社,2004.
[6] 布恩,库尔茨.当代市场营销学[M].11版.赵银德,张琦,周祖城,等译.北京:机械工业出版社,2005.
[7] 王德清,严开胜.现代市场营销学[M].重庆:重庆大学出版社,2005.
[8] 江林.消费者行为学[M].北京:首都经济贸易大学出版社,2006.
[9] 吴建安,郭国庆,钟育赣.市场营销学[M].北京:高等教育出版社,2004.
[10] 常亚平,吕彪.服装市场营销学[M].武汉:湖北美术出版社,2006.
[11] 林昌杰,李国才.市场营销学[M].北京:科学出版社,2004.
[12] 张伟.市场营销学[M].北京:学苑出版社,2001.
[13] 刘志迎.市场营销[M].合肥:合肥工业大学出版社,2005.
[14] 杨琼.市场营销学[M].北京:科学出版社,2004.
[15] 曹小春.市场营销学[M].北京:北京大学出版社,2001.
[16] 王瑜,居长志.现代市场营销学[M].北京:高等教育出版社,2006.
[17] 彭代武.市场营销[M].北京:高等教育出版社,2004.
[18] 中国商业技师协会,市场营销专业委员会.市场营销基础与实务[M].北京:中国商业出版社,2001.
[19] 劳动和社会保障部,中国就业培训技术指导中心组织.营销师[M].北京:中国环境科学出版社,2003.
[20] 李飞.十指营销[M].北京:清华大学出版社,2005.
[21] 李伟文.现代市场营销学[M].北京:中国广播电视出版社,2005.
[22] 张卫东.市场营销理论与实训[M].北京:电子工业出版社,2006.
[23] 吴健安.市场营销学[M].北京:高等教育出版社,2003.
[24] 孙立武,胡丹杰.不可不知的10种营销工具[M].北京:人民邮电出版社,2006.

[25] 武永春.绿色营销促成机制研究[M].北京:经济管理出版社,2006.
[26] 张道生.满意的客户最忠诚[M].武汉:武汉大学出版社,2006.
[27] 杨顺勇,牛淑珍,赵春华.市场营销案例与实务[M].上海:复旦大学出版社,2006.
[28] 刘星原.连锁经营与管理[M].北京:商务印书馆,2005.
[29] 王方华,周祖城.营销伦理[M].上海:上海交通大学出版社,2005.
[30] 徐平华.人道与商道[M].北京:石油工业出版社,2006.
[31] 于反.晋商之魂:200年乔家老店昌盛秘诀[M].北京:地震出版社,2006.
[32] 李仁山.大学生职业道德教育与就业指导[M].北京:首都经济贸易大学出版社,2006.
[33] 牛文文.商业的伦理[M].北京:中信出版社,2007.
[34] 李巍,谭伙新.营销大参考[M].北京:中国物资出版社,2003.
[35] 何永祺.基础市场营销学[M].广州:暨南大学出版社,2004.
[36] 科特勒,凯勒.营销管理[M].梅清豪,译.上海:上海人民出版社,2003.